中国企业榜样丛书
Exemplary Enterprises in China

主　编　　刘迎秋
　　　　　Liu Yingqiu

副主编　　刘红路　　剧锦文
　　　　　Liu Honglu　Ju Jinwen

红豆道路？

THE HODO MODEL

贾根良　徐建民 ◇ 著
Jia Genliang　Xu Jianmin

社会科学文献出版社
SOCIAL SCIENCES ACADEMIC PRESS (CHINA)

中国企业榜样丛书

学术委员会

主　任：李　扬
副主任：刘迎秋
委　员（按姓氏音序排序）：

保育钧　蔡　昉　陈全生　陈文玲　戴园晨　樊　纲
高培勇　葛立成　顾　强　辜胜阻　胡德平　黄泰岩
黄小祥　金　碚　李　平　李京文　李连仲　李培林
李维安　李　周　刘红路　陆学艺　吕　政　马建堂
潘家华　裴长洪　王国刚　王　元　谢寿光　张春霖
张卓元

编辑委员会

主　编：刘迎秋
副主编：刘红路　剧锦文
委　员（按姓氏音序排序）：

白丽健　樊明太　冯　雷　高明华　顾　强　胡海峰
黄群慧　黄少卿　黄速建　贾根良　荆林波　景学成
李春瑜　李　周　刘剑雄　刘霞辉　鲁　桐　王红领
王　钦　王小映　文学国　吴延兵　夏先良　解　安
张车伟　张　军　张利宁　赵　芮　赵三英　朱　钢
朱恒鹏

"中国企业榜样丛书" 总序

英国皇家科学院院士、著名中国科学技术史学专家李约瑟（Joseph Needham）曾在上个世纪70年代出版的《中国科学技术史》中提出了一个颇具挑战性的问题：为什么公元15世纪前中国的科学技术发明和发现"远远超过同时代的欧洲"且"更容易得到应用"，而自进入16世纪以来却很少成就？① 世人称此为"李约瑟之谜"（Needham Puzzle）。为破解"李约瑟之谜"，学界洞见迭出，其中一个具有代表性的看法是，虽然"地理禀赋"优越和"经验试错"对于古代中国科学和技术创新产生过重大推动作用，但经济和社会制度的落后却是妨碍中国科学技术创新的根本原因。②

近年来，一个与李约瑟之谜完全不同但同样具有挑战性的问题是：中国经济为什么能够保持长达30多年的持续高速增长，而在此前的30年却完全不可能？例如，改革开放之初的1978年，中国的GDP仅为2683亿美元，人均GDP不过224.9美元，但到2010年底中国经济总量不仅已经超过了日本、GDP达到了5.88万亿美元，人均GDP也达到了4292美元，③ 而且还在继续保持较快增长，即使全球经济显现衰退特征的2012年，中国经济仍可望实现8%以上的增长率，成为全球经济增长

---

① 参见李约瑟著《中国科学技术史》（第一卷），科学出版社，1975，第3~4页。
② 参见李约瑟著《中国科学技术史》（第一卷），科学出版社，1975，第3~4页。
③ 按当年平均汇率6.7695计算。

的一个制高点。长达30多年持续较快增长，实属世界罕见，当然也就成了一个世界性"奇迹"，或者说"中国经济持续高增长之谜"。

如何理解这样一个奇迹的创造，如何解释这样一个"中国经济持续高增长之谜"？人们曾经给出过各种各样的答案。比如，多数人认为，奇迹源于体制机制的大变革。改革开放前，中国实行的是"斯大林式"的、高度集权的传统计划经济体制，否定市场的基础作用，因此，在那样一种体制机制下，不可能创造出国民经济持续较快增长的奇迹。改革开放以后，由于中国接受了市场，承认了市场有效配置资源的基础作用，同时又选择了政府对市场运行过程的宏观调控，从而才创造了一个长达30多年经济持续较快增长的发展奇迹。还有相当多的人认为，基本经济制度的选择比经济运行体制机制的选择更重要。改革开放前中国实行的是单一公有制。这种制度脱离了社会生产力的实际发展水平，在实践中难免出现"大锅饭、大帮哄和低效率"，从而不可能创造国民经济的持续较快增长奇迹。改革开放后中国实行的是以公有制为主体、多种经济成分平等竞争、共同发展的基本经济制度，通过建立和完善这样一种基本经济制度，不仅保证了政府对市场运行过程的有效调控，而且激活了市场固有的竞争机制和效率提升功能，从而创造了持续30多年的国民经济较快增长的奇迹。这就是说，由于有了计划与市场的有机结合，才在中国经济运行的宏观层面较好地解决了国民经济持续稳定增长问题；由于有了公有制经济与非公有制经济间的平等竞争和共同发展，才在中国经济运行的微观层面较好地实现了国民经济的长期持续较快增长问题。显然两个方面，缺一不可。离开了计划与市场的宏观层面结合，国民经济的增长与发展就难于实现持续稳定。缺少了公有与民营在微观层面的平等竞争、共同发展，国民经济的近期增长与未来发展也就难于实现。两个方面不存在互相替代关系，但相对而言，微观层面的平等竞争、共同发展，更具有基础意义。因为，在实际经济运行和发展过程中，没有微观层面的平等竞争、共同发展，不仅市场及其效率不复存在，就是宏观层面的政府审慎调控也将成为无源之水、无本之木。

说到这里，人们自然要问，既然微观层面的平等竞争、共同发展更具基础意义，那么，在微观层面上真正有效支撑中国经济持续健康较快增长的具体载体又是什么呢？

我们的回答是：企业，特别是具有榜样特征的企业。

如果没有改革开放以来在中国这片广袤的土地上迅速成长起来的上千万家大大小小的各种类型的企业，特别是如果没有做得越来越强、越来越大且吸纳了全社会75%以上的就业、承担了60%以上的财政收入、创造了50%以上的GDP、资本存量规模和新增投资规模均超过全国总量60%以上的为数众多的民营企业，如果没有这些企业作为资源有效配置的基础载体，如果没有作为基础载体的企业的持续成长与迅速壮大、不断创新与健康发展，中国经济是根本不可能创造长达30多年的持续健康较快增长和社会普遍繁荣与稳定发展的。在此意义上，我们必须确定无疑地说，企业既是资源实现有效配置的重要载体，又是国民经济活力的不竭源泉，还是国家繁荣昌盛、社会和谐稳定的重要基础。

2012年《财富》杂志以企业年销售收入为主要依据，对外公布了全球500强，其中79家中国企业（内地企业73家）榜上有名。虽然与十年前相比，中国在全球500强榜单中的数量扩大了6倍多，可以说是个巨大进步。但是，从一个经济大国走向经济强国的角度看，这种进步是远远不够的。因为，真正能够和有效支撑中国经济走向强大的，不仅是规模越做越大或者说销售收入越做越多的企业，还应该是质量越做越高、竞争能力越做越强的企业。从这个意义说，我国不仅需要有"财富"500强等掌握众多垄断资源的企业巨头，尤其需要有诸如华为、绿地、沙钢、红豆、金山、中兴以及新希望等更具市场竞争力和发展潜力、更具榜样特征和时代特色的中国企业新星和市场新秀。大量经验事实表明，只有当我们真正透彻地理解了这类企业新星和市场新秀及其对中国经济社会发展的重要支撑作用和意义之后，只有当我们能够真正清楚地理解和把握这类企业新星和市场新秀如何从草根长为大树、从分散走向集中、从弱小走向强大之后,我们才能真正清醒地理解和把握中国经济长期持续较快增长"奇迹"的创造及其未来可能的更大发展的深层原因与逻辑。然而,这一切是需要通过我们的勤劳与智慧去发现与总结的。

为了更多地发现和总结改革开放以来我国经济社会发展过程中曾经发挥重要作用和具有较强市场竞争力和发展力、同时榜样特征和时代特色特别明显的企业新星与市场新秀及其典型经验,在多方支持和广大典型企业的积极推动下,我们决定与社会科学文献出版社一起,编辑出版这样一套"中国企业榜样丛书"。

编辑出版这套丛书的基本指导思想和目的是:"发现和弘扬新星"、"总结和推广新秀"、"阐发和诠释典型"、"倡导和宣传榜样"、"引导和促进发展"。

编辑出版这套丛书的基本原则是:"不求企业十全十美,重在阐述企业榜样特征及其典型经验。"

编辑出版这套丛书的基本方法是:"以企业发展的具体实践经验为基础,运用通俗的语言,通过近距离生动介绍榜样企业的典型案例及其代表人物的优秀趣闻轶事,正面和盘托出企业的榜样形象、企业文化理念及其发展与成长潜力。"

榜样企业的选定和榜样企业经验的总结是编辑出版好这套丛书的重要基础和前提。为遴选好榜样企业,我们将着力采取部门推荐、企业自荐、专家推荐、比照企业业绩以及由丛书学术委员会和编委会委员民主评议确定的方式。在开始阶段,企业样本的选取重点将集中在三个方面:一是企业、特别是民营企业的品牌及其竞争力,品牌是决定一个企业是否植根于市场、植根的深浅及其市场竞争力大小的一个基本因素;二是企业制度及其治理结构与机制,制度及其治理结构与机制是决定一个企业生产经营的规范化程度及其市场运作与竞争能力大小的一个关键因素；三是企业技术创新及其履行社会责任情况等典型经验与实践，技术创新是决定一个企业后发能力及其发展潜力的重要因素，企业履行社会责任的能力和水平则是决定一个企业长远发展的重要支撑。随着经济社会的发展，遴选范围会逐步拓宽。

榜样企业经验总结工作的执笔人也即丛书著作人的选聘，将采取丛书学术委员会编委会和专家推荐、主编确认并签订著作协议的方式进行。经选定的丛书著作执笔人，既是"中国企业榜样丛书"的独立著作人，又要在丛书学术委员会、编委会指导下开展调查研究与文稿写作。作为丛书著作人，其完成的书稿应尽可能充分地体现其个人的著作水平与写作风格。作为丛书著作执笔人，其书稿还必须充分体现这套丛书编辑出版的指导思想和文字质量要求，保证达到丛书应有的理论和文字水平。为此，每本丛书著作人完成书稿后，除需要得到所写企业的认可外，均需要经丛书学术委员会和编委会指定的专家学者进行审核评阅并提出评审报告后，才能最终决定其执笔的丛书著作是否可以送交出版社正式编辑出版。

经研究，我们决定在2012年10月党的十八大召开前正式启动这套丛书，然后将尽我们所能地一直把它编辑出版下去。这套丛书启动后，大家一致赞同把生动描述红豆集团为什么能够持续健康成长和快速发展经验的《红豆道路？》一书作为这套丛书的开山之作。由于《红豆道路？》的作者参与这方面的调研与写作经验不足，加之时间仓促，还不能说这本书的写作方式和表达风格，一定是后续著作人的必须参照。但是，作为"中国企业榜样丛书"的开篇之作，后续著作人完全可以从中发现一些可资借鉴的经验与教训，并由此逐渐形成这套丛书的特有风格，达到趣味性、通俗性、可读性和思想性的内在统一。在今后的调查研究与经验总结和榜样企业文稿写作过程中，其他著作人到底愿意或喜欢接受与使用哪种文字风格和表述方式，到底愿意或喜欢接受与使用哪些语言和案例来更生动地描述与刻画一个典型企业的榜样力量，还是要由具体著作人根据丛书编辑出版的基本指导思想和原则、按照自己的偏好和习惯进行，以各扬其长、各避其短，有效保证丛书质量。我们也坚信，由此调研和撰写出来的"中国企业榜样丛书"，一定会更加耐人寻味和更能充分展现改革开放后涌现出来的大量典型企业的榜样作用，从而会被更多的企业和广大读者认可与接受。

最后需要指出的是，这套丛书的编辑出版意向一经提出，便得到了国家有关部门和领导的大力支持与悉心指导。中国社会科学院副院长、著名经济学家李扬欣然接受邀请，出任这套丛书的学术委员会主任，一大批著名经济学家和专家学者以极大热情应邀出任这套丛书的学术委员会委员和编委会成员，社会科学文献出版社谢寿光教授还亲自挂帅组织成立了丛书编辑出版工作小组，国务院有关部门和广大企业和专家教授更是对编辑出版这样一套丛书给予高度重视和积极支持。值此"中国企业榜样丛书"正式公开出版之际，我们要向所有参与、关心和支持这套丛书陆续编辑出版的单位、部门、企业和各位领导与个人表示衷心感谢。

让我们共同努力，遴选、调查、研究、撰写、编辑、出版好这套"中国企业榜样丛书"，为推进和尽早实现中华民族的伟大复兴作出新的更大贡献！

"中国企业榜样丛书"主编

刘迎秋

2012 年 9 月 10 日
于北京小倦游斋

FOREWORD

In his book *Science and Civilization in China*, published in 1970s, Dr. Joseph Needham, the Fellow of British Academy and a prominent scholar of the history of science and technology in China raised a challenging question: How is it that China was able to produce remarkable inventions and discoveries in science and technology that not only were "far superior to European contributions" but also "readily lend themselves to practical application" before the 15th century, but could claim few comparable achievements after the 16th? This question has come to be known as the "Needham Puzzle". Many scholars have tried to solve the "Puzzle". According to one widely-held view, while our geographic endowments and the method of "trial-and-error" preferred by Chinese of the ancient and the classical eras was once instrumental for the advancement of science and technological innovation, our economic and social systems have nonetheless been a chief hindrance to sustained progress in these areas.

In recent years, an equally challenging question, albeit one quite different from the Needham Puzzle, has arisen: why would the kind of high growth rate that the Chinese economy has enjoyed in the last thirty years and more have been impossible altogether in the preceding 30 years? In 1978, the beginning of the policy of reform and openingup,

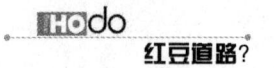

China's gross domestic products (GDP) was USD 268. 3 billion, and the GDP per capita was USD 224. 9. But by the end of 2010, China had achieved a GDP of USD 5880 billion GDP and per capita GDP of USD 4292, and exceededJapan in terms of the size of the economy. Moreover, the Chinese economy was not showing any signs of slowing down. Even in 2012, a year in which the world economy has suffered major setbacks, the Chinese economy is well on its way to reaching a growth-rate of no less than 8 percent, which would be unrivalled worldwide. Such sustained high growth rate over the course of over thirty years is indeed a rarity that merits the word "miracle". More precisely, it is "the puzzle of sustained high growth rate of the Chinese economy".

How is this "miracle" to be explained, and how should we make of "the puzzle of sustained high growth of the Chinese economy"? Different answers to these questions have been articulated. For example, many commentators hold the view that the miracle is attributable to institutional and systematic overhaul that have been implemented across the country. Prior to reform and opening-up, the institutional configuration of the Chinese economy was modeled on the "Stalin-style", which was characterized by a central-planning mechanism and premised on a denial of the core economic functions of the market. The kind of sustained high growth rate miracle would simply have been impossible under such a system. After the country adopted the policy of reform and opening-up, recognition of the virtues of the market system, in particular its roles in optimizing resource allocation and in improving economic efficiency, and acknowledgement of the government's role in macroeconomic coordination have made such a miracle a reality. Many reckon that the choice about fundamental economic institutions is more important than that about the operational system. Prior to reform, the Chinese economy was based on a homogeneous system of public-ownership of the means of production. This left the full productivity potential of the Chinese society severely under-realized, hampering the growth of aggregate output, wasting human resources and compromising economic efficiency. Again, we have little reason to believe that the recent economic miracle could happen under such a system. In the years since the beginning of reform policies, the Chinese government has retained public-ownership as a primary form of ownership of the means of production while allowing the mutually beneficial co-existence of and fair competition among a variety of types of entities of diverse ownership structures. In this transformation process, the Chinese government has been able to retain the ability to guide the development of the macro-economy through policy instruments, even as the creative energy of the country has been unleashed, resulting in a vast burst of increase in economic efficiency and productivity. Ultimately, the new economic system prepared the country institutionally for the miracle to take place. In other words, that the Chinese economy has been able to maintain a brisk rate of growth for so long is attributable at the macro level to the hybridization of planning and a market mechanism and at the macro level to open competition between and joint development of the public and the private sectors of the economy. It should be clear from this that both components of the Chinese economic system are indispensable. Neither strong economic growth nor sustainable development in China would be possible without either the strategic combination of economic planning and market mechanism at the macroeconomic level or the tactical synthesis of competition between and joint development of the public and the private economic sectors at the microeconomic level. These two trends that characterize Chinese economic development today are not mutually substitutable. Still, the micro level public-private synthesis and cooperation are of more fundamental significance, insofar as the effectiveness of government-market cooperation at the macro level presupposes fair competition among and joint development of all the economic players. Without proper functioning at the micro level, coordination efforts at the macro level would be either for naught or merely superficially effective.

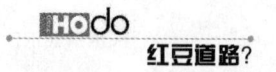

The question that naturally arises at this point is this: if these afore-mentioned critical dynamics at the microeconomic level are so instrumental to sound economic development in China, what are their underlying mechanisms?

Our answer is: it is enterprises, in particular those that are exemplary.

Had it not been for the hundreds and thousands of businesses of different kinds and sizes that have sprung up across China's vast territorial span since the beginning of reform and opening-up, or for the private companies that are now employing 75 per cent the nation's labor force and which now generate roughly 60 per cent of the revenue, that account for over 50 per cent of GDP and hold over 60 per cent of national capital stock and new investments, that have become the main pillar of the Chinese economy, the 30-year-long sustained economic growth, social prosperity and steady development would all have been impossible. Therefore, we must firmly acknowledge the crucial contributions of corporations as constituting an effective resource allocation mechanism and a constant source of energy fueling the continual growth of the national economy, which provides the foundation for long-term prosperity and social harmony.

FOREWORD

In *Fortune* (Magazine)'s 2012 list of the world's top 500 companies ranked according to annual revenue, 79 are Chinese (73 being from mainland China). This number is more than seven times what it was just ten years ago, representing significant progress. But this is still insufficient for completing the transition from a large economy to a great one. This is because a truly great economy depends not only on corporations that are large and profitable, but also on those that are of high caliber qua corporations and genuinely competitive. This means that besides these Fortune-listed giant corporations that commandeer vast social and economic resources, what is also needed in China are younger and more vibrant companies like Huawei, Greenland, Shagang, HOdo, Kingsoft ZTE and Newhope, which are more competitive, have more growth potentials, and embody or otherwise exemplify the spirit of the times to a higher degree. Both data and experiences have shown that if we are fully to understand both how the "miracle" of thirty years' of sustained economic growth has taken place so far and what may need to happen if such growth is to continue in the future, it is imperative that we have a thorough understanding of the significant roles these rising star enterprises are playing in socio-economic development in China, and more specifically, of how they have been able to grow in size, in market share, and in leverage. Such understanding can only be attained through hard work and deep reflection.

We decided to undertake this project in partnership with Social Sciences Academic Press (China) to publish this series titled *Exemplary Enterprises in China*, for the very purpose of learning more, both empirically and theoretically, about some of the enterprises that have been instrumental over the course of China's economic and social development since reform and opening-up, enterprises that are exemplars by the industry's inherent standards and whose practices reflect the spirit of the time. We have been helped by many individuals and organizations that care about this, including many outstanding corporations.

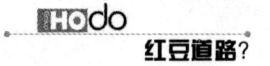

Our chief motivation for and guiding principles in producing this series are "to discover exemplary enterprise and to promote them", "to distill the lessons that can be learned from their experiences and to share these with others," "to understand the experience of ideal-typical enterprises", "to give exposure to exemplars", and "to guide and facilitate developments".

The foundational principle to which we adhere in putting together this series is "to attach greater weight to the objective of articulating the experiences of exemplary companies than to that of making sure these companies are or are described as being beyond improvement".

In terms of the specific methods we have used in putting together the series, we are empiricist in our research about the companies we profile, then we report our findings in plain and comprehensible language, we make use of vivid portrayals of the "human side" of outstanding entrepreneurs, highlight what is exemplary about the exemplary enterprise, and articulate corporate philosophies by which they are governed.

Determining which enterprises are exemplary and deciding what the main lessons are that can be learned from their experience are the core tasks in compiling a series like this. To make the selection process open and fair, we rely on a combination of nomination by various agencies, by enterprises themselves (including self-nomination), and by experts, and careful studies by the series' Academic Committee and Editorial Committee. Earlier in the selection process, three things about an enterprise receive the most attention: first, its competitiveness (especially of those that are privately owned) such as measured by because it is contingent on the competitiveness of its brand; secondly, corporate governance, including rules and structures, which play a decisive role in determining the corporation's compliance with the law and its competitiveness; thirdly, an enterprise's track record in innovation and its performance in corporate social responsibility. Technological innovation offers a crucial measure of an enterprise's ability to catch up with forerunners and to sustain long-term growth, while performance in fulfilling one's corporate social responsibility is functionally linked to an enterprise's prospects for long-term growth. We expect the selection to cover an increasing number of enterprises in the future.

The writers responsible for articulating the best practices of the enterprises profiled here are the authors of the individual titles under this series. They were recommended by the Academic Committee and the Editorial Committee respectively, and approved by the editor-in-chief for the series, with whom they signed a contract. These writers must follow the guidance of the Academic Committee of and the Editorial Committee in conducting their research and in reporting their findings. However, they do write independently. The authors must make sure to demonstrate their writing abilities and style in composing their contributing volume to the series. In addition, they must honor the general academic and editorial principles underlying the project and meet the relevant standards in their writing. In order to make sure these criteria are met, in addition to requiring manuscripts to be reviewed by the profiled company prior to publication, we also require that they be subject to peer review by experts appointed by the

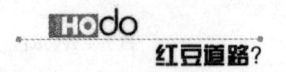

Academic Committee and the Editorial Committee.

After careful deliberation, we decide to launch the series in October 2012, on the eve of the opening of the 18th National Congress of the Chinese Communist Party. And we hope to be able to continue the project into the future. We were also unanimous in our decision that the book *The HOdo Model*, in which the author provides a vivid description of how the HOdo Group has been able to maintain sound growth since its founding as the first to be published in the series. However, due to the lack of experience in the kind of field work and writing required for this project on the part of the author, and the tight time-line, the writing style one finds in this book does not necessarily represent the style that is to be followed by authors of the subsequent titles in the series. Nevertheless, this book does set a good example of a book that is at once interesting to read, easy to understand, intellectually accessible to the populace and thoughtful. Authors of future installment of the series are well-advised to try to do the same in writing their contributing titles. Of course, in the end, the decision about what writing style to adopt for their own work rests with the individual authors of the series, which will be made after careful consideration of the editorial guidelines. Within the limits set by these guidelines, however, ample space will exist for these authors to capitalize on their strengths, to eschew their weaknesses, and to follow their personal preferences.

We have every reason to be confident that the *Exemplary Enterprises in China* such as produced by the rigorous process that has just been described promises to be informative and thought-provoking. The series will give much needed exposure to the experiences of some of the best Chinese enterprises that have emerged since the beginning of

FOREWORD

the policy of reform and the opening-up, and we believe the books will be well-received.

Finally, it is necessary to point that, the project proposal for this series was taken most seriously by relevant departments as soon as it was broached, and quickly approved. Professor Li Yang, deputy president of Chinese Academy of Social Sciences and a renowned economist did not hesitate to say "yes" when asked if he would serve as the director of the Academic Committee for the series. We have also been able to include a large number of well-known economists and experts in relevant fields of studies on either the Academic Committer or the Editorial Committee. Professor Xie Shouguang from the Social Sciences Academic Press (China) personally put together a special task force charged with providing editorial and publication assistance throughout the process. We have also received enthusiastic encouragement from relevant departments in the State Council and many corporations and scholars. We wish at this time to express our deepest gratitude towards all those individuals and organizations that have been instrumental to and supportive of the project.

We pledge to make all the books in the *Exemplary Enterprises in China* the best they can be in all respects, including the selection process for the enterprises to be profiled, the field work, the research, the writing, the editing, and finally, their publication and distribution. Let us all work together toward that goal!

Editor-in-chief of the *Exemplary Enterprises in China*

Liu Yingqiu

Beijing

内容提要

对于许多关心民营企业的人来说，有三个问题是他们一直关注的。第一，中国制造业的转型升级之路究竟如何走？能否成功？第二，如果转型升级能够成功，那么，民营企业如何才能实现可持续发展，并成长为具有国际竞争力的百年企业？第三，民营企业的党建只是单纯地为了巩固共产党的执政基础，还是主要地来自于民营企业健康发展和做大做强的内生要求？

上述三个问题，在《红豆道路?》中都可以找到答案。首先，红豆集团以纺织服装为主业，在经济发达、劳动成本高企的苏南地区，这种产业已经难以为继，然而，在过去的四年中，红豆集团非但没有受到国内外经济严重不景气的影响，相反，其所有产业都实现了逆势高速增长。本书通过讲述红豆在转型升级、自主品牌和自主创新上的先驱性实践，解读了其成功的奥秘。

其次，红豆创造出了"制度选人、竞争上岗"和"四制联动"等具有强大生命力的本土制度创新，形成了"现代企业制度＋企业党建＋社会责任"的"红豆发展模式"，走出了一条生态发展、幸福红豆、回馈社会和经济民主的社会和谐与可持续发展之路，为打造"中国第一文化品牌"和缔造跨国百年企业奠定了良好的基础。

最后，红豆集团非常重视党建，是中组部表彰的民营企业"先进基层党组织"。红豆党建工作不仅保证了党和国家的各项方针政策得到贯彻和落实，而且自身也受益匪浅，尤其是在抓住发展机遇、吸引和培育人才、增强企业凝聚力等诸多方面，党建工作都产生了非常明显的效果。本书探讨了党建推动红豆集团成功发展的机制和原因，介绍了红豆党建工作的创新性经验。

每个时代都有其特殊的制度背景和宏观环境，面临残酷的市场竞争，一路走来，一些企业销声匿迹，而另一些企业却愈发壮大，红豆当属后者。本书详细解读了红豆集团的发展道路，总结其成功经验，尤其是在转型升级、企业文化建设和企业党建方面，红豆经验具有重要的启发意义和借鉴价值。

SUMMARY

For those who are interested in private enterprises, there are three questions that they are persistently concentrated. Firstly, how could Chinese manufacturing sector transformed and upgraded? Could it be successful? Secondly, if it can, how can private enterprises develop sustainably, and to be a century-old ones with international competitiveness? Thirdly, whether the Party building within private enterprises is to reinforce the power foundation of the China Communist Party at primary level, or the requirements by the enterprises for sustainable growth and getting more competitive?

One could find answers to these questions in the book, *The HOdo Model.* First of all, HOdo is a textile and clothing firm in the south of Jiangsu, where economically developed and labor cost is too high to support this kind of industry. However, in the past four years, HOdo has not been affected negatively by the economic meltdown, domestically and internationally. On the contrary, all of its businesses registered high growth. This book tells its pioneering practices in transforming and upgrading, branding, and indigenous innovation, and also explores why it successes.

Secondly, HOdo makes institutional innovations in "picking talents by institution, position holding by competition" and "four-institutionnexus". Those dynamic innovations give births to a "HOdo Development Model" that is formulate as "modern enterprise institution, Party building at firm level, and social responsibility", creates a harmonic and sustainable path of ecological development, "happy HOdo", social responsibility, economic democracy. And, those innovations lay foundations for making it to be "China's leading cultural brand" and multinational century-old enterprise.

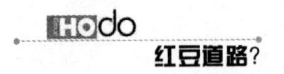

Lastly, HOdo is enthusiasm in Party building. HOdo Group is certificated as "Excellent Primary Party Organization" by the Organization Department of the CCP Central Commission. As a model firm in consolidating the Party organ in private enterprises, it not only grantees implementing the policies of the Party and state, it also benefits a lot from making use of development opportunities, collecting talents, strengthening the firm's unity, etc. This book explains how and why the Party building makes HOdo successful, and introduces its experiences.

Each epoch of history has its specific institutional settings and macro environment. Involved in fierce market competition, some enterprises vanish while others survive. HOdo is in the later group. This book illustrates HOdo's growth and experiences in being successful. HOdo's experiences have significant implications in transforming and upgrading, corporation culture making and Party building.

目 录

前言 / 1

第一篇 红豆为什么活得好? / 1

一　红豆：风景这边独好 / 3

二　2007：红豆的关键年 / 8
　　周海江的危机感 / 8
　　红豆找到了新方向 / 12

三　再造商业模式 / 17
　　转型的痛苦 / 17
　　从产品为王到品牌为王 / 23

四　整合产业链 / 32
　　与外协工厂同生共赢 / 32
　　用研发搭建创新平台 / 35

　　　　以信息化管理成本　／　36
　　　　引领主流生活　培育品牌价值　／　38

五　打造学习型企业　／　41
　　　　培养500个团队领袖　／　41
　　　　红豆大学的新使命　／　43
　　　　"红豆百才工程"　／　47
　　　　"必须修满36个学分"　／　50

六　"相对多元化"与"高度专业化"　／　53
　　　　"一颗小红豆打破上海大围墙"　／　53
　　　　"千里马"驰骋细分市场　／　57
　　　　从"红豆衫"到"红豆杉"　／　63

七　今天的技术含量就是明天的市场容量　／　67
　　　　用制度保证研发投入　／　67
　　　　把研发品变成畅销品　／　70

八　西港经济特区的红豆经济战略　／　77
　　　　柬埔寨西港经济特区　／　77
　　　　一个企业支撑一个国际经济特区　／　80
　　　　"走出去"的桥头堡　／　82

九　重振"布码头"雄风　／　86
　　　　搭建"无港口"交易码头　／　86
　　　　电子"布码头"织通全球财富　／　89

十　铸造品牌之魂　／　92
　　　　"红豆生南国"　／　92
　　　　树立中国第一文化品牌　／　95

　　　　从国家战略理解自主品牌 / 98
　　　　由自主品牌实现自主创新 / 102

第二篇　红豆为什么走得远？ / 105

　　一　"四制联动"：联出效益 / 109
　　　　股权开放的内部股份制 / 109
　　　　效率优先的内部市场制 / 120
　　　　"活成本死比例"的效益承包制 / 122
　　　　"母强子壮"的母子公司制 / 124

　　二　"制度选人"：后继有人 / 127
　　　　总裁是选出来的 / 127
　　　　"赛马而非相马" / 132
　　　　人人都有上升通道 / 135

　　三　红豆杉：生态发展 / 138
　　　　产业链上的"四朵金花" / 138
　　　　红豆杉：绿了家乡　富了农民 / 145
　　　　生态产业：人与自然的和谐发展 / 146

　　四　文化制胜：驱动品牌 / 151
　　　　"用红豆抵抗玫瑰" / 151
　　　　"品牌的一半是文化" / 155
　　　　红豆文化基因解码 / 158

　　五　经济民主：基业常青 / 163
　　　　"我的工厂我做主" / 163
　　　　"红豆是个挣钱的好地方" / 168
　　　　权益保障制度化 / 170

经济民主的实践　/　171

六　社会责任：第三大生命力　/　173
　　　"我们承诺一个都不裁"　/　174
　　　幸福红豆，和谐家　/　176
　　　由"经济人"向"社会人"转变　/　179
　　　第一家通过CSC9000T的民企　/　181
　　　北川来信　/　183
　　　做环境友好使者　/　186
　　　"红豆越发展，东港人越幸福"　/　188

第三篇　红豆为什么重党建？　/　193

一　舌战外媒：民企为什么要党建？　/　196

二　创业接力：三代党员的追求　/　202

三　党建如何推动红豆发展？　/　207
　　　把党的政策优势转化为红豆发展的机遇优势　/　209
　　　把党的制度优势转化为红豆发展的制度优势　/　211
　　　把党的组织优势转化为红豆发展的人才优势　/　213
　　　把党的政治优势转化为红豆发展的文化优势　/　217
　　　把党的信仰优势转化为红豆领导的素质优势　/　221

四　红豆党建：从"有形覆盖"到"有效覆盖"　/　224

五　首家通过党建质量管理体系认证的民企　/　228

六　首创党建工作标准的民企　/　231
　　　党建标准基本内涵　/　231

　　　　党建标准的内容和方法 / 231
　　　　党建标准提升管理水平 / 233
　　　　党建标准产生广泛影响 / 234

　　七　红豆党建引发的启示 / 236
　　　　党的政治优势是企业发展的保障 / 236
　　　　民企党建巩固执政之基 / 237
　　　　正确定位才能有所作为 / 240
　　　　民企党建必须以人为本 / 241

附录一　关于学习推广红豆集团党建工作经验及开展向
　　　　周海江同志学习的决定 / 243

附录二　红豆集团大事记 / 247

结束语 / 253

后记 / 255

CONTENTS

Preface / 1

Chapter One   Why is only HOdo Booming? / 1

   1. HOdo: The Landscape Here is Beyond Compare / 3
   2. 2007: Another Critical Year for HOdo / 8
   3. Reinvent the Business Model / 17
   4. Integrate the Industrial Chain / 32
   5. Build Learning-style Enterprise / 41
   6. Relative Diversification and High Specialization / 53
   7. The Present Technical Content is the Future Market Capacity / 67
   8. HOdo's Economic Strategy of Special Economic Zone / 77
   9. Reviving the Bygone "Harbor for Cloth" / 86
   10. Create the Soul of Brand / 92

Chapter Two   Why is HOdo so Successful? / 105

   1. "Integration of Four Systems": Efficiency is the Goal / 109
   2. "The Successors are Picked by Institutions" / 127

3. The Yew: Ecological Development / 138

4. Culture as a Powerful Weapon: Development of the Brand / 151

5. Economic Democracy: Built to Last / 163

6. Social Responsibility: Vitality for Enterprises / 173

Chapter Three Why does HOdo Emphasize Party Building of the CPC? / 193

1. Zhou vs. Journalists: Why Private Enterprises Should Commit to Party Building? / 196

2. Relay of Entrepreneurship: Pursuit of Three Generations / 202

3. How does Party Building Promote to Success in HOdo? / 207

4. Party Building in HOdo: From Visible Covering to Effective Holding / 224

5. HOdo: the First Private Enterprise Certificated by ISO 19001-2008 / 228

6. HOdo: the First Private Enterprise Establishing the Standards of Party Building / 231

7. Experience from Party Building in HOdo / 236

Appendix 1 Decision on Promoting HOdo Group's Experiences in Party Building and Learning to Comrade Zhou Haijiang / 243

Appendix 2 emorabilia of HOdo Group / 247

Conclusion / 253

Postscript / 255

前　言

历史有时就像六月的天气一样令人捉摸不透。

曾经引以为自豪的中国传统制造业，近年来却面临着前所未有的尴尬：一方面，外需这一催生中国制造业疯狂生长的推手，如今正在一步一步地将中国制造业逼向困境。人民币升值以及国际金融危机引发的外需大幅度萎缩导致中国制造业链条上的许多企业不得不减产、歇业甚至倒闭；另一方面，国内劳动力成本的上涨使得中国制造业一直仰仗的所谓"低劳动力成本优势"逐渐消失，再加上遭遇原材料成本和土地成本的上升、融资困难等，用"内外交困"一词来形容中国制造业目前的处境似乎一点也不为过。

中国制造业怎么了？

2012年，面对诸多"跑路者"，"中国制造业向何处去"这一问题历史性地摆在了中国民营企业面前。目前，转型升级是民营企业的根本性出路已经成为业界的共识。然而，据调查，尽管已经有不少民营企业开始探求转型升级之路，但仍有为数众多的民营企业没有明确的转型思路。转型升级究竟路在何方？"山重水复疑无路，柳暗花明又一村"，这种转型升级能否成功，从而再次把我国民营企业带入经济发展的"坦途"？这是我国民营企业目前所面临的第一大挑战。

民营企业面临的第二大挑战是如何突破自身的种种局限，实现可持续的和谐发展这一长远目标，并成长为具有国际竞争力的百年企业？近年来，正如"毒奶粉""染色馒头"等事件使民族食品工业遭受重创一样，污染和生态环境的破坏使我国民营企业的低端制造业面临不可持续的境地。在这种情况下，社会责任和生态发展便成为民营企业生存和发展的内在要求。特别是，由于受几千年以来传统文化的影响，民营企业普遍存在着不适应现代市场经济发展的，以家族、亲缘和地缘等为基础的"关系治理"结构，因而在向现代企业制度的转变中，大量地出现了"淮橘为枳"的现象。我国民营企业如何通过本土制度的创新和传统文化的创造性转化，彻底改变民营企业长不大的"历史宿命"？这是我国民营企业目前所面临的第二大挑战。

民营企业还面临着社会各界如何看待其发展壮大的问题。对于人民群众和政府来说，民营企业怎样发展才能使他们放心，从而使大家全心全意地支持民营经济做大做强？对民营企业家来说，面临的则是这样的问题：加强党的建设是民营企业健康快速发展的内在要求，还是若即若离的要素？这一问题自改革开放以来就困扰着人们对民营经济的认识。实践已经证明，社会主义可以和市场经济相结合。改革开放以来，我国综合国力和人民生活水平的提高在宏观层面上已经证明了这种结合是成功的。但在微观企业层面上的结合恐怕还需要探索：在民营企业加强党的建设是否是社会主义市场经济的必由之路？这条道路能否建立起具有中国特色的现代企业制度，从而成为民营企业超越西方经济的坚强柱石？这个问题是民营企业不得不面对的第三大挑战。

民营企业目前还面临着其他挑战吗？

当我们对这些问题苦苦思索的时候，"红豆生南国，春来发几枝？"这句已传唱了千年的轻声叩问，把我们从上述三大挑战的沉思中唤醒，将我们的思绪带到了江南小镇——红豆集团总部所在地的无锡东港镇。是啊，在经济发达的苏南地区，纺织服装业转型升级所面临的挑战在中国制造业中是最为严峻的，曾有新华社记者对此发出这样的感叹："民企从未如此艰难和迷茫"。那么，曾经以红豆制衣而闻名于世的红豆集团，现在你还活得好吗？

2012年春天，我们带着这种关切和疑虑，踏上了前往无锡东港镇之旅。到了东港镇之后，我们才真正感受到，那里的"红豆"真的与众不同！它既没有陷入自2008年以来百年不遇的国际经济大萧条的泥潭，也没有因为国内经济的低迷而一蹶不振，相反，企业逆市高速成长、产业迅速健康扩张、市场份额不断扩大。"红豆"到底掌握了什么诀窍？看到群情振奋的红豆职工在各自岗位上热火朝天的工作场面，我们被吸引、被感动了。

红豆集团是江苏省重点企业集团，是国务院120家深化改革试点企业之一，它从纺织服装业起步，迅速发展壮大为一家横跨纺织服装、橡胶轮胎、生物制药、房地产四大产业，拥有10家子公司并包括一家上市公司、一家境外公司的跨国大型民营企业集团。在红豆集团，我们了解到许多鲜为人知的故事。随着研究的深入，我们发现，在回答上述我国民营企业发展所面临的三大挑战上，红豆集团已经找到了一把解决问题的钥匙，更确切地说，红豆找到了一条符合自身发展情况的"红豆道路"。

本书以我国民营企业普遍面临的"如何生存""怎样发展""要不要搞党建"三大挑战为主线，以"红豆为什么活得好""红豆为什么走得远""红豆为什么重党建"为主题，分三篇具体讲述了"红豆道路"的故事。

"红豆道路"是否是民营企业发展的必经之路？红豆走的这条道路是否值得我国广大民营企业借鉴？在我国民营企业的生存和发展问题上，广大民营企业可以从"红豆经验"中汲取哪些教训、得到哪些启示？选择什么样的道路、如何实现民营企业更好更快的发展并由此更好地推进中华民族的伟大复兴？仁者见仁，智者见智。这些问题只有在读者读过本书和深入思考后，才会得出自己的结论。我们相信，本书一定会成为一个民营企业生存与发展、壮大与成长可资借鉴与参考的典型案例，也一定会成为广大民营企业家进行深入思考的重要线索。

第一篇

红豆为什么活得好？

因为红豆
抓住了历史的机遇，
顺应了时代的潮流，
选择了正确的方向，
实现了科学的发展。

一　红豆：风景这边独好

红豆真的不同凡响。

国际金融危机爆发以来，中国制造业遭遇了前所未有的困境，甚至有人称其为"中国制造业的危机"。特别是2011年以来，有关企业家"跑路"的报道不绝于耳。然而，正是在这种国内外经济形势空前困难的情况下，红豆集团的销售额却从2008年的207亿元增长到2011年的351亿元，增长率69%，年均增长率达23%。你说是不是不同凡响？

根据红豆集团2011年的数据，包括服装、橡胶轮胎等在内的传统制造业占集团销售收入的89%。这些行业都是国内高度竞争性的行业，经常处于产能过剩的状态之中，也是此次金融危机受冲击最严重的产业。特别是在经济发达的苏南地区，按照常理，劳动密集型的服装业近年来由于劳动力成本和土地成本的急剧上升，许多企业都面临

红豆工业城外景

倒闭或死亡。然而，红豆集团的服装业务不仅没有萎缩，反而活得更好：红豆服装业务板块的总体毛利率水平呈现上升趋势，从2009年的12.8%提高到2011年的14.25%；红豆五大服装品牌的连锁专卖店更是逆市快速扩张，年均毛利率高达30%以上。在国际金融危机肆虐、国内经济压力加大的不利环境下，红豆集团为什么能实现逆市高速增长？

笔者曾经问过红豆集团的很多人：国际金融危机和目前的经济困难对红豆的发展影响有多大？得到的回答几乎惊人的一致："影响很小"，"基本上没有影响"。确实，历史数据显示：在受国际金融危机影响最大的2009年，红豆却表现出强劲的增长势头，销售收入达到223亿元，销售增长7.73%，利润增长23%。2010年，集团全年销售282亿元，同比增长26.45%；员工三次涨工资，平均涨幅达到49.6%。2011年的销售额为351亿元，相比2010年增长24.46%。

更使我们感到意外的是，2012年4月，在红豆集团总部所在地——无锡东港镇，有几个大型的固定资产投资和技术改造项目在同时建设中。在红豆博士后科研工作站大楼、红豆集团江苏通用科技股份有限公司新建年产200万套全钢载重子午线轮胎项目、红豆集团自备热电厂技改工程等建设工地上，我们看到了一派热火朝天的忙碌景象。我们不解地询问陪同考察的红豆集团战略部部长胡永平："红豆这些项目的投资规模有多大？国际金融危机爆发以来，许多民营企业因资金链断裂而倒闭，红豆这么大的投资规模，没有这种担心吗？现在经济形势这么不好，红豆为什么还在逆市大举投资呢？"

胡永平回答说："2009年到2011年期间开工的建设项目共有9个，总投资额大约在27亿元人民币以上。"他笑着说，"这就是红豆的投资风格！'回落期未雨绸缪，低潮期捷足先登，复苏期形成火候，高潮期抓住不放'。现在是低潮期，正是技术改造的好时机。"接着，胡永平给我们讲了这样一个故事，2008年底，正值国际金融危机引发市场一片风声鹤唳，红豆集团总裁周海江却在江苏省民营企业高层论坛上充满信心地说:"现在是民企发展的又一次重大机遇,红豆将牢牢抓住这次机遇,坚持转型升级的科学发展道路,创新开拓,通过3年努力使企业发展再上层楼!"并随后宣布了这些项目的投资计划。当时就有记者报道周海江的演讲语惊四座,引起了议论纷纷。

是啊,周海江怎么这样大胆地逆市投资呢?带着这种疑惑,又看到红豆人对这件事的气定神闲,使笔者不由自主地想起了那句:"不管风吹浪打,胜似闲庭信步。"这个周海江还真有点不简单!未曾谋面,我们就在心里发出了这种感叹。

当金融海啸使众多企业都步履维艰之时,红豆为何能"风景这边独好"?许多红豆人告诉笔者:最为直接和关键性的因素是集团在2007年就开始推行的转型升级战略。红豆集团品牌文化部部长王竹倩告诉我们,2007年春节过后,在集团科员以上全体干部大会上,周总正式提出"三大转型"战略并作了动员。"哪三大转型?"笔者问。集团战略部的陈黎脱口而出:"从生产经营型向创造运营型转变,从资产经营型向产融结合型转变,从国内企业向跨国公司转变。""看来小陈把周总的话都倒背如流了!"大家不禁哈哈大笑起来。

看来,这一年的故事还真是不少。

● **专栏:摸透市场规律:红豆的经营法则**

在市场如此疲软的情况下,红豆为什么敢于大手笔投资呢?其实,这正是他们先人一步的智慧所在。"回落期未雨绸缪,低潮期捷足先登,复苏期形成火候,高潮期抓住不放",这是红豆集团在长期实践中反复探索、总结出来的企业发展规律。

1986年,国内宏观经济形势偏紧,不少企业在产品滞销和银行贷款的双重压力下无法维继,不得不以低于原价的价格出卖设备。当时的红豆集团总裁周耀庭本着"回落期未雨绸缪"的思路,当机立断地购进一大批尚未使用的设备,建成了一条初具规模的现代化生产流水线，一投产便迎来了1987年和1988年的市场旺销，红豆赚得盆满钵溢。这时候，不少企业又回过头来购设备、上规模，但市场却开始逐步疲软，引得一片叫苦连天。当1990年经济又进入低潮期的时候，不少企业再次压缩限产，他们哪还有资金再去投资？而周耀庭却又开始了新一轮超前投资：从日本、美国和德国等引进国外先进设备，建成投产时恰好迎来了1991年下半年开始的经济复苏和随后的高涨期。

1996年，我国服装市场逐步走向低迷，而吃透了市场规律的周海江再次于"低潮期捷足先登"，投入巨资从德国杜克普公司引进全自动西装整烫设备和衬衫生产设备，大大提高了劳动生产率和产品的科技含量。

红豆西服厂——亚洲最大的西服生产车间

红豆集团在企业的不断发展壮大中，频频在市场疲软时进行大规模固定资产投资，原因就在于他们深谙：企业从经营决策到投资建设、再到产品投放市场获利有一个时间周期，这个周期存在滞后性，如果将这个周期安排与市场的经济周期相配合，就必须留出适当的提前量。这也就是说，当别的企业产品旺销时你再仓促上马，等产品投放市场的时候，市场已经开始进入回落期了，没有主见的企业往往会吃盲目跟风、一哄而上的亏。

自改革开放以来，红豆集团以超常规的速度迅猛发展，在短短的28年时间里，销售额从1983年60万元猛增到2011年的351亿元，增长了近6万倍，年均增长速度高达48%。在人们的潜意识中，飞速发展的企业＝危险企业（倒闭风险很大），但这个公式不适用于红豆集团。原因何在？这与他们摸透了上述市场规律、在宏观经济困难中看到企业新的发展机遇有很大关系，"农业社会最好的播种时节是春天，而工业社会最好的播种时机是低潮期。"周海江曾经这样说。

更重要的是，这与他们在运用市场规律时对党和国家方针政策的把握有更大关系。2008年12月28日，周海江在接受记者采访时指出："孟子说，虽有智慧，不如乘势；虽有镃基，不如待时（出自《孟子·公孙丑》，其主旨是强调抓住时机的重要性。'镃基'是当时的农具，一种大锄头）。我和我父亲周耀庭都有一个直接感受，党的方针政策就是'势'，我们把握宏观，若能吃透那些有前瞻性、全局性、导向性的方针政策，就能避免走弯路。"红豆集团2007年开始推行的转型升级战略，与胡锦涛总书记同一年提出"转变经济发展方式"的大政方针并非只是巧合。

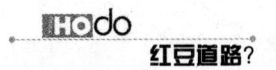

二 2007：红豆的关键年

龙年四月的江南，正是梅雨季节。

一个少有的阳光明媚的下午，在红豆集团紫杉阁会所，窗外，一望无际的红豆杉郁郁葱葱，令人心旷神怡；室内，笔者对红豆集团总裁周海江开始第一次正式访谈。面对我们提出的一大堆有关红豆发展的问题，周海江说话不疾不徐，侃侃而谈。时光好似回到2006年，周海江如数家珍地给我们讲起了红豆实施转型升级战略的最初动因。

周海江的危机感

2006年3月28日，由中国服装协会主办的"装典中国——2004~2005中国服装品牌年度大奖颁奖晚会"正在北京21世纪剧院举行。这是一个有着"中国服装奥斯卡"美誉的奖项，一直以来充分得到了服装界的普遍认可，也在社会上具有相当的影响力。2004~2005年的年度大奖强调"社会参与"的重要性，加大了奖项评选社会参与的力度，增设了120万张社会选票并在新浪网上接受全国24万网民的投票。最终，红豆集团以无可争议的高票摘得此次评比中含金量最高的价值大奖。

"获得这个大奖，是全社会对红豆品牌的肯定，也是全社会对民族品牌的肯定，更增强了红豆矢志自主品牌的决心和信心。"在颁奖现场，红豆集团总裁周海江如是说。他的观点引来观众阵阵掌声。在随后的见面会上，周海江剖析了红豆的品牌价值构成。他说，制造业中有个著名的"微笑曲线"理论，说的是产业链上游研发和下游营销服务等环节利润相对较大，而位于中间的生产加工环节恰恰获利最少。产业链各环节的利润表现形同一条微笑着的"U"形曲线。其实，服装品牌的价值构成也如同这个"微笑曲线"，要善于抓住曲线的两端来提升品牌价值，并且要不断丰富品牌文化的内涵。但是，国内很多服装企业抓住的往往只是"微笑曲线"的中间部位，品牌成长当然不快。周海江最后总结说，红豆品牌的价值就在于：用技术夯实品牌价值的基石，用营销托起品牌价值的外延，以文化构筑品牌价值的精髓。

见面会结束后，自信满满的周海江还在琢磨着如何更好地推广红豆品牌的价值。正当他乘坐电梯去餐厅吃饭时，在电梯里碰到了一位与会人员，来人热情地与周海江打招呼："啊，您就是红豆的老总，谢谢您！红豆的质量真好，中学时我就穿过红豆的服装。"

"应该谢谢您！您现在还穿红豆的服装吗？"

"不好意思，现在不穿了。"

"为什么？"

"现在逛商场，很少能看见红豆品牌的服装了，其他品牌的服装看到的更多了。谢谢，我先下电梯了。"

在聊天中，周海江得知对方身份是政府机关的工作人员，这场偶然的对话引起了周海江的深思。坐在回无锡的飞机上，"不好意思，现在不穿了"，电梯里的这段对话一直萦绕在周海江的耳畔。他心里感到很难受：看似红火的红豆品牌，居然没有得到有身份的人的认可。也许是个案吧？但是，如果红豆这个品牌真的不被像电梯里碰上的那个有一定身份的人接受的话，说明红豆品牌很可能淡出了一个有消费能力的群体的视野。想到这里，周海江不禁倒吸一口凉气。问题出在哪里呢？

产品质量和知名度肯定不会有问题，在这一点上，周海江还是非常自信的。创始于1957年的红豆集团在中国纺织服装业中占有重要的行业地位，服装销量长期居全国第一，多年来保持"服装行业百强"

第二的位子。自1994年被评为"中国十大名牌"以来，红豆服装获得了大量的荣誉：1997年4月，红豆商标被国家工商局认定为中国驰名商标；2001年3月，红豆衬衫被中国名牌推进委员会评为"中国名牌"产品；2003年9月，红豆西服被中国名牌推进委员会评为"中国名牌"产品；2004年4月，"红豆"被评为"中国十大最具文化价值品牌"；2005年4月，红豆品牌入选"商务部重点培育和发展的出口品牌"名单；2005年9月，红豆夹克被中国名牌推进委员会评为"中国名牌"产品……直到今日"红豆"接受中国服装品牌成就大奖。

那么，问题究竟出在哪里呢？

红豆品牌能有今天的成绩来之不易，这是红豆人几十年努力拼搏的结果。想到这，红豆品牌创立时的艰辛，像电影一样一幕幕在周海江的脑海中闪过，最后定格在让他一向引以为傲的两件事情上。

第一件发生在1990年，那是他在辞掉大学教职后到红豆工作的第四年。当时，许多企业连产品商标都没有，更不要说创名牌了。当大家对广告、品牌等概念还处在懵懂阶段时，红豆已经把广告做到了中央电视台，而出主意策划的就是周海江。周海江当时担任红豆集团下属的太湖制衣总厂副厂长。为了扩大产品知名度，他提出要在中央电视台投资160万人民币做广告。但是，周海江的建议一提出来，就引起了很大争议。1990年，160万元可是一笔不小的数目，对红豆来说，它相当于工厂全年的利润。因此，许多人说，这可以买多少设备、造多少厂房啊！广告么，可做可不做！是呀，一下子要拿出这么多钱做广告，谁不心痛呀。好在既是董事长又是父亲的周耀庭在这个关键时刻投了关键的一票。周耀庭表态："我赞成！"一锤定音，红豆因此成为中国服装业第一个在央视做广告的企业。红豆的广告一经播放，就立刻在全国观众中产生反响，红豆成了家喻户晓的名牌，红豆服装迅速红遍大江南北，销售量急剧增加。"实践证明，当时160万的广告效果比今天花一亿六千万还强！"周海江后来笑称。从那时起，红豆就成了中国消费者津津乐道的品牌。

第二件事情则发生在1997年。1996年之前，红豆服装只在全国"百强"商场中销售。而1996年国有商场的改制给许多服装企业带来了很多不适应，红豆服装的销售也受到很大影响。为了应对这一问题，同时也借此使红豆服装的市场占有率进一步提高，周海江等红豆集团的决策者们认为："名牌"必须是"民牌"，因此及时调整了营销战略。1997年开始，红豆服装的销售拓展到全国各大批发市场，从而创造了国内名牌服装进批发市场的奇迹。此举令同行企业刮目相看并纷纷效仿。事实证明，当时红豆服装走进批发市场不仅没有使"红豆"掉价，反而大大提高了市场占有率，成为广大消费者心目中真正的名牌。

那么，问题会不会出在第二件事情上？一想到这里，周海江马上警觉起来。前几年，一些新的服装品牌采用连锁专卖店的形式迅速崛起，而红豆自从采用批发市场作为销售主渠道以来，在终端销售渠道上一直缺乏与顾客直接交流的载体。为了弥补这个缺陷，红豆已经在2005年初专门成立系列男装营销公司，负责红豆男装产品在全国商场的销售。而红豆产品的专柜、专厅也已经严格按照红豆新形象CI标准进行统一规划设计。红豆的目标是通过未来几年的建设，使红豆的终端销售形成商场、专卖店、批发市场齐头并进之势，并进军高档服装领域。这里面难道有什么问题吗？它与在电梯里邂逅的那个陌生人不再买红豆服装的原因有关吗？

随着生活水平的提高，人们对服装的个性化要求也提高了，特别是进入新世纪以来，随着一部分人先富起来和中等收入阶层的崛起，对中高档服装的需求迅速增长，而中国的服装市场也已经不再是档次区分不明显的混沌市场了。那么这些年的发展中，红豆服装各品牌的市场定位如何呢？

红豆集团在1992年就已实现了服装产品系列化：衬衫、西服、西裤、夹克、羊毛衫、T恤、皮件、女装、童装，从中低端到高端，从儿童到中老年，红豆产品几乎实现了全覆盖，成为全国服装系列产品最全、市场覆盖率最大的"服装王国"。由于市场细分的要求，红豆品牌不能涵盖所有市场，这就需要由其他品牌来补充。因此，红豆集团又适时地推出了多品牌战略，进一步扩大红豆服装的市场占有率。除红豆品牌外，首先推出了"相思鸟""南国"两个品牌；1999年再次推出时尚休闲品牌"依迪菲（IDF）"；2005年又相继推出"HOdo""轩帝尼（HETINNE）"等高档品牌。

但即使这样，红豆各品牌的市场定位仍没有作出很明确的区分。"对，这就是问题的症结所在！"想到这里，周海江不禁兴奋起来，"作为主品牌的红豆形象男装为了塑造其高档服装的形象，在商场设专柜、专厅出售，但另一方面，它仍与相思鸟、南国等低端品牌一样通过批发市场渠道销售，这就使得白领阶层感到红豆形象男装的档次不高，而这可能就是电梯里邂逅的那个陌生人不再买红豆服装的原因。"感到茅塞顿开后，周海江下决心要把红豆形象男装全部从批发市场撤出，通过建立连锁专卖店树立其新形象。后来，红豆集团下属上市公司——红豆实业股份有限公司——就基于这一设想，明确地划分了所属三个品牌各自的定位："轩帝尼"主要定位于高档定制；红豆形象男装定位于中高档，开拓连锁专卖的终端销售渠道；"相思鸟"定位为市场品牌，仍通过批发市场销售，这三个品牌渠道交叉而又相互补充，形成了交互式的"品牌立交"。

红豆找到了新方向

周海江回到无锡后，一方面就自己有关服装销售渠道大变革的设想进行调研，召开由专家和公司决策层参加的讨论会；另一方面，他静下心来，开始重新思索红豆集团未来总体的发展规划。他感觉到，在电梯里与陌生人的那段对话似乎在提醒他，有许多事情需要重新反思和更深入的思考。为此，他还专门独自到红豆展史馆仔仔细细地把红豆历史的展览又看了一遍。过去，他曾经陪同客人多次参观过红豆展史馆，但这次却非同以往，他希望通过回顾并反思红豆的发展历史，找到红豆新的发展方向。

2006年下半年的中国制造业正处于一个大挑战即将到来的前夜：2005年开始升值的人民币汇率带来的影响，沿海地区的"民工荒"愈演愈烈，苏南地区的土地成本急剧提高，制造业面临更严峻的生态环境限制，报纸上也在纷纷讨论珠江三角洲的农民工工资从1996年到2005年的十年间只增加了几十元的问题。对红豆服装业来说，虽然在国内位居行业第二，但随着优衣库、ZARA等外资品牌的强势入侵，以及诸如凡客诚品等根植于互联网的服装企业的兴起，面临的竞争越来越激烈，同时竞争对手并不仅仅是雅戈尔和杉杉这样的国内服装品牌，还有众多跨国公司。这些新的问题对红豆集团未来的发展将会产生什么样的影响呢？

在此之前，周海江曾经与红豆集团领导班子成员召开过多次讨论会，针对这些变化进行了反复研讨，得出的结论是：人民币的升值趋势在短期内不会改变，并很可能会成为长期趋势，这将使民营企业的出口越来越困难；工人工资的提高看来也是大势所趋，再加上苏南地区土地成本不断提高，像红豆这样的劳动密集型产业所谓的成本优势将遭遇前所未有的挑战，面临着生死存亡的考验。事实上，红豆的服装业务早已开始通过把生产加工外包给成本更低的其他地区的企业和加强自身研发能力，来化解这种压力。但在大挑战到来之际，红豆应该怎样提升这种应对能力，并提出一种明确的战略，使之成为集团从上到下的努力目标呢？

在周海江决定打造红豆服装连锁专卖体系后，有关红豆集团转型升级的思路便开始清晰起来。"红豆集团一手向研发设计要竞争力，另一手向品牌要效益，要打造属于自己的'微笑曲线'"，周海江停顿

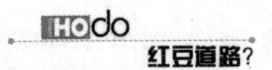

了一下,接着对笔者说,"曲线两端分别是'研发设计'和'品牌网络',曲线底部,则是我们留下的样板工厂。所谓创造,就是技术研发;所谓运营,就是品牌网络,也就是由红豆品牌支配的外包给外协工厂的供给网络和红豆打造的连锁专卖店网络,这就是我在2007年初提出'从生产经营型向创造运营型转变'战略的由来。"

"实际上,苏南地区劳动密集型产业在迎接新挑战和实现产业升级上,还有一条道路可走,这就是'走出去'",周海江接着说,"我当时就想,把劳动密集型产业中加工制造等劳动密集的环节转移到成本更低的国家去,而把研发、销售等价值链上创造利润最多的环节留在国内进行,实现资源的优化配置,对红豆服装业的未来发展来说,这是无法回避的一条道路。"因此,周海江经过深思熟虑,在2007年初正式提出了将"从国内企业向跨国企业转变"作为红豆三大转型战略之一。2006年,我国商务部和财政部开始推动境外经贸区的建设,试图为国内企业搭建平台,鼓励企业"走出去"。周海江积极响应政府号召,红豆在2007年成为这些境外经贸区的承办者之一,投资建设柬埔寨西哈努克港经济特区,为国内"走出去"的企业搭建平台。

2006年以来,周海江对产融结合的意识也越来越强烈,他知道,企业要做强做大,离不开资本社会化的支持,所以,涉足资本市场,实现资本运营就成了必然的选择。早在2001年,在周海江的主持下,红豆集团下属企业——"红豆股份"成功上市,走上了资本化经营的道路。目前,红豆集团正在积极地筹划其下属的"江苏通用科技股份有限公司"和"江苏红豆杉生物科技有限公司"实现上市。但是,只是通过上市并不能解决企业成长为世界级跨国公司所需的资本问题,要实现这一目标,产融结合就是一条无法回避的道路。因此,周海江在2006年就计划申请和成立红豆财务公司,发行公司债券并控股一两家银行,为集团长期项目投资和跻身世界500强企业提供资金保障,而这就需要集团实现"从资产经营向产融结合型的转变"。

经过数月的思考、调研和讨论，2006年底，一个明确的想法在周海江的脑海中清晰地浮现出来：在红豆集团辉煌的发展史中，一个新的美好前景展现出来。半年多来，每当周海江流连于红豆展史馆时，集团走过的三个阶段便一幕幕地在眼前回放。

创始阶段（1957～1982年）。红豆集团的前身是创建于1957年的无锡县港下针织厂，是由周海江的祖父母周林森夫妇和蒋元生以弹棉胎、扎扫帚的方式建立的小手工作坊。1963年春天，港下针织厂正式开始织土布，企业同时更名为港下回纺厂。1972年，土布市场萎缩，港下回纺厂苦苦挣扎四年后，面临停产。1976年春天，港下人民公社派须保文担任该厂书记，港下回纺厂起死回生，产值实现30多万元。1978年，第一个品牌"山花"也因此诞生。

创业阶段（1983～1992年）。1983年6月16日，周海江的父亲——也就是现任红豆集团董事局主席周耀庭在危难之际出任港下针织厂（原港下回纺厂）厂长，并进行了大刀阔斧的改革，实现了当年上任当年扭亏为盈的奇迹。到1988年，四年产值翻了四番，成为无锡县的明星企业。1992年6月16日，由江苏省体改委批准的江苏省第一家省级乡镇企业集团——江苏红豆针纺集团公司诞生了。（集团）公司实行董事会领导下的总经理负责制，周耀庭任（集团）公司董事长兼总经理。

快速发展阶段（1992～2006年）。从1992年集团成立到2006年，红豆完成了从服装产品系列化到经营相对多元化的快速发展阶段，集团销售额从1991年的1亿元迅速增长到2005年的117亿元，14年间增长117倍。1995年，兼并上海申达摩托车厂，跨行业涉足机车产业；同年，进入橡胶轮胎产业。1997年，开始人工培育红豆杉，进入高科技生物制药领域。2001年1月，"红豆股份"在上海证券交易所上市，公司迈入资本经营。2001年，推出"七夕·红豆情人节"，保护、传承和弘扬中华民族的传统节日。2002年，进军房地产业，组建

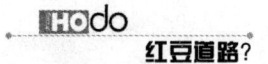

无锡红豆置业有限公司。

自2004年周海江通过海选成为红豆集团总裁后,他就立下了雄心壮志:经过20多年的奋斗,在他手中使红豆集团成为世界500强企业。那么,如何实现这个目标呢?周海江经过长时间思考后,认为红豆集团在经过第三个阶段的快速发展后,面临着两大挑战:第一大挑战就是由于劳动力成本的上升,传统劳动密集型产业在苏南地区面临生死考验,因此,红豆的服装业必须转型。第二大挑战就是在第三个阶段的快速扩张中,红豆涉足的产业太多,加上原有四大主业,多达六七个产业。随着全球化竞争的日益加剧,红豆在这么多产业线上同时"作战",多少感觉到有些疲于奔命了。因此,周海江开始思索如何"刹车",即应该如何梳理红豆既有的庞杂业务线。他提出不能再寻找新的产业了,并开始对一些微利和不适应今后可持续发展的产业如梭织印染、电池、机车等进行"关停并转"。

2007年春节过后,周海江正式宣布:以"三大转型"为主题的红豆转型升级的新阶段开始了!

三 再造商业模式

"疯狂的红豆,每八小时开一家店",这是《中国经济周刊》记者李凤桃在2011年4月27日一篇报道红豆服装转型升级的文章的题目。该文写道,早在2009年6月,红豆集团常务副总裁周鸣江就提出了3年建3500家门店的计划。截至2011年3月,在一年零九个月的时间中,红豆建立了上千家门店,累计达到2300家,而在加速扩张之初,红豆五大品牌连锁专卖店总共也不过千余家。红豆正在以每8个小时就开一家店的速度扩张,而服装品牌企业在正常情况下一年开店的数量不过近百家。因此,记者问到:一年开1000家门店,这是怎样的速度?

转型的痛苦

"这个速度不快,只要模式对了,复制起来是很快的。"周海江对上述疑问作出了这样的回答,他说:"开专卖店既难也不难,关键是要精心打造好自己的样板,然后复制。因为按照经济学的原理,凡是可以复制的,都是发展最快的。因此,开专卖店不难,难在打造一个成功的样板。"后来,中国服装协会秘书长王茁在2009年也对此评论说:"服装行业比较特殊,一家终端店面成功,这一店面便可以在其他同类城市进行快速复制,从而达到市场覆盖的目的。"

正是由于这个原因,2007年,在红豆集团总部大院内,五座老厂房被装修一新,开起了品牌精品形象店,其目的就是为了着力打造红豆服装的五大品牌连锁专卖网络体系——红豆形象男装、依迪菲(IDF)、轩帝尼(HETINNE)、红豆居家和红豆家纺,红豆集团自此开始了对服装业营销模式深度变革的探索。为此,周海江要求红豆服装板块要下大力气精心打造样板店，从专卖店的选址、店堂的布置到专卖店的形象，以及开店后的运营管理等一整套规范方法进行探索，经过摸索，打造出成功的样板，再根据样板做成一个标准化手册，然后就可以在全国同类城市通过复制开设连锁专卖店。

其实，打造专卖店样板也不是难事，对红豆集团服装业营销模式的大变革来说，真正的困难在于统一思想认识和调整利益上。首先，在思想认识上，建立连锁专卖体系意味着红豆的主品牌要从批发市场上全部撤出。虽然红豆的管理者、业务员和红豆服装的经销商都希望红豆一天比一天好，但他们对这种变革不理解，对这种变革的前途感到痛苦和迷茫。集团总部有一位姓唐的干部曾当面对周海江说："我们坐在一起讨论，大家说，总裁这样领导下面转型，红豆恐怕就要死掉了。"为什么这样说呢？有的干部说，红豆服装走批发市场的渠道已经驾轻就熟，现在却要自己开店去推销，哪能卖得出去啊？不死掉，销售量也要大跌。也有的干部说，杉杉服装在1999年抛弃传统销售渠道，企图通过推行特许经营模式，重建市场网络体系，结果如何呢？在转型之后的2000年，杉杉产品的销量就下降了10%以上，这是前车之鉴啊！

针对思想认识问题，红豆集团决策层邀请专家，也召集集团的一些员工，对于其主品牌是留在批发市场上还是从批发市场全部撤出，召开了多次讨论会。周海江说，苏宁在上世纪90年代的时候规模不如红豆大，但它后来为什么发展很快呢？原因就在于自90年代末以来，产业链的发展动力越来越从生产者驱动转向购买者驱动，以至于形成了沃尔玛、优衣库、家乐福、苏宁和国美这样的大型品牌零售商主导产业链的状况。红豆的主渠道在1997年从大商场转入批发市场在当时确实是成功的，但现在情况已经发生了很大的变化，留在批发市场上确实很舒服，但一些顾客正在不断地流失，就像温水煮青蛙一样，在这种舒服中，红豆就会慢慢地死掉。

红豆集团董事局主席周耀庭听了大家的发言后表示，红豆形象男装放弃批发市场，重新开拓销售渠道不可避免地会导致产品销售量下降，甚至下降很大。但搞改革，哪里会没有风险呢？过去的成功经验，当完成了阶段性的历史使命后，就有可能成为新阶段的障碍。因此，无论是产品开发、市场开拓还是内部管理，都必须审时度势、随机应变、不断创新，才能使企业立于不败之地。一个企业必须能够经常地否定自我、超越自我、开拓创新，才能不断地取得成功。

红豆要推进的转型实质上是由服装制造主导型企业向品牌零售主导型企业的转变。这种转型为什么是必要的呢？随着信息革命和全球价值链的发展，现代产业链已经由商品主导向服务主导转变，如耐克和阿迪达斯几乎没有自己的工厂，但却通过设计、营销、品牌管理和物流等生产性服务活动，掌控着产业链，从而掌控着大量单纯从事生产加工活动的企业的命运。通过服务活动，特别是对终端销售的直接掌控，这些服务主导型企业的价值创造方式也发生了根本性的变化，顾客与企业成为价值的共同创造者。

红豆集团是国内最早打出名气的服装品牌之一，原本有条件适应行业产业链由商品主导向服务主导的转变。但是，尽管比七匹狼、杉杉等连锁品牌早入行30年，红豆进入品牌零售却比这些"后起之秀"晚了近10年。相比批发市场等传统销售渠道，连锁专卖体系具有市场覆盖面广、产品附加值高、赢利能力强、品牌特性强、渠道层级少、资金周转速度快和能够更好地接受消费者的信息反馈等诸多优点，这些优点是名牌企业在个性化消费时代的市场竞争中的必然选择。如果红豆服装的商业销售模式仍然固守传统的销售渠道，那么，它在未来的竞争中就会落伍。

经过集团内部多次激烈的讨论，红豆决策层最终达成了共识：服装产品的竞争，实质是服装产品的服务竞争，如果没有自己的终端销售体系，产品就不可能深入人心，不可能提升品牌的附加值，也不可

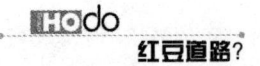

能向消费者不断地提供满足他们需求的商品，也就难以进一步规范市场。正如担当红豆服装转型重任的集团常务副总裁、红豆股份公司董事长周鸣江指出的，国内人均GDP正处于从1000美元到3000美元的上升区间，这个区间决定了国内主流群体的服装消费正从大众消费快速向品质和品位消费转型。红豆服装过去依靠批发市场适应了大众消费的需求，现在为了适应新的需求，红豆商业模式的转型势在必行，"这种转型是时代的选择，就像企业当初建立批发市场体系一样，今天红豆选择连锁专卖模式也是同样的道理"。

确实，随着人民生活水平的提高，特别是随着国家扩大内需战略的逐步展开，对名牌产品的需求将会迅速增长。据估计，目前消费市场80%的份额已经被各种品牌商品所占据，这一比例将来预计还会上升。与大量的给跨国公司做代工的企业不同，红豆服装早在上世纪90年代就在国内市场上确立了名牌产品的地位，在开拓国内市场上拥有丰富的经验和很强的竞争优势，具有广阔的发展前景。因此，红豆实业股份有限公司总经理周宏江说，国内存在着巨大的市场，但目前我们对国内市场的开发还很不够，红豆服装的名牌效应还没有充分发挥出来，红豆的转型就是为了达到这一目标。

实际上，红豆的转型也具有良好的基础，正如中国服装协会秘书长王茁后来指出的：红豆服装长期走批发贸易的路子，很多二、三线城市的批发市场都有红豆服装的经销商，红豆要建立终端零售门店，将这些老经销商直接变身为终端品牌加盟商就是一条便捷而快速的路径；在多年的批发贸易中，红豆服装已经形成了较高的品牌知名度；另外，作为多年的纺织服装制造企业，红豆在生产和产品设计研发上都有着强有力的保障，这就为红豆直接掌控终端销售渠道提供了强有力的上游产业链的支持。

但是，对于红豆集团的转型，除了上面已经谈到的思想认识问题，还有一个最为困难的利益调整问题。改革必然面临着利益的调整，既得利益者往往是改革的最大阻力。因此，如何协调集团自身的业务员、外协代工厂和经销商等多方利益，是红豆转型必须直接面对的问题，而这俨然是一场生死攸关的攻心战。

对集团自己的业务人员来说，原先他们到客户那里去谈生意是很轻松的，每次出差到客户那里坐坐，了解下客户的销售情况，催收下应收账款，月底去拿下业务费，日子过得很悠闲自在。而现在要做专卖店了，业绩要靠自己来完成，悠闲自在的日子没有了，原先客户围着自己转的舒适感也没有了，所以这些业务员的压力很大，抵触情绪也很大。而红豆的经销商也不愿意改变现状，他们说红豆的服装在批发市场上销售也不错啊！他们也知道红豆过去的一些消费者现在已经不再买红豆服装，并且长此以往，对红豆发展很不利，但让他们丢掉驾轻就熟的固有市场，转行去做前途未卜的专卖店，他们的畏难情绪可想而知。

那么，采取什么措施破除这些改革的阻力呢？红豆集团采取了在利益上给予适当补贴，以减少转型的阻力。对于集团自己的业务员，在转型之后，虽然业务量减少了，但收入并不减少。同时，在利益上引导他们，对于他们在转型中增长的业务部分给予奖励。采取这种激励机制后，阻力减少了，业务员中的绝大多数人开始朝这个方面努力了。而对于红豆的经销商，则采取了这样的措施：如果还愿意在批发市场上做红豆服装，集团就另外给他们一个副品牌——相思鸟；而愿意跟随红豆转型的，非常欢迎他们加盟红豆的专卖店，但有一点是很明确的：红豆形象男装（主要产品有西服、衬衫、夹克、西裤、T恤、毛衫和领带等）确定要从批发市场退出，不能再有一件在批发市场上出现，因为那样将反过来损害红豆的形象了。

对于红豆的这种转型，外协加工单位也有牢骚，他们说，以前做红豆的服装虽然只是挣点加工费，但做得快，钱也不少赚。但现在红豆做中高档服装了，订单送给了隔壁的竞争对手。红豆集团也耐心地

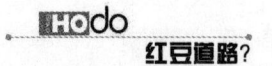

做说服工作，将红豆的副品牌——相思鸟送给外地加工单位生产，让他们继续有钱可赚，但红豆形象男装系列产品全部拿到高档的工厂去生产。就这样，红豆不同档次的服装生产在生产渠道上也分开了，确保不同档次产品的质量。

2008年5月18日，对红豆服装来说，是一个具有里程碑意义的日子，因为此次红豆形象男装加盟商暨产品订货会后，红豆股份公司的红豆形象男装将彻底告别批发市场，开始全力建设红豆形象男装连锁专卖体系。红豆形象男装开始采用新的订货模式，变以前的区域加盟商订货为终端直接订货，并按比例进行系列产品订货。

为了确保商业模式转型的成功，红豆股份公司一方面花费了大量时间走访客户，反复对公司转型进行宣传、培训，仅在2008年红豆形象男装加盟商暨产品订货会期间，公司就安排了红豆男装总设计师赵玉峰、专家廉仁淳、余明阳、陈体伟等开办专卖、商品陈列等方面的专题培训，受到广大加盟商的欢迎；另一方面，红豆股份制定了非常严格的《区域加盟商管理办法》、《特许加盟商管理办法》等制度。充分的宣传与细致的准备，赢得了绝大多数客户的认同，他们都积极加入了红豆新的连锁专卖体系。

如今，在全国31个省会城市、2063个县（市）城，越来越多地出现了红豆连锁专卖店。截至2012年初，集团的五大服装品牌开设连锁专卖店已超过3000家，计划到2017年集团产值超千亿元时达到1万家。红豆集团战略转型的成效也比较显著，时任红豆形象男装营销总监胡浩2009年在接受记者采访时表示，"转型第一年虽然恰逢国际金融危机的爆发，但由于品牌附加值的提升，红豆男装整体赢利水平提升了20%左右"。自转型以来，由于连锁专卖体系的毛利率要远高于批发市场，带动了红豆服装板块的整体毛利率水平从2009年的12.8%提高到了2011年的14.25%。2012年上半年，红豆实业股份公司的服装业务实现营业收入4.66亿元（收入占比为60.28%），同比增长46.04%；服装业务毛利率为34.52%，同比增加7.67%，实施连锁专卖体系的成效进一步得到了凸显。

从产品为王到品牌为王

目前，营销模式的革命在红豆集团的服装业务板块已经推行三年，五大品牌连锁专卖体系——红豆形象男装、依迪菲（IDF）、轩帝尼（HETINNE）、红豆居家和红豆家纺的运营日渐成熟。

红豆形象男装是红豆集团服装板块的主营品牌，定位于中高档、系列化产品的经营，面向城市25～45岁的主流人群，同时设立了能够充分展示个性的量身定做区域。该品牌以"红豆形象男装——打造中国人主流生活方式"为理念，奉行"平和、平实、平民、平价"的营销概念，高擎"新节俭主义"大旗，将生活中的简约之美和品牌理念、营销概念巧妙糅合，坚实地奠定了这一品牌的市场核心地位。

红豆形象男装专卖店内景

依迪菲（IDF）是2001年由红豆集团和法国著名服装设计学院——"ESMOD"共同创办的无锡红贝服饰有限责任公司旗下的一个中高档时尚女装品牌。公司特聘韩国著名服装设计师金元英女士为IDF首席设计师，公司还在巴黎、纽约设置了时尚培训咨询中心，汲取最新的流行资讯和流行元素，独立设计和生产适合中国女性的时装。IDF意为"I do it myself"，自我主张，自信表达。IDF诠释优雅与精致，引领都市白领女性追求华丽、高贵、精致、优雅的着装选择，以及对优质生活的向往和探索。IDF在全国一、二线城市的各大商场已建立300多家专柜及专卖店，在北京、上海、深圳等一线城市都有IDF专柜，未来三年，IDF将在全国建立1000家专柜，必将成为引领时尚潮流的主打品牌。

依迪菲（IDF）专卖店内景

"轩帝尼"（HETINNE）男装品牌　源自时尚、浪漫的时装之都——法国巴黎，是红豆集团引进的法国商务休闲男装品牌，是集团国际化发展战略的重要项目之一。红豆集团根据中国市场的特点，对这个引进的品牌重新定位，综合考虑研发、设计、生产、订单管理等各种因素，把"轩帝尼"男装从高端商务男装转型为平价高档男装，但在营销上，红豆集团仍保留了"轩帝尼"的"终身客户"理念和定制服务，实现了客户管理的数据化和会员制。"轩帝尼"男装在2008年获得了"江苏十佳新锐品牌"称号，2011年还获得"网络最受关注男装品牌"等多项荣誉称号。

轩帝尼（HETINNE）专卖店内景

红豆居家是以经营家门里服饰和用品为主的新型商业连锁模式，是集团瞄准中高档市场，把内衣、睡衣、文胸、家居服、毛巾、拖鞋、袜子等整合在一起推出的品牌产品。该品牌的模式创新体现在：中国"家门内"服饰与"一站式购物"。它以"红豆居家·爱·中国家庭"为推广主题，以"提供居家生活服饰一站式购物场所及物超所值的产品和服务"为品牌核心价值理念，从顾客所需的便利性出发，将人们

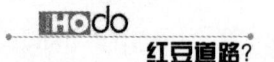

日常穿着服饰分为门里服饰和门外服饰，为人们购买在"家文化"生活中的服装、服饰、居家用品，提供了一个一站式的商业空间。

红豆居家专卖店

红豆家纺的主品牌"红豆"立志打造"中国婚庆第一品牌"，将"红豆"的传统"情"文化和现代流行趋势完美融合，主线设计理念定位于新古典，倡导"让爱做主"的品牌内涵，更表达了红豆家纺为消费者提供时尚、健康、舒适生活方式的愿景。同时，通过对市场细分形成多品牌战略，通过各品牌建立独立的产供销系统，形成各品牌主题的风格定位，满足不同层次消费者的需求。

周海江曾经指出，"好的商业模式是成功的一半"。他表示，未来的竞争已经不是产品或者品牌的竞争，而是品牌商业模式之间的竞争，只有找到合适的商业模式和商业渠道，依靠商业创新实现品牌的技术价值和品牌文化，中国服装产业才能真正获得国际时尚话语权，健康而可持续地发展。正因为如此，转型升级以来，红豆集团一直在探索营销模式的创新。目前，这种创新主要表现在以下三个方面：

红豆家纺专卖店样板厅

其一是全托管模式。作为集团五大服装品牌之一的红豆男装对"快时尚模式"和"全托管模式"进行了认真的剖析和比较，最终选择了"三方共赢"的"全托管模式"。

在这种全托管直营商业模式中，加盟商只需要投资加盟所需的经营管理费用，不需要再为经营而烦恼，经营管理方面则完全由公司统一实施；供应商可以按照公司产品企划案的统一部署，走近市场，按照客户的需求来"自行创新"，生产各种适销对路的产品，变"被动"为"主动"，定向开发，生产"爆款"；公司则由于拥有雄厚的品牌资源、专业化的终端营销人员，可以进行品牌的运作、日常销售的运营管理等，因此将加盟商与供应商两者紧密地联系到一起，最终通过三方面社会资源的合理整合，相互协作，实现三方共赢，并达到对终端的掌控与关注。"这将是红豆未来进行商业模式和运营模式的创新之举，这也将是红豆形象男装未来发展的趋势和方向。"红豆男装负责人曾经这样表示。

传统的加盟模式因为利益归属的关系，很多促销活动、形象建设等很难执行到位，市场价格体系也容易出现混乱，不利于品牌的整体发展，也不利于公司对终端市场的掌控。全托管直营商业模式则通过"统一形象、统一装修、统一招聘、统一培训、统一采购、统一配送、统一价格、统一结算、统一管理"这"九大统一"，不仅解决了上述弊端，而且在很大程度上提升了加盟连锁管理标准化复制的能力，从而保证了所有连锁店能够快速地融入当地市场并稳健地发展起来。

在全托管直营商业模式中，所有连锁店均由公司商品监控部通过网络、软件技术实现实时的商品监控和调配，从而最大限度地控制了商品的库存，加盟商可以及时地掌握店铺的日常运营情况，他们每天都会收到总部发出的财务日报表，每月还会收到详细的对账单。所有加盟商的投资都是零风险的，在很多时候能获取丰厚的利润并分享公司发展的巨大成果。

其二是"一站式购物"。红豆商业模式的创新还体现在"一站式购物"。这种创新表现在红豆居家和红豆形象男装品牌的运营上，以红豆居家为例加以说明。红豆居家品牌是以经营家门里服饰和用品为主的新型商业连锁模式，50多人的设计团队，保证了红豆居家的产品丰富多样，款式能够快速翻新。

这种以居家产品为主题的商业连锁模式在国内还是首创，它以全新的连锁模式、一站式销售和亲民的平价策略在居家行业掀起了一场"革命"，迅速成为国内居家行业的领跑者，红豆也被行业内外形容为快速成长的居家连锁"巨头"。2009年5月23日,由江苏省纺织工业协会、江苏省针织行业协会主办的"居家服饰发展趋势高层论坛",对红豆首创的这一全新商业模式进行了深入探讨和剖析,专家、学者一致认为,红豆首创的这一新的商业模式,不仅填补了市场空白,还因国人生活水平的日益提高而拥有非常巨大的发展前景。

红豆居家的"一站式购物"受到了市场的青睐,它强调的"一站式服务""平价""人性化服务"等特点,再加上红豆原有的品牌知名度和美誉度,使红豆居家产品迅速走红市场,专卖店一家比一家火爆。2008年开店以来,红豆居家通过标准复制,集中开店,每年以一倍的速度迅速发展。截至2011年,HOdoHOME·红豆居家已拥有各类店铺近1000家,公司正在加大北京、沈阳等重点城市和四川、山东、河南、浙江等重点省份的拓展力度,HOdoHOME·红豆居家也从一个区域品牌向全国性品牌转变。未来3年,HOdoHOME·红豆居家将在全国开设4000家门店,真正使"HOdoHOME·红豆居家"成为中国居家服饰连锁行业中的第一品牌。

其三是电子商务。2012年4月,红豆集团品牌众多、品类齐全的专业服装购物网站——红豆商城(www.hodo.com)正式开通。与凡客、梦芭莎等电商不同,红豆在强大的物流配送中心的支撑下,以连锁专卖实体店为基础,具有"线上线下"互动的特征。除了"红豆商城",红豆的网销渠道还包括拥有集团五大服装品牌的淘宝商城旗舰店和淘宝网店。对消费者而言,这是影响他们选择红豆产品的关键因素,他们不仅可以在实体店看到实物,摸到质量,试穿尺寸,还可以在实体店退换货,消除了网上购物的最大担忧。红豆集团已将发展电子商务定为重要战略目标,2012年,网销目标为3亿元,奋斗目标为4.5亿元,未来三年销售额将增至20亿元,在五年内使集团网销占整个服装销售的30%。

"说实话,开始只是将电子商务作为降低库存的渠道。"红豆形象男装网络营销中心经理宋瑞敏坦言。2008年红豆男装在全国的门店有千余家，一些库存无法消化，怎么办？他们把眼光投向了当时还不为人熟知的淘宝店，结果销售情况出乎意料的好，线下一年卖不掉，线上几天就销完了。因此，红豆集团在2008年6月就正式搭建班子进行网络销售，四年来取得了裂变式发展，网销由最初的一个团队发展到IDF、HETINNE、Zuo牌、红豆形象男装、红豆居家、相思豆家纺、HOdo家纺、HOdo文胸八个团队，人数从最初的几个人发展到现在的170人，销售额也从2009年的600万元增长到2011年的9000万元，三年增长了15倍。

与传统企业运行不同，电商讲求的是货品充足，效率为先。眼见着库存量越来越不够销售，两年前红豆集团开始对网上零售全盘布局，将产品布局为引流款、基本款和形象款，实体工厂的生产也随之进行调整。这一改变，迎来了企业电子商务的大突破。2011年底，"红豆"仅用三天时间就在网上卖掉5万件衣物，销售额超过800万元，这在线下可不是件容易做到的事情。

目前，"红豆"全国门店有3000多家。据介绍，线下销售每年增长一倍，业绩已非常不错，但线上销售却可以每年三五倍的速度提升，底气源自线上线下产业链的完整。有关人士介绍说，普通企业常规产品从下单到采购、生产，周期要3个月左右，但由于线下企业强力支持，红豆集团45天就能搞定。另一方面，红豆集团旗下有男装、女装、居家、家纺等各种品类产品，且每个品牌均有自己的研发中心，由此，一般电商所面临的产品设计及定位问题也迎刃而解。

业内人士指出，传统企业转型做电商是大势所趋。一份调查显示，美国B2C前十位有九家是传统企业，而国内正好相反，入列前十强的仅一家传统企业。但红豆人认为，电子商务是品牌服装的重要销售平台，也是传统企业脱胎换骨的最佳机会。但如何使电子商务真正成为品牌销售的重要渠道？这需要正确把握网销渠道与传统渠道的差异，并做好各方面的调整和准备工作。在集团常务副总裁周鸣江的推动下，集团已经制订了红豆电子商务发展规划，通过对市场细分、客户需求等方面的分析，制定出了红豆电子商务在产品、价格、品牌、渠道等方面的发展战略，奋斗目标是把集团建设成电子商务示范企业，从而成为传统服装行业进军电子商务的一面旗帜。

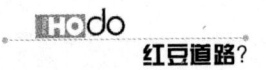

四　整合产业链

　　从生产经营型向创造运营型转变，意味着要更加注重研发设计和终端渠道建设这些关键性的环节。对于红豆集团来说，由于长期注重研发设计，所以，终端渠道的建设就成为转型取得突破性进展的关键。然而，这并不意味着产业链的其他环节不重要，也不意味着研发设计的作用不需要重新定位。管理学上有个木桶效应理论：一个水桶无论有多高，它盛水的高度取决于其中最低的那块木板，这就是说，构成组织的各个部分往往是优劣不齐的，而劣势部分往往决定了整个组织的水平。对于企业的产业链同样也是如此，它的竞争力也取决于"最短的那块木板"。因此，转型是一个充满风险和复杂性的系统工程，对于作为产业链整合者的红豆来说，除了终端销售渠道的革命外，对外协工厂的管理、研发设计的重新定位、物流、原材料采购、品牌提升等诸多环节的全面革新对于转型能否取得成功也是至关重要的。

与外协工厂同生共赢

　　2012年3月10日，红豆集团外协工厂大会在集团会议中心举行，江苏省靖江市某家外协加工厂的代表在发言中深有感触地说，"2011年我公司顺利地通过了红豆集团外协合格供方的审定，使我公司在绩效及管理方面都有了较大的提升。我们进行了一系列企业制度的改革，对生产管理、技术操作流程、品质控制流程进行了规范；2012年初，我们又推行了全面绩效考核制度，有效地提高了公司的竞争力。……展望未来，我期望集团公司一如既往地带领大家，团结一致，积极应对各种困难，主动适应市场变化，定能取得显著的成绩。"

为了突破劳动力成本上升、土地资源日益稀缺等发展瓶颈的限制，目前，红豆集团的服装生产大部分实行外包，由外协工厂为其代工，外包业务量占集团业务总量的80%左右，几百家加工企业遍布闽、皖、苏、浙、粤。红豆集团全职职工只有2.2万人，而这些外协企业的员工总数就达到10多万人，长年帮红豆加工。这种外包方式有利于红豆集团把精力集中在科技研发和品牌拓展上。但是，与耐克等品牌零售主导商不同，红豆并没有打算放弃生产制造部门，"我们对产品生产的过程、产品的质量控制得都很严，尽管可以外包给其他企业，但我们还是希望掌握在自己手里"，周海江指出，"就规模而言，我们的生产系统在业内也属于最大的行列，整个集团有纺织服装、家纺类生产企业139家，每一个产品都有自己的车间、工厂。"这实际上是外协工厂的样板车间和工厂，目的是为了向外协工厂输出先进的研发设计和管理经验。

在今天这个产业链竞争的时代，大企业集团之间的竞争实际上变成了他们及其外包厂家构成的各自产业链之间的系统竞争。正是基于这种认识，红豆集团一直注重打造强有力的全产业链，把外协工厂作为集团的重要合作伙伴，因此，加强对外协工厂的管理是红豆集团整合产业链最重要的环节。

但是，怎样管理外协工厂？使外协工厂的产品质量始终保持稳定并不断提高？经过多年的管理实践和不断完善，红豆建立了一套行之有效的制度。第一，派驻质量检查人员长期协助和监督外协工厂管理质量；第二，利用红豆大学雄厚的培训资源，对红豆的管理经验通过持久的培训输出到外协工厂；第三，坚持"飞行检查"，每年不定期、不定时地对外协工厂进行突击检查，发现问题及时处理；第四，为了确保产品质量，严禁外协工厂转包红豆业务，一旦发现，马上取消承包资格；第五，每年对外协工厂进行资质审定，不仅对不合格的单位

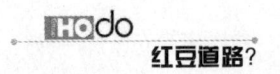

坚决淘汰，而且还实行严格的末位淘汰制，每年会有多达10%的外协工厂被淘汰。经过筛选，2011年，集团的外协工厂从原来的900多家缩减到465家，2012年进一步减少到418家。

自2007年以来，为了进一步规范外协工厂的管理，使红豆的供应链竞争力进一步增强，集团先后出台了《服装行业成品外协加工企业验厂规范》、《质量承诺书》、《禁止商业贿赂协议书》等7个关于加强产业链建设的文件，对外协企业规模、资质、人数、验厂、产品开发能力、质量保证能力、准时交货率、提供服务、诚信经营、企业文化等方面都进行了较为详细的严格规定。自2010年，红豆集团把合格率、交货期、价格、服务等作为参考标准，对外协工厂进行评定，并按成绩由低到高分为一星级、二星级、三星级，同时集团也确保优秀外协工厂权益，向其优先提供订单、优先保证付款、优先提供贷款、优先提供培训、优先输出管理，实现长期共赢、共同发展。

红豆集团每年都要召开外协工厂合作大会，交流经验并表彰先进外协工厂。在2011年的外协工厂合作大会上，集团总裁周海江强调，"我们必须打造一个强有力的供应链，才能保证高质量的产品，也才能创出国际名牌，因此我们双方要进一步深化合作，形成合力，实现共赢"。在2012年的外协大会上，他又指出，召开外协大会的目的是实现共赢，这个"赢"不是红豆单方面赢，也不是外协工厂单方面赢，而是整个产业链的共赢，是企业、社会、消费者的共赢，这道出了多年来红豆持续快速发展的重要原因，也深深地表明了资源整合在全产业链竞争时代的重要性。在2012年的合作大会上，有五位外协工厂的代表畅谈了他们与红豆合作的感受。虽然他们来自不同的地方，与红豆合作的产品也不相同，但在发言时都表达了一个共同的心声：红豆的发展带动了他们企业的发展，与红豆的合作使他们的企业获得了长足的发展，无论是生产管理、质量控制，还是企业运营，均受益匪浅。

用研发搭建创新平台

红豆集团一向注重研发设计，在从生产经营型向创造运营型的转变中，研发设计的作用得到了进一步的强化，突出了创造也就是创新能力的基础性作用。创新能力包括三要素，即人才、平台和投入三方面，三者相互依存，缺一不可。没有人才，平台成为摆设；没有平台，人才就没有施展的舞台；没有投入，人才和平台就没有后劲。为此，红豆在人才、平台和投入上做了大量工作。

第一，人才建设工作方面。红豆在2011年提出要在2017年实现千亿产值的规模，而决定这一目标的关键则是人才。为此，红豆提出了"千亿红豆，人才先行"的口号，他们不仅在人力资源部成立了人才办公室，专门负责引进、培养高级人才，还创办了企业大学——红豆大学，为提高员工素质，构建人才高地，培训大量有用实效的人才创造条件。

第二，平台建设方面。在平台建设上主要抓了三个方面的工作：一是"两站"建设，"两站"是指博士后科研工作站和院士工作站；二是"三中心"建设，"三中心"是指"企业技术中心"、"企业工程技术中心"和"企业科技创新中心"，这三大技术中心的认证，标志着红豆已经掌握了相关领域的核心技术；三是产学研合作，这是指和国内外高等院校进行合作，搭建产学研的平台。

第三，投入方面。投入方面也抓了三个方面的工作：一是抓研发环境，红豆对于研发从不吝惜，每年都投入大量金额，并呈逐年递增趋势；二是抓制度环境，对于高层次人才、优秀人才和一线员工在制度设计上都力求人尽其才，物质待遇上达到称心满意；三是抓生活环境，红豆不断改善员工的生活环境，为员工的生活提供便利。

2008年开始转型以来，红豆集团多方引进国内外专业设计人员，包括国内十大服装设计师赵玉峰、韩国著名男装设计师廉鹤善等多位经验丰富、才华横溢的国际化设计师，组成实力强大的高品质研发团队。这个国际设计团队在承袭红豆原有品牌风格的基础上，以国际化的视角融入新的元素，塑造出优雅、时尚的形象。

与此同时，红豆还引进了来自意大利的曾任职多个世界顶级服装品牌、有"现代西服之父"之称的安东尼奥·蒙塔尔多先生担任版型工艺师，保证了整个服装版型的时尚化、年轻化。安东尼奥在红豆集团工作期间，主要负责指导生产流水线做胸、合肩和上袖的工艺，同时给技术人员和管理人员传授制衣工艺，提高他们的技术水平。提起安东尼奥，红豆集团的同事们赞不绝口，"他来了，给我们解决了好多技术问题，比如像西服的胸部、肩、袖和线头毛脱漏等问题，现在下线产品肩胸不平、上袖不圆顺的现象大幅减少，服装上各种各样线头较多的现象也有了明显改善"。此外，公司已经建立自己的打版中心，在未来，更优版型、精良品质、丰富款式的完美结合将会给客户带来更多的惊喜。

不仅如此，公司还引进了来自日本的国际领先的商品企划大师——北山淑子。在她的带领下，与具有多年实战经验的商企大师一起，创立了商品企划团队，从产品的市场调研开始，对整个产品的面料企划、产品设计研发到产品的打样及生产，乃至最终的销售环节均进行了全盘的操控，加上对历年销售数据的严密计算，以及对流行趋势和市场动向的有效把握，保证了红豆集团所开发的商品最能符合市场和客户的需求，同时引领了国内服装最前沿的时尚元素。

以信息化管理成本

为了使专卖店的服装配送迅速快捷，做强终端，集团斥资15亿元，在2011年9月建成了总面积达21.92万平方米的红豆连锁物流基地，这是无锡目前最大的服装类物流基地，拥有全自动分拣系统、电子信息平台等世界一流的服装设备及配送模式，可为红豆连锁专卖品牌及其周边其他企业提供货物仓储、暂存中转、集散、配送和公路运输等服务，它通过高效的配送和货物运输，大大地降低了流通成本。在此之前，红豆服装的物流一直比较零散，各个生产工厂都有自己的小仓库，缺乏统一管理协调，造成了发货速度缓慢、库存积压、运输成本过高等弊端，而且外包给第三方物流的模式也使物流主动权没有掌握在自己手中，降低了企业的利润。针对这种情况，红豆自建物流系统，一方面可以增加企业新的赢利点，另一方面则可以提高企业自身的快速反应能力。

对于连锁专卖来说，信息化管理至关重要。周海江说，专卖店分布全国各地，如何高效配置资源，及时掌握每一个店的经营情况，离不开信息化管理。运用ERP、WMS等信息化管理平台，通过在总部、办事处、专卖店等多级机构间建立统一销售供应链管理系统，可以大大缩短企业管理的中间环节和配货供应环节，完成企业总部与连锁专卖店之间的数据共享，提高专卖店经营销售效率。早在2008年的红豆形象男装加盟商暨产品订货会上，一位与红豆合作了十多年的东北加盟商汤经理（"老汤"）对他的"老伙伴"红豆给予了很高的评价。他表示，因为红豆在国内服装企业中率先采用ERP系统（企业资源计划系统），实行"实时订货"，不但可以方便快捷地在现场通过电脑了解订货会的整体情况，还可以通过了解到的情况，综合汇总后，在第一时间把自己的订货全部搞定。"以前最起码要多花10倍的时间。"老汤坦言。

在原材料采购方面，红豆面料馆的创办是一个标志性的创新。2011年10月28日，红豆集团首届纺织面料采购对接会暨红豆面料馆开馆庆典在红豆集团会议中心隆重举行，来自全国各地的面料供应商和采购商500余人云集红豆。红豆面料馆由红豆集团与中国面料馆联合创办，面料馆入驻大型企业集团，这在国内尚属首创。传统的面料供求渠道存在着营销成本高、效率低、信息不对称、资源不共享等弊端，面料的生产研发与服装设计制作之间缺乏有效的沟通对接平台。红豆面料馆的创建不仅可以有效地解决这些问题，为面料供需双方提供一条便捷和高效的通道，而且还可以提升企业对时尚市场的快速反应能力，作为纺织服装面料采购、供应的常态对接服务平台，红豆面料馆集纺织展会、专业市场、网络推广等功能服务于一体，成为红豆集团整合产业链的重要举措。

对于红豆集团来说，面料馆的创建能够帮助集团纺织服装板块整合采购资源，发挥集团团购优势，降低寻样采购成本，提升快速反应能力，完善供应环节的系统化管理，更好地与上游产业链企业建立稳定的合作关系；同时它也能为提升红豆所属系列产品的流行性、丰富红豆品牌形象、超越同质竞争贡献一份力量。对于每一家与红豆合作的供应企业而言，能与红豆集团建立长期稳定的合作关系，共享红豆的采购资源，从原来与红豆的部分企业合作，变为与集团所有直属企业和外协服装生产企业之间的整体合作，大大地降低了推广和营销成本。同时，通过面料馆的常态展示、活动对接和网络推广，共享红豆品牌的资源优势，提升面料馆参展企业的影响力和生产力，促进企业的进一步发展。

引领主流生活　培育品牌价值

品牌价值提升是红豆集团转型升级助推跨越式发展的"三大提升"之一（其他两大提升是专业化提升和卓越绩效提升），主要是从"四个度"上提升品牌的价值：一是知名度，在广告宣传、品牌推广上下足工夫；二是满意度，确保高质量的产品和服务；三是美誉度，公关宣传，第三方评价；四是忠诚度，通过对会员、客户的精心管理，吸引客户的回头率。不仅如此，红豆集团还通过加大打假的力度，维护品牌形象和市场美誉，营造良好的市场环境，促进品牌的提升。

从2008年开始，红豆形象男装就以"打造中国主流生活方式"开始了品牌提升之旅，它以"爱在身边·红豆男装"作为自己的广告语，进行广泛传播。经过四年多的传播，"主流生活方式"、"爱在身边·红豆男装"的理念已经深入众多消费者和行业的心中。红豆从"爱在身边·红豆男装"中提炼出了"爱"作为品牌的深层次内核，并以"中国男人"的概念为载体，成就红豆男装新的品牌内核。通过全面推出"中国男人"的品牌诉求点，并将其上升到家庭、工作乃至国家层面，与国家形象片交相辉映，形成了一幅良好的品牌画卷，也全面提升自己的"情"文化理念。这样的提升并不是对之前理念的否定，反而是一种"大爱"的延伸，是一种升华。

2008年3月27日，一场由中国服装协会主办，江苏省纺织工业协会、服装时报社、红豆集团承办的"中国主流生活方式"论坛，在人民大会堂举行。这是国内服装业界首次对中国主流生活方式进行积极的梳理和探索，引起社会广泛关注。"和谐道德、乐观豁达、进取拼搏、节俭平实"是专家、学者们对中国主流生活方式的高度概括，这与红豆"新节俭主义"的营销理念不谋而合。

红豆决策层认为，在国内人均GDP从1000美元到3000美元的上升过程中，国内主流群体的服装消费也将从大众消费开始向品质品位消费快速转型。但在这个转型过程中，也出现了一些崇尚奢靡、攀比消费的不良倾向，因此，对正确的消费方式需要加以引导。对于生活日益富裕的中国主流群体来说，注重健康时尚，注重品质品位，但是要恰到好处，不铺张浪费，不奢侈奢华，这种新的生活方式最终将成为他们的必然选择，这是一种更具个性、更富时代气息的节俭主义，红豆人称之为"新节俭主义"。

红豆率先在服装界提出打造"中国主流生活方式"，其目的就在于引领富裕起来的中国人的时代精神，并准确把脉时代潮流和消费需求，使红豆形象男装的文化品牌形象深入人心。红豆形象男装属于中

红豆道路?

档价位品牌服装,其主流消费群体定位于二、三线城市有文化知识、有固定收入的群体,如公务员、教师、白领等,他们构成了中国主流的男装消费人群。红豆形象男装就是想建立其有亲和力、有特色、有品牌的连锁专卖体系,让中国的主流消费群体能够买到有品位、有自信、有个性的服装产品。中国服装协会常务副会长蒋衡杰认为,红豆提出打造中国主流生活方式,对中国服装产业思想的解放将是一个很大的推动。

2011年1月24日,红豆通过腾讯、搜狐以及天涯论坛等网络平台全面征集"中国男人"的内涵特质,一周时间的曝光量就达8亿次之多,受到亿万网民的关注和追捧。截至2011年5月,数据显示,整个网络互动的曝光数超过23亿次,点击数超过320万次。经过近两个月的持续互动,"中国男人"的特质在亿万网民的支持下盛大出炉,排在前三名的分别是:责任、内敛与坚强,全面反映了"中国男人"特有的精神风貌。红豆通过对"中国男人"的聚焦,引发了一场令行业、消费者都极为关注的讨论,实现了网上网下的强烈互动。不仅如此,一系列的整合营销活动,更是将这种关注推向高潮,为"红豆男装·爱·中国男人"进行了完美、深入的诠释,让更多的人理解了红豆所倡导的"大爱"文化,实现了品牌知名度、美誉度和忠诚度的极大提升,从而达到引领中国服装业主流生活方式的目的。

五　打造学习型企业

"一个企业要想走向世界500强，最重要的是打造一个团队的中层领袖。红豆要成为世界500强，绝对不是靠一个人，而是靠一批人、靠一个团队。红豆集团的500位团队领袖，500位中层领导干部，他们不仅仅听命指挥，还要有主动的和创造性的思维，带领各自的团队不断地学习、不断地进步、不断地创新，这样才能引领集团较快地成为世界500强。"红豆集团总裁、江苏省乡镇企业家协会会长周海江2012年4月在谈到企业人才队伍建设时如是说。

培养500个团队领袖

到2012年初，红豆集团旗下的五大品牌连锁专卖店已在全国开设了3000多家。在过去的两年中，每年新增1000家专卖店，就需要合格的店长1000名，这对于红豆连锁专卖店的快速扩张无疑造成了很大的压力。针对这种状况，周海江坦言，"就我们纺织服装业务的连锁店来说，专业化的优秀店长的匮乏确实是一个比较大的问题。现在，我们使用店长就像抗战时期一样，紧急培养几个月后就上前线。目前，只能通过加大培训力度和引进人才来解决。"按照红豆集团的规划，连锁专卖店的规模到2017年要达到1万家，这就意味着红豆至少还需要7000名合格的店长，专业化的优秀店长的匮乏将会一直是红豆连锁专卖店快速扩张和转型升级的障碍。

对于红豆集团的服装板块来说，从制造主导型企业向品牌零售主导型企业的转变在人才需求上无疑是一个重大的转变和挑战。从国际经验来看，品牌零售主导型企业最佳的经营模式是以连锁专卖店为核心的运营模式,这种运营模式需要使店长成为公司的主角,这是日本的优衣库之所以能够风靡全球的秘密之一。优衣库是典型的品牌服装零售主导型企业,它之所以能够风靡全球,1998年6月开始的"All Better Change"改革运动(简称"ABC运动")起到了关键性的作用。用字母"ABC",寓意一切改革都要从基础开始,而且改革的效果也要尽可能早地体现出来。

这种改革抓住了服装作为时尚产业的本质特征。按照优衣库总裁柳井正的说法,所谓"ABC运动"是一场对以往经营模式的彻底革命,其要点包括:不是想着法子把做好的商品卖出去,而是如何迅速地锁定畅销产品,如何建立快速生产的公司内部运作体系并以最快的速度组织开发和生产;公司不能由经营者一人说了算,而应该是一个经营团队的群策群力;经营活动不应以公司的总部为主导,而应以门店为中心,店长是公司的主角。柳井正说,这种改革虽然只是集中推行了两年,但现在仍处于这种改革状态之中。[1]

时尚产业是以短暂流行时尚为特征的,所以培养一大批具有敏锐商业头脑的优秀店长及店员对于品牌零售主导型的企业来说至关重要。而要培养一个出类拔萃的店长,不仅需要不断地培训和学习,而且需要一定的实践经验,按照柳井正的说法,若想成为八成熟的店长,至少需要2~3年的时间,所以,对连锁专卖店店长和店员的培养总是实践和培训的有机结合。在连锁店开拓的实战方面,红豆建立了"职业店长""优秀店长""十佳店长"制度,其中能否培养出新的店长是考核"职业店长"的重要指标;在培训方面,按计划,红豆到2017年还需要建成7000个连锁专卖店,按照每个专卖店至少有4位店员的规模,在6年内至少需要培训28000人,培训任务之重可想而知。

---

[1] 柳井正:《一胜九败:优衣库风靡全球的秘密》,中信出版社,2011,第90页。

● **专栏：职业店长的职责**

作为红豆形象男装首批校企合作的职业店长，张文柏在不到三年的时间内，先后在多家新店开业期间担任临时店长，为新店的开业和今后的发展贡献了力量。作为职业店长，她和其他普通的店长还不太一样，其他店长只要管理一个店铺，她需要管理多个店铺，而且一般都是新开的、处于成长期的店铺。在这些店铺中，她需要从最基础的方面培训这些店员，从基本的礼仪、卫生到门店日常管理、ERP系统、货品陈列以及财务，等等，都要手把手地教学。

作为临时店长，她的一个重要任务就是要选出新的店面负责人，所以就要格外关注各位店员的表现。一些新进店员是"90后"，或者干脆是学校过来的实习生，在极少情况下还存在着不团结协作、攀比甚至"抢单"的现象。在这个时候，她就主动与他们进行深入的沟通，说明不团结协作的危害，并提出会综合考虑人员的表现，会对综合素质进行考量，让优秀店员获得提升的机会。因为业绩突出，来红豆不到三年的张文柏就获得了"优秀店长""十佳店长"卡内基培训"个人最高星"以及2011年"青年文明岗"等多项荣誉。

红豆大学的新使命

2011年11月15日下午，在第一届江苏省企业经营管理高级人才发展论坛暨红豆大学揭牌仪式上，随着江苏省副省长史和平、无锡市代市长朱克江揭下银色方牌上的大红绸布，金光闪闪的"红豆大学"四个大字映入了在场所有嘉宾的眼帘，这标志着红豆大学成为继苏宁大学后，江苏省首批、无锡市首家省级示范性企业大学，也标志着红豆为了在2017年——集团60周年之际——实现千亿目标注入了新的发展动力。由此，周海江又增加了一个新的头衔——红豆大学校长。"企业要发展，关键在人才，实现千亿红豆目标，必须人才先行。"红

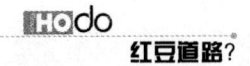

豆集团总裁、红豆大学校长周海江在红豆大学揭牌仪式上如是说。"人才先行",这是周海江对改革开放以来红豆成功经营经验的总结。

在红豆大学的揭牌仪式上,作为校长的周海江发表了题为《推进四大建设、实现千亿目标》的讲话,他指出,目前红豆正处于转型升级、加速发展的关键时期,企业目前最紧缺的就是人才,而人才正是支撑红豆实现千亿目标的基础,红豆持续推进的"大学校、大部队、大家庭、大研究所"的四大建设就是要把加快大学校建设、加大人才培养和引进工作放在首位。红豆大学的发展目标就是要致力于打造红豆的"黄埔军校",围绕"学习力、执行力、凝聚力、创新力"的提升,与清华大学、复旦大学、东华大学、苏州大学、江南大学、深圳大学等高等院校在教育培训工作上开展全面合作,向着建设集团"思想高地、人才高地、战略研究高地"的目标前进,使其成为红豆人"成长、成才、成功"的"生产线",培养企业合格的骨干、精英、伙伴,成为红豆集团"生产"经营管理精英的"摇篮"。

红豆大学占地60余亩,拥有专职讲师30名,兼职讲师70多名,其中由集团内部领导干部和高级人才担任的兼职讲师有60名。近年来,除了开设员工通用培训课程外,为集团转型升级培养急需的团队领袖和专业人才已经成为红豆大学的新使命。目前,红豆大学下设四个系,从其开设的培训班内容来看,它们都是紧密配合红豆集团的转型升级而设立的(参看表1-1)。

连锁专卖与营销系是针对连锁专卖店与市场营销管理的培训和咨询机构,旨在培养连锁专卖运营管理人才和营销管理优秀人才,以满足红豆集团四大产业对连锁专卖和掌控终端销售渠道的优秀人才的迫切需求。连锁专卖与营销系是红豆大学为实现红豆集团2017年千亿目标而专门设立的,目前主要集中在红豆集团五大品牌连锁专卖店和市场营销管理人员的培训上,是集团品牌战略实施的有力推动者。对于新员工来说,他们必须通过"红豆连锁专卖创业培训班"的培训,获得上岗证后方可正式工作；对于营销团队来说，所有成员都必须参加"营销加油站"的培训。

表1-1　红豆大学专业设置

系别	课程体系
连锁专卖与营销系	红豆储备店长班、教练式督导班、营销经理班、优势营销班、客户服务提升班
卓越绩效管理系	三星级员工班、外协生产管理班、外协质量管理班、卓越绩效管理班
领导力与管理系	厂长经理领导力培训班 LPT、中层管理班 MPT、外协工厂"一把手"班
财务金融系	财务管理班、金融管理班

除了表1-1中所列课程外，连锁专卖与营销系还开设有专门为提升店长水平而设立的"店长特训营"等课程的培训。例如，2012年上半年，红豆股份公司加快了门店扩张的步伐，由于连锁专卖体系的核心是门店标准化的建设与推进，而职业店长又是门店标准化推进中不可或缺的中坚力量。因此，为了适应红豆股份公司快速扩张的需要，红豆大学专门为红豆男装运营中心开设了为期13天、涵盖20门课程的首批见习职业店长培训班，旨在培养一批可以复制优秀门店管理经验的专业人才。

卓越绩效管理系也是红豆大学为转型升级开办的，目的是为了进一步提升集团和外协工厂的产品竞争力和企业竞争力。卓越绩效管理模式代表了当今国际上优秀企业经营管理的最佳实践，是企业提升核心竞争力的法宝。从2005年开始，红豆集团就把每年的3月定为集团的"挖潜月"、每年的9月定为集团的"质量月"。在"挖潜月"和"质量月"活动的基础上，红豆集团于2009年6月开始全面推行卓越绩效管理模式，在推行的当年就取得了优异的成绩：在第三届全国纺织工业质量工

红豆道路?

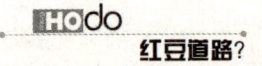

作会议暨纺织工业实施卓越绩效模式先进企业表彰大会上，红豆集团获得"2009年度全国纺织实施卓越绩效模式先进企业"。

长期以来，红豆集团在生产和产品质量的管理方面积累了丰富的经验，在推行卓越绩效管理模式上也没有生搬硬套，而是创造性地应用于本企业的实践，逐步总结出了在推进卓越绩效管理中抓好点、线、面的行之有效的方法。所谓点，就是每年都要突出关键提升点，譬如2009年以企业文化梳理、战略管理为主要工作，2010年突出了现场管理、流程管理的提升，2011年又重点推进设计研发管理、客户关系管理；所谓线，就是始终牢牢抓住使命/愿景—战略—过程—绩效结果这条主线；所谓面，就是全员培训，全面诊断、找准"短板"。卓越绩效管理系不仅对集团的三星级员工进行培训，不断总结和提炼集团样板工厂的成功经验，而且还通过开设外协生产管理班、外协质量管理班、卓越绩效管理班等，向外协单位输出先进的管理经验，打造集团强有力的供应链。

领导力与管理系是为了培训集团500位团队领袖、500位中层领导干部而专门设立的，其目的是为了培养红豆集团中高层管理者，提高组织的核心竞争力。红豆集团是一个跨行业的大型企业集团，并日益成为一家跨国企业，要想在未来二三十年实现世界500强企业的目标，没有一大批团队领袖和中层领导干部，这个目标是不可能实现的，因此，周海江提出了打造500位中层团队领袖和500位中层领导干部的目标。目前，领导力与管理系已成功开办黄埔五期"红豆厂长经理班"。各类管理班在陆续推出之中，领导力与管理系将是红豆集团中高层领导管理干部的加油站，培养大批优秀管理精英的摇篮，为红豆事业的发展奠定管理人才的基础。

财务金融系是为集团从资产经营型向产融结合型的战略转型设立的。2008年5月21日，中国银监会批复红豆筹建集团财务公司；11月20日红豆财务公司正式开业，这是自银监会成立以来，批准的第一个民营企业财务公司。继财务公司成立后，2009年4月，由红豆集团发起筹建的阿福小额贷款公司正式开业；2010年12月，经"第一届中国小额机构联席会年会"综合考评，跻身"2010中国农村小额贷款公司竞争力100强"；2012年1月再次蝉联"中国小额贷款竞争力100强"。2011年6月26日，江苏大丰农村商业银行股份有限公司成立，红豆集团财务有限公司成为其第一大股东。目前，该系面向高级管理者（主要是红豆总经理和厂长经理层次的干部）、财务人员和非财务人员开设不同类型的财务、金融管理班。

据红豆大学执行校长钱文华介绍，红豆集团的企业教育在全国也是走在前列的。2009年，红豆学院（红豆大学前身）获得由中国职工教育和职业培训协会颁发的"全国职工教育培训先进单位"称号；2011年7月，红豆学院荣获第七届"中国企业教育先进单位百强"称号。在红豆大学，我们看到，为了积极发挥红豆"黄埔军校"的作用，作为2012~2015年发展规划的重点，学校制定了"百千万培训计划"的规划：培训500名团队领袖（经理级）、5000名中层干部（科长级）和10000名基层员工（科员级），它将为红豆集团的转型升级起到强有力的助推作用。

"红豆百才工程"

2010年7月12日上午，丁宇星、张永兵、蔡强三名博士和韩籍设计师廉鹤善高兴地从红豆集团总裁周海江手中接过新住房的钥匙，房间宽敞明亮，超过100平方米，随后他们每人还领到了10万元的安家费。这是红豆集团为加速企业转型升级，积极实施"百才工程"，出台多项吸引、留住重点高级人才的措施之一，也是红豆不断提升企业科技创新能力的重要举措。

"人才先行"、"人才资源是第一资源"就像"科学技术是第一生产力"一样，早已在红豆深入人心。红豆集团对人才的这种高度重视

红豆道路？

可以追溯到20世纪80年代，在那时，担任厂长的周耀庭用几步棋一下子就把奄奄一息的港下针织厂盘活了，但产品质量和一些技术难题仍然解决不了。怎么办？他不惜重金从上海聘请"星期六"、"星期日"师傅到厂里做技术指导。他首先把退休在家的原上海中华第一棉纺厂宋和根厂长请到厂，在宋和根的介绍下，先后有13位退休老师傅来到了港下针织厂。为此，周耀庭举行了隆重的拜师大会，他的真诚打动了那些来自大上海的师傅，他们甘愿远离大城市来到港下镇教这些农民兄弟技术，其结果是产品的质量和信誉让港下针织厂财源滚滚，销售额在1987年一下子就跃升到了1000万元。

在这一年，周耀庭不仅体会到人才对乡镇企业发展的重要性，同时也为没有大学生到乡镇企业来工作而苦恼。因此，他不由自主地动了劝说自己在河海大学执教的长子周海江回乡帮他创业的念头。周海江由此面临着人生的一个重要抉择：是继续当一个大学老师，还是回乡创业。父亲周耀庭在召唤自己，港下针织厂在召唤自己。20多年前，在大学当个老师被人看成是金饭碗。为什么？收入好而且受人尊敬。而回乡创业不要说艰辛，还会有一定的风险，自己在大学同学中将成为最没有生活保障的人。思考再三，周海江还是丢弃了当时被人们视为金饭碗的大学老师的职位，毅然决然地在当年年底回到了港下镇。一个大学生来到乡镇企业工作，成为当时轰动一时的爆炸性新闻。江苏省省报《新华日报》将此作为重大新闻报道，称他是"改革开放后辞掉公职进入乡镇企业第一人"。这个颇具影响力的报道使周海江发挥着巨大的示范效应，为红豆引来了一批批来自全国各地的大学生，这些人当中的胡永平、喻琼林等后来成为红豆集团不断腾飞发展的骨干。

从1988年到1992年，红豆共引进大学毕业生300多名，人才兴厂、科技兴厂开始变为现实。针对乡镇企业"一方水土养一方人、一方水土用一方人"的狭隘观念，周海江提出了"一方水土养八方人，一方水土用八方人"的新思路。据此，周海江还提出了企业用人的"三不论"：不论地区、不论文凭和不论资历。目前，在红豆集团的干部队伍中，当地人占总人数不到40%，外地人才占到了60%以上。重要的职位都给了那些有远见和有闯劲的人，这和红豆集团倡导的"制度选人、竞争上岗"是分不开的。周海江一直认为，人才是企业发展的关键，早在1991年，他送给下属公司的一句话就是：效益是重要的，但比效益更重要的是人才。

据红豆集团宣传科科长卓之敏介绍，红豆的"人才先行"经过了借、引和育三个阶段的发展。第一个阶段是"借人才"。在创业之初，他们"三顾茅庐"从上海高薪"借"来老师傅，由他们带出了一大批技术骨干和管理人才。第二个阶段是20世纪90年代面向国内外广泛招聘人才。1993年，红豆集团以40万元人民币的年薪聘请台湾专家萧文烽担任衬衫厂负责人，使红豆衬衫迅速红遍全国，从此也拉开了红豆服装系列化的帷幕。1995年，红豆以年薪80万元人民币聘请日本专家加藤担任红豆西服技术部经理，使红豆西服在众多的西服品牌中迅速脱颖而出。当然最出名的是1996年以百万年薪聘请加拿大籍华人陈忠担任集团公司总经理。第三个阶段是大量培训和培养人才。1998年和1999年红豆把饮誉海内外的法国服装名院ESMOD请进红豆，创办了"红豆—ESMOD国际培训中心"，专门为红豆培养国际一流的设计人才，从而带来了红豆服装时尚、品位方面的全方位提升。为了大量培训和培养人才，红豆集团2003年成立红豆培训中心；2005年提出"学校化"建设方针；2006年成立红豆职业学校；2009成立红豆学院；2011年成立江苏省首批示范性企业大学——红豆大学。

2007年以后，为了加快实现集团转型升级的战略目标，红豆集团大力加强了对"双高"人才的引进力度。丁宇星——英国伯明翰大学土木工程博士，现任无锡房地产公司副总经理。同样的人才，已多达十几个。2009年，红豆集团根据"无锡千人计划"动员大会的精神，又推出了"红豆百才工程",计划引进百名海内外高级人才,并出台了相关引才政策,包括:有经验的重点高级人才年薪不低于25万元,提供100平方米以上住房一套,工作若干年后给产权,并一次性提供装修安家费10万元;集团鼓励下属公司积极引进高级人才,承担大部分引进成本,下属公司仅承担10%的工资费用。

近年来,红豆集团在吸引外国高级人才到公司工作上也取得了较大进展,例如,通过红豆纽约、洛杉矶分公司招聘海外人才,已有John Shi、Angie 等高级人才入职;通过猎头公司招聘,红豆集团聘请了男装首席设计师廉鹤善(韩籍)、女装首席设计师金元英(韩籍)、商品企划师北山淑子(日籍)、西服版型师安东尼奥(意大利籍)等一批外籍高级人才。此外,红豆集团还积极引进在世界500强企业中工作的高级人才,提升自己的管理水平,例如,红豆集团旗下通用科技股份有限公司先后从米其林、普利司通公司引进了三位优秀人才加盟,加强自身的技术力量。

企业发展的关键是人才,企业间竞争的实质是人才的竞争,红豆集团50多年来飞速发展的历史为此作出了很好的诠释。从20世纪80年代初港下针织厂高薪聘请宋和根来做技术指导,到第一个大学生、大学教师周海江到红豆工作;从1995年百万年薪面向海内外招聘总经理,到1997年与法国设计名校ESMOD学院联合办学为企业培养群体设计师;从为了促进集团加快转型升级实施百才工程,到周海江近年来打造500人中层领导群的新思维,可以说,集团的快速发展史,也是一部企业引才、育才的人才史。因此,周海江指出:"红豆所取得的成绩与我们一直注重人才培养、加大人才队伍建设分不开。对人才培养的一贯重视,是红豆基业长青的重要法宝。"

"必须修满36个学分"

"一个不善于学习的人,是没有前途的。"这是红豆集团总裁周海江常说的话。熟悉周海江的人都知道，周海江热爱学习、善于学习，喜欢读书、善于用书，思路清晰严谨，擅长演讲，长于谋略，发言常常不用讲稿。2006年，周海江作为中国民营企业家的代表应邀参加在世界著名学府——麻省理工学院举行的"麻省理工学院经济与人才论坛"，并在该论坛年会上发表主题为《中国民营企业值得关注》的精彩演讲，引起台下近千名听众，包括政府官员、商业领袖、学术界专家教授，美国顶尖科技、咨询专业人才以及麻省理工学院、哈佛大学等名校学生的极大兴趣，并受到当地和海外媒体的强烈关注，成为中国服装业企业家走上麻省理工学院讲坛的第一人。

榜样的力量是无穷的。在周海江的影响和带动下，长期以来，读书学习在红豆集团已经成为职工的自觉行为。但是，红豆的全员学习，并不是实行漫无目标的自由主义，而是注重导向性和方向性。几年前，集团就积极开展"争创学习型组织，争做知识型职工，树新时代职工形象"的主题教育活动，大力倡导终身学习的理念，着力提高职工的学习能力、实践能力和创新能力。在集团总部工作的员工小戴回忆说，"周总提出要把企业办成学习型企业，企业领导要成为学习型领导。不知道学习和不重视学习的企业是不会有大发展的，周总常常这样说。前几年有一次全国服装技能大赛，全国上万人参赛。我们红豆派出5人，全部进入前15名。有人问我们的工人有什么诀窍？工人们说，我们的诀窍就是不断地学习。"

在红豆集团，流行着这样一句话：培训是企业送给员工最好的福利。不少企业因为员工流动性大，不愿投资培训员工，生怕他们掌握技术后"跳槽"，但在红豆，员工最想得到的福利不是涨工资，也不是奖金，而是培训；红豆集团每年都投入大量资金用于各种培训，针对员工的特点，实行分类分层培训，并探索培训的新方法和新模式。除了培训，红豆集团还出资资助优秀工人上大学。早在1995年，红豆就曾出资选送10名优秀青工到无锡轻工业大学学习深造。目前，红豆

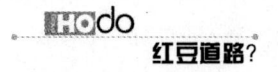

集团一直在实行评选"星级员工"制度，最优秀的"三星级员工"可以享受带薪免费上红豆大学的奖励。

现在，如果周末到红豆大学去，就会发现，每个教室都是爆满的。学习在红豆集团蔚然成风，这不仅是员工自发和自觉的行为，而且也与集团在学习型企业上颇具特色的制度建设有关。首先，母子公司人力资源开发与培训工作实现条线管理，集团总部设有人力资源开发与培训中心，二级公司设有人力资源培训部门。从总部到各二级公司人力资源部门，每年都要制订计划，就培训的指导思想、培训对象、培训目的、培训形式、培训内容和培训要求等方面作出统筹安排，因此从组织上使人力资源的开发与培训工作得到了保障。

其次，红豆集团在学习型企业建设上最具特色的制度是学习积分制度和内部讲师制度。学习积分制是指所有科员以上的干部直到总裁，每年必须修满36学分，否则到年终将失去加工资、提拔职务的机会，而且集团规定所学课程必须与自己所从事工作有关，因此选课并不是任意的。每学期大家都要查看自己的积分卡并领到所选课程的签到卡，每次上课都需要任课教师在学员签到卡上盖章方为有效。内部讲师制度是指红豆大学聘请内部领导干部和高级人才担任集团内部兼职培训师的制度，这些培训师须经集团相关部门推荐、开发课程、试讲、评价和TTT培训等相关环节方能任教。由于授课的过程也是学习的过程，因此，这些集团内部兼职培训师的授课学分可以相应地抵掉自己应该学习的一部分学分。据集团人力资源部部长钱静介绍，在长三角地区，红豆集团是第一家实行这种制度的企业。

六　"相对多元化"与"高度专业化"

"这里展出的红豆杉是哪产的？我想买一批，我们那正在建生态公园，种植红豆杉正合适。""是红豆集团培育的。""啊？他们以前不是生产服装红豆衫的吗？怎么会又培育健康树红豆杉了……"上海世博会开馆以后，在世博会中国馆国宝厅展出的红豆集团出品的红豆杉系列盆景吸引了众多游客的眼球，而盆景旁"植物活化石红豆杉，将成为改善城市环境的新树种"的标牌，更显示了红豆杉在生态领域的不凡身价。这个看上去和普通植物没有太大区别的红豆杉怎么会荣登世博会中国馆？一直以生产服装著称的红豆集团，又怎么会进入生态领域，生产"改善城市环境的新树种"——红豆杉呢？

说到这个问题，就不得不提到红豆集团的多元化发展道路了。

"一颗小红豆打破上海大围墙"

1995年，红豆集团在我国服装业成为了产品最全和市场覆盖率最高的企业，红豆的服装产业产销两旺、如日中天。就在集团上下一片欢呼的时候，周海江反而有了一种深深的危机感，他预感到，随着我国经济发展水平的不断提高，服装业的竞争将会越来越激烈，发展的空间也将越来越受到限制。因为纺织服装业价值链的大部分都属于劳动密集型产业，周海江毕业于深圳大学经济管理系，他深知劳动密集型产业发展的局限性，赤松要的"雁阵模式"理论为他实行多元化经营战略决策提供了灵感。

所谓"雁阵模式"理论，是指东亚地区各国和地区遵循着井然有序的"雁阵"式相继起飞的模式：日本作为头雁，为后面的国家（实

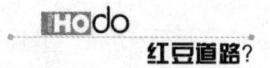

现产业和技术升级）突破了空气阻力，因此，渐渐的，所有这些国家都可以依次从相同的技术变迁中受益。例如，许多年前，日本生产廉价服装，实现了生产力的提高并由此大大改善了人们的生活水平，后来像服装生产这样的简单产品生产就不再有利可图了。因此，韩国承接了服装业的生产，而日本则逐渐对其制造业实行升级，生产一些更尖端的产品，如电视机。当韩国实现升级后，服装生产有段时间又转移到了我国台湾地区，直到相同的事情在那里再次发生——生产成本变得太高。之后服装生产转移到泰国，历史在不断地重复着。最后，服装生产转移到了越南（参见图1-1）。

周海江认为，尽管我国还处于工业化和城市化的中级阶段，服装业仍具有光明的前景，但是，随着中国经济结构的转变，服装业的重要性和赢利机会将会逐渐下降。例如，作为一种参照系，高收入国家的国内服装业和纺织业在2000年前后已经衰败：英国的服装进口在2002年达到84%，欧盟的服装进口在2000年达到62.5%，美国在1999年国内生产的服装比例仅为12%。因此，对于致力于基业长青的红豆集团来说，必须未雨绸缪，在服装业之外寻找新的发展机遇和利润增长点。因此，周海江冷静地分析了产业发展前景，为避免行业单一的风险，他提出了集团要实施跨行业多元化经营战略的思路。

那么，跨行业多元化经营从哪里入手呢？一般说来，突破劳动密集型产业的局限，在产业升级上就是要进入资本密集型产业和知识密集型产业。根据企业当时的基础，周海江首先想到的是要从资本密集型产业入手。当时，根据摩托车市场需求旺盛的情况，作为集团副总经理，周海江及时向董事长周耀庭提出了生产摩托车的多元化发展建议。

"我觉得可行。"周海江这一思路得到周耀庭的赞许。于是，红豆迅速投资5000多万元建成了初具规模的摩托车生产线。

然而，红豆的多元化发展在一开始并不顺利。由于我国当时已经注册了100多家摩托车制造企业，国家决定不再审批摩托车制造企业，这意味着红豆集团生产的摩托车无法进入国家产品目录，因此也就无法进市场销售，红豆这个产业眼看着就要面临绝境。

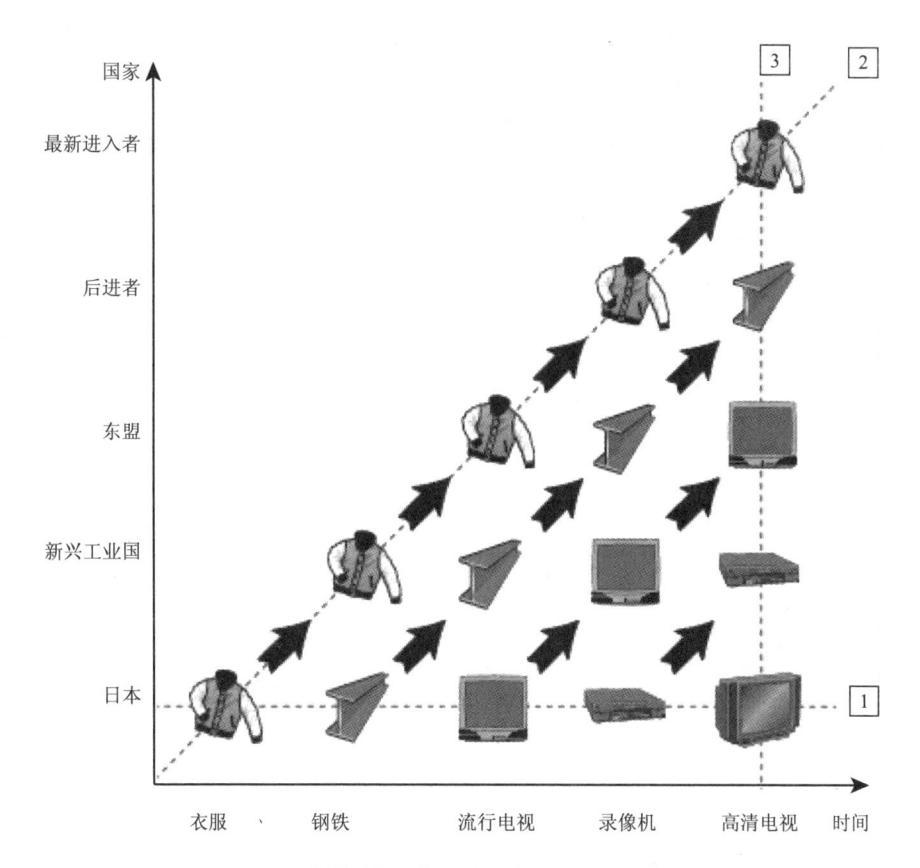

图 1-1 "雁阵模式"：东亚地区各国产品结构的相继转变

资料来源：埃里克·赖纳特：《富国为什么富 穷国为什么穷？》，中国人民大学出版社，2010，第110页。

但这难不倒周海江。他打听到上海申达摩托车厂由于机制和经营上的问题，已面临倒闭的困局，它的主管部门有意出让这家企业。周海江看中了它的潜在价值，厂址占地23亩，位于江杨南路，不仅为红豆未来进军大上海提供了一个桥头堡和基地，而且土地必定升值。周海江就果断地出资2700万元，收购了这家国营企业，用"赤兔马"

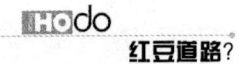

商标取代了"申达"商标,从而成为全国第一例跨行业、跨地区、跨所有制的兼并,上海的媒体把红豆这一壮举称为"蛇吞象",惊呼"一颗小红豆打破上海大围墙"。

周海江在摩托车行业上的惊险一跳不仅正式拉开了红豆集团多元化发展的大幕,也为红豆集团走出无锡开辟了前沿阵地,这次兼并使集团在资本运作方面作出了有益的尝试,积累了宝贵的经验。随后,为了拉长机械产业价值链,周海江又决定上马橡胶项目。三年后,摩托车轮胎的年销量在国内同行中排名第一,从而开始了大举进入橡胶轮胎行业的投资,目前该产业已经占到集团产值的30%,成为集团重要的利润增长点。

2001年1月8日,红豆股份成功上市后,获得了新的发展空间。周海江当时组织了三个调研小组,对生物医药、电子和房地产业进行调研,继续寻找新的企业增长点。同年,周海江决定进入房地产业,成立红豆置业有限公司。公司一成立,周海江就定下方向和目标:直接向高端学习,采取"拿来主义"。心领神会的红豆置业人多次到上海、广州、深圳、南京等地参观学习,还把许多专家学者请到企业来传经授道。正是有了这种孜孜不倦的学习劲头,把脚伸进房地产领域、迈步不过一年多的红豆地产,即赢得了有关部门颁发的"引导中国城市住宅风尚产业"的巨大荣誉。

在过去11年的发展中,红豆置业载誉无数,先后荣获:"江苏省房地产50强企业""中国房地产500强企业""江苏省诚信开发企业""中国十大风尚名盘""广厦奖""引领中国最具投资价值楼盘""中国城市新地标"等百余项荣誉,其中,无锡红豆国际广场所获的"2009引领中国楼市最具投资价值楼盘"是无锡市和江苏省唯一荣获这一殊荣的楼盘。2012年2月24日,在第十二届中国房地产发展年会上又传来喜讯,"红豆·人民路九号"荣获"2012中国宜居示范楼盘"大奖,成为无锡唯一获此殊荣的楼盘。

无锡市中心红豆国际广场

"千里马"驰骋细分市场

红豆集团从 1995 年到 2005 年走过了一个从专业化到多元化的过程，但在红豆本身的产业布局上，周海江表示，他不想再寻找新的产业，因为现在做的几个产业足够他们做一辈子了。

为什么不想再寻找新的产业呢？周海江解释道："有的人说多元化是好事，也有的人说多元化是坏事。其实相对多元化是好事，绝对多元化是坏事。摩根士丹利在十几年前，通过对全球最成功的几百家企业进行研究，就几十年来它们的利润平均线专门画过三条线，看哪类企业处于什么样的位置，结果发现，利润平均线处在最下方的企业都是多元化的企业。比它好的企业是专业化的企业，就是专业化企业利润比多元化高，但真正处在最上方的是相对多元化的企业。相对多元化是什么概念呢？就是一个企业可以搞一个行当，当然也可以搞两个、三个行当，关键是你的资源能够支撑你搞几个，如果资源只能支撑一个产业，那就不要跨行业发展；如果资源能支撑做两个或三个行业，却不涉足，那就是浪费。这是摩根士丹利的研究成果，红豆的多元化战略基本上是按照这样一个思路在走。"

周海江在2006年认识到，红豆当时存在着产业行当太多的缺陷，陷入多元化陷阱：表面上产业做得很大，实际上利润很少，而且资源环境压力都比较大。为了规避"多元化陷阱"，改变产业多、利润少的不利局面，周海江提出了"集团相对多元化，二级公司高度专业化"的产业发展战略，淘汰掉微利和不环保的产业，把原来的七八个产业压缩到纺织服装、橡胶轮胎、生物医药和房地产四大板块。在周海江看来，集团相对多元化就可以避免多元化陷阱，而二级公司高度专业化则可以使下属二级公司集中精力做好自己的业务，力争做到最优，这就是周海江对红豆产业发展提出的战略管理原则。

周海江在轮胎产业的大获全胜，验证了他关于"集团相对多元化，二级公司高度专业化"的发展战略。在红豆集团全钢子午线轮胎生产车间，红豆集团江苏通用科技股份有限公司董事长顾瑞向我们介绍说，在无锡红豆集团总部东港镇，公司建有20万平方米的轮胎生产基地，目前每日发货量超过万条。"我们生产出来的产品基本上没有库存，当天生产出来的，当天就发走了。从2010年春节到现在，我们已经连续三年在春节不敢放假了，每天都是加班加点，因为产品一直处于供不应求的状态。为了解决这个问题，我们在2010年3月上马了200万套全钢子午线建设项目，预计这个项目在今年（也就是2012年）达产后，公司将形成年产全钢子午线轮胎400万套的规模，产值将超过百亿元。"听了顾瑞的介绍，我们才恍然大悟，红豆集团之所以在这几年经济不景气的情况下，敢于大规模投资，是因为他们的产品一直供不应求。

国际金融危机爆发以来，国内外经济一直不景气，而红豆集团的橡胶轮胎产业为什么反而越来越红火呢？这要从红豆兼并上海申达摩托车讲起。当兼并完成后，为了给红豆摩托车厂配套，集团开始生产摩托车轮胎。经过三年奋斗，到1998年，红豆摩托车轮胎达到年产量550万条，销量居全国第一。在随后的几年里，红豆摩托车轮胎在做大做强国内市场的同时，大力开发国际市场，外贸出口额每年都有大幅度的增长。2007年9月，红豆集团生产的摩托车和"赤兔马"、"千里马"轮胎被评为中国名牌产品。

但是，在1998年和1999年的时候，全国禁止摩托车的城市大幅增加，红豆摩托车及其配套轮胎的发展开始受到限制。与此同时，随着人民生活水平的提高，我国汽车业开始迅速增长，因此，红豆集团决定集中力量发展橡胶轮胎产业，并在摩托车轮胎之外寻求新的利润增长点。事实上，全球主要轮胎企业都建有生产基地，我国正在逐步成为全球轮胎的主要生产基地，竞争很激烈，特别是我国的乘用胎市场基本上已被国外品牌瓜分了，本土企业很难竞争过外资企业，红豆集团再想进入这个市场已经很难。

那么，红豆集团的橡胶轮胎产业的发展机会在哪里呢？周海江提出了在细分市场上寻求发展空间的思路，正如他指出的，"从整体上讲，红豆拼不过米其林、普利司通这样的大企业，但我们可以在更细分的市场上做到第一。"刚一开始，江苏通用科技股份有限公司给大的汽车生产厂家生产配套轮胎，但他们发现，这种配套使公司生产规模的扩大受到了限制，而且汽车生产厂家要占用红豆配套厂大量的现金，对公司发展不利。在这种情况下，他们不得不寻求新的发展空间，因此开始对汽车轮胎市场进行更深入细致的调研。

最终，他们从新兴物流业的发展中发现了机遇，国外那些大品牌在当时还没有进入货运汽车维修市场，对于红豆来说，这个市场非常

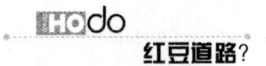

广阔。为什么呢？当时参与调研的一位公司销售人员给我们讲了这样一个故事。

"有一天，我在一家汽车轮胎销售店的门口碰到了两位讲家乡话的老乡，其中一位对另一位说，这轮胎也太不经用了，刚买了三个月，就又得换新的了。听到这熟悉的乡音，我禁不住和他们搭讪起来，原来这是兄弟两个，由于买车的钱不够，他们不得不东拼西凑地从亲戚那里借了一些钱，买了一辆卡车，为了还钱和尽快收回卡车成本，他们不得不拼命地拉活，兄弟两个日夜不休地换着开车，这叫'人可以睡觉，但车不能睡觉'，因此，轮胎的消耗量就特别大。"

回到公司后，在公司业务发展研讨会上，他给大家讲了这个故事。一位工程师说，国外的运输卡车一般要九个月才换一次轮胎，如果我国的货运市场上都像这兄弟俩一样，3个月就换一次轮胎，那么，汽车维修市场对轮胎的需求无形中就扩大了3倍。听了大家的讨论，周海江说，我国是制造业大国，货运业将呈现出高速增长的趋势，汽车维修市场将是一个非常大的市场。经过大家激烈的讨论，最后决定把红豆橡胶轮胎业的主要市场定位于维修市场。

刚开始，公司生产小型载重胎，但小型载重胎有明显的缺陷，这就是载重超过负荷就会爆胎。于是，红豆集团在2004年投资8亿元，上马了当时在国内紧俏且大部分依赖进口的全钢子午线轮胎，这是为大型载重货运汽车提供的高性能环保轮胎，也是国家重点扶持的高科技项目。

目前，江苏通用科技股份有限公司是国内首家同时拥有以零度带束层结构和四层带束层结构为特征的两种不同生产技术的全钢子午线轮胎制造企业，拥有各类不同花纹规格的产品百余种。根据市场对轮胎的不同需求，先后研发了适应中长途公路运输、中短途高承载和短途载重的不同品种。公司产品先后获得"中国名牌""国家质检总局放心品牌""江苏省乡镇企业名牌产品"等众多荣誉。公司还先后通过国家强制性认证（3C认证）、中国质量服务信誉AAA级企业、欧盟经济委员会ECE产品认证、ISO9001-2000版国家质量认证体系、美国交通部DOT认证、ISO/TS16949、2009美国质量认证、ISO14000环境管理体系认证等，产品畅销全国并远销欧洲、美国、东南亚和澳大利亚等几十个国家和地区。2012年1月，红豆集团"千里马"轮胎荣获"中国轮胎行业最具影响力标杆品牌"称号。

强大的研发力量是红豆集团橡胶轮胎产业发展的重要保证。目前，江苏通用科技股份有限公司拥有32名工程师、400多名技术人员和1000多名经过专业培训的技术工人。2005年9月，该公司被评为江苏省高新技术企业；2006年3月，在北京经济开发区设立的红豆集团轮胎技术研究中心·北方营销服务中心进行了揭牌，开创了国内轮胎企业的先河。2006年6月，公司开发的高性能环保型全钢子午轮胎被纳入江苏省火炬计划。2007年12月，全钢轻型载重子午胎的优质轻量化新产品项目被列入国家火炬计划。2008年10月，公司通过高新技术企业的复评。2010年4月，公司成立了江苏省载重子午线轮胎工程技术中心。2011年9月，通用研发中心大楼落成。

由于公司的轮胎具有质量高、寿命长和耗油量低等优点，大量客户指定要买红豆集团的"千里马"、"赤兔马"轮胎。红豆的竞争对手甚至把红豆的轮胎买回去解剖，研究怎样才能超过红豆。

众所周知，进入全钢子午线轮胎的门槛是非常不易的，它需要一流的技术、一流的品质和一流的管理，资金的投入动辄需几亿元。目前，国内排名在前五位的轮胎公司如上海轮胎橡胶（集团）股份有限公司、三角集团有限公司等都是国企或者从国企转化而来的，全钢轮胎产量都在300万套以上，而且在行业内都有几十年的品牌历史。作为民营企业的江苏通用科技股份有限公司的全钢子午线轮胎在不到10年的时间就取得了这么大的成就确实不凡，这与红豆集团一直对下属二级公司提出高度专业化的要求密不可分，与周海江的"集团相对多元化，二级公司高度专业化"的产业发展战略密不可分。

2012年初，周海江在给集团中层干部培训班的授课中曾专门谈到这一战略，摘引如下。

在橡胶轮胎等产业提升方面，我们提出"集中兵力，重点突破"的战术，即重点发展某一方面，取得突破，推进发展。以橡胶轮胎为例，米其林、普利司通等世界500强企业，市场占有率很高，红豆在"面"上是暂时超不过他们，也难以和他们竞争，但是可以在"点"上超越他们。红豆把"优势"集中于一点，专注于一个方面，做矿山卡车、长途运输卡车的载重轮胎。

事实证明我们的思路是对的，红豆的载重轮胎已受到市场的极大欢迎。因此，我们和经销商协商：如果你要做我们的轮胎，对不起，我们是要现款提货的，这也就是说我可以让利给你，但你要现金结算，由于红豆的轮胎供不应求，所以经销商乐于答应红豆的要求。所以，我们的周转很快，现金流也是很宽裕的，整个运营是比较顺畅的。顺畅的现金流也为红豆集团投资18亿元人民币、开工建设新上马的200万条全钢子午线项目提供了基础。

红豆内部有人认为，在矿山载重轮胎已经做得比较成熟的基础上，是否可以多元化，尝试轿车轮胎的研发与生产？我认为不行。因为我们还没有形成这样的竞争力。红豆仍应该专注于卡车轮胎，力争做到全国第一乃至全球第一。把各种要素集中于一点来寻求发展突破，对于民营企业来讲，容易形成发展优势。在自身力量比较小的时候，我们就应该把最优力量集中在一起，针对别人的弱势，以最优对最弱，则无往而不胜。这也比较符合毛泽东提出的"集中优势兵力"的军事理论。

新建年产 200 万套全钢载重子午线轮胎厂房外景

从"红豆衫"到"红豆杉"

面对集团在橡胶轮胎等产业所取得的成就，周海江和他父亲周耀庭并不满足。他们认为，这些行业仍属于传统产业，竞争激烈，利润率都比较低。那么，怎样才能跳出这些传统产业，发现具有高利润率的"蓝海"产业呢？

最后，他们找到了红豆杉。

近几年来，人民币升值、劳动力成本上升、原材料价格上涨等因素，使得民营企业面临着巨大的生存压力。产业的转型和升级，民营企业在任何时候都没有像现在这样迫切。然而，对于绝大多数民营企业来说，转型升级不是像搭一趟顺风车那么简单，而是一个痛苦的抉择，其过程也是充满艰辛和坎坷的。从"红豆衫"到"红豆杉"，一字之差，折射出红豆集团转型升级的路线图。从传统服装行业到高科技制药生态产业，红豆集团是如何实现产业转型的？红豆华丽转身的背后蕴涵了什么样的秘密？这一切还得从十几年前的一则报道说起。

  1997年，有关红豆杉惨遭破坏的一则报道引起了周耀庭的关注。当时，周耀庭从报纸上看到有着植物"活化石"之称的红豆杉在云南一些地区正惨遭一些不法之徒的破坏，野蛮剥皮、乱砍滥伐致使野生红豆杉几乎灭绝。为什么红豆杉会遭此厄运呢？原来，红豆杉是一种非常珍稀的树种。红豆杉又称紫杉，是世界上公认的濒临灭绝的天然珍稀抗癌植物，是第四纪冰川遗留下来的古老树种，在地球上已有250万年历史。1996年，联合国教科文组织将其列入世界珍稀濒危植物。红豆杉树皮中珍藏紫杉醇——一种广谱抗癌原料。但是，紫杉醇在红豆杉树皮中的含量仅占万分之一到万分之三，每提取一千克的紫杉醇就要用掉树皮15~30吨。因此，在加拿大、美国等发达国家，早已禁止红豆杉的开采。紫杉醇出口到美国的市场价格是黄金的几十倍，正因为红豆杉药用价值昂贵，巨大的利益驱动，使得一些不法之徒铤而走险，疯狂盗伐红豆杉。

  红豆杉的命运让周耀庭陷入了沉思。由于紫杉醇在治疗癌症方面的有效性，因此被广大癌症患者看做是"生命树"，但由于全球范围还没有形成大规模的红豆杉原料基地，当时全球制药用紫杉醇每年生产仅800千克，而按照世界上的癌症病人数量来测算，每年却需要5000千克左右。巨大的供给缺口使他看到了当中蕴涵的商机。如果能够实现人工培育红豆杉，不就可以拯救濒临灭绝的红豆杉，也可以实现紫杉醇制药的大规模生产，使之造福人类吗？

  1997年，红豆集团开始把生长在高山里的红豆杉引进江南水乡栽种。没想到，花巨资引进的红豆杉种子刚种下去，就被一场暴雨给浇死了。但是，红豆人没有气馁，为了攻克红豆杉生长习性慢、人工培育成活率低这一难关，周耀庭亲自带领企业的相关人员，深入全国各地考察，并对南方红豆杉能否在无锡生长进行了大量实验。经过反复试验，红豆集团成功掌握了层积变湿催芽处理技术，解决了红豆杉种子休眠当年发芽的问题，使原来需要几十年的红豆杉成材期缩短到4~5年。红豆集团终于掌握了红豆杉的快速繁殖技术，解决了红豆杉种苗严重短缺这一国际性的难题，使大量提取紫杉醇制成抗癌药物成为可能。

红豆杉育秧大棚

2001年11月8日，中央电视台的《经济半小时》栏目播出了"哭泣的红豆杉"专题报道，更加激发了红豆人开发红豆杉产业的决心和雄心：绝不能让红豆杉再哭泣！从这一年开始，红豆集团在无锡大规模培植红豆杉并取得显著成果：采用先进的GAP规范大规模种植红豆杉，采用酶联免疫法进行紫杉醇含量检测并进行高含量紫杉醇基因型红豆杉选育。到2003年12月，红豆集团已成为国内最大的红豆杉实生苗繁育基地。2005年8月，红豆杉项目通过专家团评审，他们一致认为红豆杉产业基地已具备产业化开发利用条件。2006年，由于

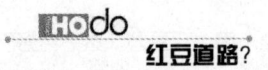

在人工种植和培育红豆杉方面的杰出贡献，周耀庭当选为红豆杉保育委员会主席。

随着对红豆杉的进一步研究，红豆集团惊喜地发现，红豆杉不仅是极好的药材，同时还能释放有益的气体，净化空气，改善环境，可以发展成庞大的生态产业，这与红豆集团决策层希望发展低碳环保产业的愿望不谋而合。红豆人知道，传统产业特别是纺织服装产业在发展低碳经济上具有天然的局限性，因此，要想从根本上克服农业文明和工业文明的种种弊端，就必须实现绿色发展、生态发展和循环发展。正如周海江指出的，"在传统产业上，即使排放达标了，但全国乃至全球的总量还是在增加，环境生态还是有压力。那么，红豆集团怎样来化解这个难题呢？我们就开发了红豆杉这个产业，它不仅没有污染，而且还能吃掉污染。我们从红豆杉盆景到提炼紫杉醇，再到做成保健品以及发展生态养殖业，这种对红豆杉全产业价值链的综合开发利用，既造福了老百姓的健康，又突破了企业发展的瓶颈，而且对整个国家的经济转型也是一种很好的探索。预计到2015年，红豆集团的红豆杉产值将达到50~60亿元的产业规模。"

对于红豆集团来说，红豆杉的综合开发利用，不仅使他们摆脱了传统产业高消耗、低效益的发展瓶颈，实现了产业升级，找到了企业发展的"蓝海"，而且还使企业走上了可持续发展、实现人与自然和谐的康庄大道，本书第二章将再对这种生态发展之路进行探讨。

七 今天的技术含量就是明天的市场容量

2012年3月26日，第二十届中国国际服装服饰博览会在北京中国国际会展中心（新馆）拉开帷幕。在这次博览会上，红豆集团在"红豆居家"服装秀上推出的一款红豆杉保健内衣引起了业内和众多媒体的广泛关注。红豆杉这种能净化空气、提炼抗癌药物，被誉为"植物大熊猫"的神奇树木被应用到内衣上，进一步呵护人类健康。红豆集团通过反复研究，以红豆杉木为原料制成红豆杉浆，再利用红豆杉浆生产粘胶纤维，与长绒棉、天丝混纺成面料，由此制成的服装具有滑爽、细腻等特点，具有保湿、抗菌消炎的作用并且有利于促进睡眠。《工人日报》的报道评论说，红豆集团不断提高产品的科技含量，从全棉针织免烫T恤到牛奶丝T恤，再到碳纤维健康热能服，红豆在业内一直走在科技创新产品的前列。

用制度保证研发投入

红豆集团规定，传统产业的研发投入每年不少于销售额的1%，高新产业研发投入每年不少于3%。按照这个规定，自实行转型升级战略以来，红豆集团的研发投入连年增长，2007~2010年，集团研发总投入分别达到2.8亿元、3.16亿元、3.17亿元和3.37亿元，四年合计销售收入8935919万元，研发费用128653万元，研发费用占销售收入的1.44%（参看图1-2）。如果考虑到房地产业占集团总销售收入的10%，而该行业几乎不存在研发投入，那么，从2007年至2010年的总销售收入中减去房地产业销售收入，红豆集团其他三个产业总销售收入为8042327万元，其中研发费用为128653万元，研发费用占

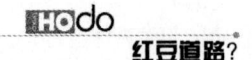

销售收入之比高达1.6%，在研发资金上有力地保证了红豆集团的技术创新活动。

年份	2007 年	2008 年	2009 年	2010 年
销售收入（万元）	1814242	2071400	2232759	2817518
研发费用（万元）	28080	31663	31705	37205

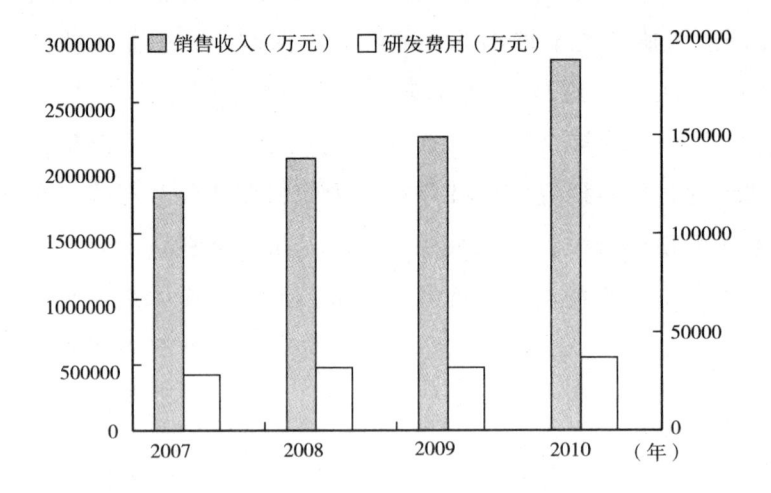

图 1-2　红豆集团 2007~2010 年的销售收入和研发费用

资料来源：红豆集团科技办。

据 2011 年 9 月 26 日《解放日报》报道，中国国际经济交流中心在 9 月 25 日的"经济每月谈"活动上发布了一份规模以上工业企业科技活动的研究报告。该报告数据显示，从 2004 年到 2008 年，虽然我国企业科技投入数量和增长速度都明显加快，但是总体投入不足，规模以上国有企业的研发投入只占销售收入的 1% 左右，民营企业则更低。[①]

---

① 柳田：《研发投入只占销售收入 1%》，http://www.sznews.com/rollnews/2011-09/26/content_1258405667.htm，2011-09-26。

又据中国家纺网 2007 年 4 月 10 日的报道,据国家工业普查结果显示,规模以上服装行业企业研发投入占产品销售收入的比例只达 0.16%,纺织行业仅达 0.3%。把这些数据与红豆集团研发投入占销售收入 1.95% 的数据加以比较,我们就可以看出,红豆集团进入新世纪以来的飞速发展与他们高度重视科技创新密切相关,与他们从党和国家有关自主创新和建设创新型国家的方针政策中寻找发展机遇的经营思想密切相关。

2005 年以来,红豆集团的发明专利申请数和授予数都大幅度增加,平均每三天获得 1 项专利,已经连续 9 年每年申请专利数超 100 项,2011 年申请数达到 211 项。红豆集团的专利发明崇尚实用,寄希望于能给集团带来明显的经济效益,并成为集团强有力的竞争武器。因此,红豆集团在专利发明上不仅追求数量,更注重质量,所有专利发明全部投入产业化生产,这与我国大量专利存在"沉睡"的现象形成了鲜明对比。例如,我国自《专利法》实施以来,专利申请量已近 100 万件,据不完全统计,专利实施率仅为 20% 左右。在世界范围来看,这种现象也是普遍存在的,美国的专利闲置率为 40% 左右[1]。因此,红豆集团的这种经验值得我国科研管理部门借鉴。

2003 年以来,红豆集团以其雄厚的科研力量,在科研活动上不断得到国家各种基金的支持,其研究项目被列入国家 863 计划项目和"'重大新药创制'十一五国家重大科技专项",并多次被列入"国家星火计划项目"和"国家火炬计划";科研成果也多次获得中国纺织工业协会、江苏省和无锡市的各种科技奖项。2004 年 5 月,红豆集团被国家知识产权局评为"第二批全国企事业专利试点单位",红豆集团因此而成为中国纺织服装企业唯一一家专利试点企业,这与他们一

---

[1] 姜颖:《抓住机遇,迎接挑战,全面推进我国专利事业》,2002 年 1 月 11 日《中国知识产权报》。

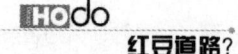

直坚持自主创新并在科技创新上一直走在业内前列是分不开的。红豆集团因此也在科技创新上获得了许多荣誉。2006年5月8~9日，国家知识产权局召开了第二批全国企事业专利试点工作总结及先进单位、先进个人表彰大会，红豆集团荣获"第二批全国企事业专利试点工作先进集体"称号。2008年6月，红豆集团成立中国首个家纺色彩研发基地。目前，红豆集团的服装技术中心正在申报国家级服装技术中心的认定。红豆股份有限公司、通用科技公司和红豆杉生物科技公司都已经被认定为高新技术企业。

把研发品变成畅销品

2006年6月4日上午，红豆集团隆重召开首届技术创新大会，28万元重奖有突出贡献的"技术创新人才"。在会上，"10大技术创新精英"和10名"技术创新先进"每人分别获得2万元和8000元的嘉奖。这次首批"十大技术创新精英"称号的获得者，是红豆集团技术创新热潮中涌现出的突出代表。他们研制开发和成功投产的技术新品，为企业带来了巨大的经济效益和社会效益。自2006年以来，集团每年都要评选出10名"技术创新精英"和10名"技术创新先进"，并规定，如果连续三年获得"技术创新精英"，集团将授予"技术创新功臣"的称号，不仅能获得高额的奖金，还将获得10万元干股，在职期间每年享受分红。

红豆集团对技术创新的重视由来已久。在企业发展初期，红豆集团就设立了技术科，开发了护士衫、珍珠衫、B衫、雪花衫等一大批畅销的产品。企业成规模后，对技术人员进行三级管理，集团设立科技办、二级公司设立研发中心、三级企业设立技术科，每年开发几千款新品。

近年来，红豆集团在实施名牌战略的同时，牢牢抓住专利这一有效武器，积极实施知识产权战略，为红豆名牌保驾护航。企业专门由一名副总主管知识产权方面的工作,设立科技办,来负责企业知识产权方面的日常工作。科技办下设 8 个分支机构,负责纺织服装、毛线、机电、橡胶、锦纶丝、农林、轻工等的专利申报工作,目前专兼职人员达 80 名。科技办已在红豆集团内部建立起一个信息交流、技术推广、知识产权保护的网络,形成横向各三级企业之间的协作,纵向各供应商、销售代理商、仓库、客户之间的交流,并根据需要产生纵横向交叉的信息传递。

根据企业实际情况,红豆还制定了知识产权管理制度、科技创新成果奖励办法等多项规章制度,旨在逐步推广科技创新体系,在红豆建成集研究开发、成果转化与知识产权应用为一体的高新技术产业链,进而全线启动产品的升级换代,实现红豆集团中长期科技战略的宏伟目标。

长期以来,红豆集团高度重视企业技术创新平台的建设。2009 年,江苏省人事厅批准红豆集团成立博士后科研工作站。2010 年 8 月,全国博士后管委会、人力资源和社会保障部批准红豆集团建立国家级博士后科研工作站,工作站主要致力于红豆模式可持续发展经营管理、服装及面料研发、红豆杉栽培及综合利用、新型轮胎研究等研发工作。2009 年 7 月,江苏省科技厅批准红豆集团建立院士工作站,特聘蒋有绪院士。蒋院士长期从事林业研究工作,在森林可持续经营、林业生态环境工程等产业研究上取得了重要成就。

目前,红豆集团已经建立 9 个研发中心,其中重点建设的研发中心有 3 个:江苏省针织内衣工程技术研究中心;江苏省红豆杉综合利用工程技术研究中心;江苏省载重轮胎工程技术研究中心。现在,红豆博士后科研工作站大楼已经竣工,为集团的技术创新平台创造了国内一流的硬件条件。

红豆集团还高度重视产学研合作,通过与清华大学、河海大学、上海交大、苏州大学、江南大学、青岛科技大学、无锡商学院、美国麻省理工学院等紧密合作，积极引智引才，大力推动企业技术创新活动的开展。产学研合作结出丰硕成果，例如，红豆集团与江南大学合作研发的"红豆杉高效栽培及全株采提紫杉醇研发与产业化"在2011年成功入选国家财政部"2011年重大科技成果转化项目支持单位"。

● 专栏：自主创新的三个案例

案例1：攻克紫杉醇提炼成本高的世界性难题

紫杉醇是当今世界上公认的广谱、强活性的抗癌药物，但因提炼成本高，所以价格一直居高不下。如何降低紫杉醇的提炼成本，成了一个世界性的难题。在含有紫杉醇的天然原料中，紫杉醇的含量低，而且有紫杉烷系列化合物共存，并含有大量植物蜡、色素和树胶等杂质，因而紫杉醇的分离难度极高。红豆集团负责提炼紫杉醇的科技人员，针对传统提炼紫杉醇的工艺流程进行了反复研究，发现萃取和重复结晶是紫杉醇回收率难以提高的制约因素，色谱过程中溶剂消耗大也使其加工成本居高不下。发现问题后，红豆集团负责提炼紫杉醇的科技人员，针对传统提炼紫杉醇的工艺流程中存在的问题，进行反复试验和研究。

经过长达数年的研究，红豆集团终于研制出了一套与众不同的工艺，这就是"人工种植南方红豆杉全株采集提取紫杉醇新技术"。这套新工艺通过简化手段，缩短了提炼时间，也减少了由于时间过长造成的紫杉醇的损失，与目前世界常用的技术相比，可降低成本30%，紫杉醇总收率达到了85%以上，而且紫杉醇含量达到了99.0%以上。2006年12月9日，红豆集团这项自主研发的新技术通过了江苏省级科技成果鉴定，被认定为达到国内领先、国际先进水平。2006年11月20日，红豆集团对此项创新技术作了科技查新报告，报告中指出，在国内外均未见从人工种植南方红豆杉中全株提取紫杉醇工艺。此项新技术后来获得了国家专利。

案例2：千里马轮胎构筑自主创新体系[①]

从2004年起，红豆集团投资8亿元，上马当时在国内紧俏且大部分依赖进口的全钢子午线轮胎生产项目。在上马这个项目伊始，周海江就提出要产研结合，建立红豆集团自己的轮胎技术自主创新体系。

针对轮胎超载、高速、长时间运行等多种严格条件，红豆集团高层就带领技术人员积极走访市场，掌握第一手资料，同时对国内外同类轮胎进行机床试验和断面解剖分析，在积极消化吸收国内外先进轮胎制造技术的基础上，经过6个月的艰苦努力，先后进行三轮重大技术改造，革新十多项关键工艺，使产品质量取得实质性突破，既改变了传统轮胎的缺陷，又使轮胎重量平均减少了2千克左右，单位成本降低20元。

在雄厚的技术力量支撑下，"千里马"又在国内同行中首次将类型众多的子午线轮胎，按照市场实际需求进行应用性、科学性划分。他们重点攻克轮胎内部骨架材料排列结构，成功研发了"四层带束层长途运输全钢子午线轮胎"，与原有产品相比，耐久性增加了近3倍，开创了适应中国使用状况的国产化技术和自主创新的高性能轮胎制造技术，成为国内首家同时拥有"零度带束层结构"和"四层带束层结构"两种不同生产技术的企业，此后又成功研发了中短途高承载和短途重载等系列子午线轮胎。

自主创新带来了经济效益和社会效益的双丰收，新品子午线轮胎，每条售价比原来提高了100元左右，可为企业年增收3000万元，且在使用中可比传统的斜交轮胎每辆车节省燃油8%。2005年5月，千里

[①] 陈宗安、刘兴荣：《红豆投资8亿 构筑自主创新舞台》，2006年7月28日《无锡日报》。

马子午线轮胎获得"江苏省高新技术产品"称号；同年9月，公司被评为"江苏省高新技术企业"。2006年3月，红豆集团投资2亿元的轮胎技术研发中心在北京宣告成立，首创国内轮胎生产企业先河。中心拥有4个专业实验室，会聚30多名研究设计人才和高级经营管理人员，专门从事轮胎等高分子复合材料制品高新技术研发，更为"千里马"领跑提供了强劲动能。目前，自主研发的专利产品XR718花纹轮胎，已成为国内矿山型轮胎的第一品牌。

案例3："碳纤维健康热能服"事关士兵装备的国家安全

2009年9月19日，在第十一届江苏国际服装节亮相的"碳纤维健康热能服"吸引了众多买家的目光。有记者称，"空调"不仅能穿在身上带来温暖，还能带来健康，这个闻所未闻看似根本没有可能的事儿现在却成为现实。这种能穿在身上的"空调"就是由红豆集团旗下的轩帝尼服装品牌在国内首次推出的"碳纤维健康热能服"，该服装融合高科技纳米技术与人体工学技术，被记者称作是服装领域的又一次革命。

据介绍，红豆集团的"轩帝尼"推出的"碳纤维健康热能服"采用尖端发热材料碳素纤维和100%棉纤维编织，压膜耐热性绝缘材料而成，它融合高科技远红外纳米技术与人体工学技术，符合国际行业标准、环保、无毒、健康、节能。之所以把碳纤维健康热能服称为"空调"，是因为该服装装置了一块不到二两重的智能电池，就像一部手机放在棉服的内口袋，穿着者可根据自身需要进行高中低档温度调节，使人们在寒冷的冬季，身体始终保持温暖舒适。

"轩帝尼"品牌总监崔业松说，碳纤维健康热能服还有一大特点就是该服装在国内首次采用碳纤维发热，发热持久，它不像"碳晶远红外发热服"，由于在织物上涂了一层碳粉，走动时碳粉容易断裂，时间长了降低发热功能，而碳纤维却非常柔软，走路或折叠都不会受损，且防水，导热性能好。另外，碳纤维健康热能服还具有非常好的保健功能。该服装通电后，碳纤维和棉纤维二者以分子形态进行结合，产生对人体健康有益的波长为 5~20 微米、放射率为 90% 以上的远红外线热辐射。

红豆集团的"碳纤维健康热能服"使用了高科技远红外纳米技术，这并不是作秀。纳米技术是第三次工业革命中将要发生的主要技术革命之一，它不仅将在所有传统产业引发技术革命，而且对国家安全也将产生深远的影响。因此，我们在这里只是简单介绍一下与红豆集团服装和轮胎产业有关的纳米技术对国家安全的重要性。

目前的研究说明，利用纳米技术制作士兵制服、装备和盔甲，可以将士兵携带的医疗换能、治疗、通信、个人环境控制以及热、化学和生物感应综合系统集成到服装结构中，以减少士兵携带物品的重量；借助纳米技术推动蓄电池、燃料电池、光伏仪表板甚至发电方法发展，特别是"压电纤维"（材料自身发电）开发有朝一日用于士兵制服制作，便可以完全取代蓄电池。在电子学方面，利用纳米技术可以制造出更加微型的电脑和感应器，从而形成可以感应、识别、判断、报告信息和向其他设备提供控制输入的综合性组件。例如，这样制造的轮胎能够进行表面感应，在行进过程中可以自动调整压力，以保持最优牵引；这样制造的体积小、速度快的精巧感应器，可以最小成本和对士兵的最小危险监视大面积战地空间；等等。①

红豆集团的服装产业在国内处于领军地位；轮胎产业也有自己的自主创新，因此，考虑将来在轮胎技术的自主研发中引入纳米技术。鉴于红豆集团服装产业在国内处于龙头地位，国家有必要把未来战争中所需要的采用纳米技术的士兵服研发任务交给他们来做，红豆集团

---

① 李三虎：《纳米技术：国家安全的新边疆》，《工程研究——跨学科视野中的工程》2011 年 12 月第 4 期。

的服装业能承担起这个任务吗？我想，他们肯定能，因为他们在传统产业的技术创新中，一直高瞻远瞩，关注着新的科技革命给服装产业所带来的创新机遇。

八 西港经济特区的红豆经济战略

红豆集团在发展过程中，积极探求走国际化的道路。从1993年到2005年，红豆先后在日本、美国、中国香港等地设立办事处和分公司，成为发展红豆外贸出口的有效途径。2006年，红豆积极响应国家号召国内企业"走出去"的战略，毅然参加商务部首批境外经贸合作区的招标，投资开发建设柬埔寨西哈努克港经济特区（简称"西港经济特区"），为国内企业通过"走出去"转移产业价值链低端环节、实现转型升级和转变经济发展方式搭建国外投资和贸易平台，得到了当地政府的支持和当地人民的欢迎。

目前，在我国已建立的境外经贸合作区中，西港经济特区是首个签订双边政府协定的合作区，也是首个建立双边政府协调机制的合作区，因此成为我国境外经济合作区的样板。因成绩显著，2012年1月16日，在由中国—东盟商务理事会中方秘书处主办的"中国企业走进东盟评选活动"中，红豆集团投资的江苏太湖柬埔寨国际经济合作区投资有限公司因在柬埔寨投资建设西港经济特区成绩显著，获得"中国企业走进东盟十大成功企业"殊荣。2012年，我国政府将出台鼓励和引导民营企业"走出去"的实施细则，西港经济特区的建设为国内企业"走出去"和国家政策的制定提供了宝贵的经验。

柬埔寨西港经济特区

西哈努克港经济特区是由江苏太湖柬埔寨国际经济合作区投资有限公司为积极响应国家"走出去"发展战略，与柬埔寨国际投资开发集团有限公司联合投资开发的合作区，其中，中资持有西哈努克港经

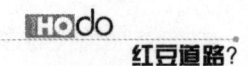

济特区 80% 的股份，由红豆集团（持股 85%）、益多集团（持股 5%）、光明集团（持股 5%）、华泰公司（持股 5%）共同持有，柬资持有其余的 20% 股份。该项目是中国商务部批准的首批境外经济贸易合作区之一，是中国民营企业在柬埔寨最大的投资项目之一。

柬埔寨西港特区鸟瞰

经济特区地处柬埔寨王国唯一的国际港口城市——西哈努克市，位于柬埔寨南部，经济地位相当于我国的上海。规划中的泰国南部国际运河一旦建成，将避开国际纠纷较多的马六甲海峡，西哈努克市港的经济地理位置将接近于第二个新加坡。经济特区总占地 11.13 平方公里，初期规划开发面积 5.28 平方公里，投资 3.2 亿美元，离西港机场 3 公里，离港口 12 公里，连接柬埔寨国内最好的公路——四号国道，离柬埔寨首都金边仅 230 公里，淡水资源获取方便，交通便利，地理位置十分优越。

同时，特区还具有独特的投资优势环境。柬埔寨是我国的友好邻邦，历史上没有过边界问题和领土争端，具有天然的地缘和外交优势。柬埔寨政局稳定，国内治安状况良好，无种族冲突；无地震、台风和海啸等自然灾害；国内 90% 的人信佛教，民风淳朴。在发展机遇上，柬埔寨目前正处于发展起步阶段，所有行业都对外开放，鼓励外商投资。2004 年，柬埔寨加入世界贸易组织（WTO），是世界上经济自由度最高的国家之一。而且，欧美等发达国家还给予其特殊的贸易优惠政策。

西港经济特区的主导产业以轻纺服装、机械电子、高新技术为主。柬埔寨的服装行业在国际上享受较为优惠的贸易政策，其纺织服装产业在国际上具备一定的竞争力，已成为柬埔寨最主要的支柱产业和外汇来源。对于众多纺织和轻工企业来说进驻合作区有利于实现我国轻纺等产业的战略转移。根据柬埔寨法律，经济特区内投资者享受 9 年的所得税免缴及出口产品免缴增值税和出口税的待遇。建设物资、生产原材料及机械设备进口也享受免税优惠。目前，由海关总署、商检、商业部、劳工部等组成的"一站式"服务已经进入特区，为入区企业提供高效和便捷服务。

中柬双方都高度重视西哈努克经济特区的设立，柬埔寨政府特别成立了由总理洪森担任主席的特区工作委员会，力图将其建成该国的一个"样板"。2010 年 12 月洪森访华期间，中柬两国签订了《中华人民共和国政府和柬埔寨王国政府关于西哈努克港经济特区的协定》。洪森访华期间还特别表示，中国深圳在没有成为特区之前只是一个小渔村，希望西哈努克港经济特区未来的发展能够像中国深圳特区一样。从中柬两国政府关于西港特区双边协定的正式签订，到 2009 年无锡市和西哈努克市正式结为友好城市，再到柬埔寨相关部门将在特区设立"一站式"行政服务窗口等，两国政府都为西港特区更好更快地发展创造了良好的运营环境。

截至 2012 年 5 月，西哈努克港经济特区 1 平方公里启动区基本建

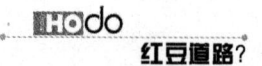

成，18 栋约 10.6 万平方米的厂房全部竣工，一期厂房被抢租一空，目前已经有来自中国、美国、日本、法国和爱尔兰的 19 家跨国公司入驻，其中 15 家已经进入正常运营生产阶段，已吸纳近 6000 名柬埔寨员工在特区内工作。在多方的关注下，西哈努克港经济特区取得了飞速发展。根据商务部的要求，经济特区制定了宏伟的战略目标，努力把经济特区打造成"一个国际样板园区；一个国际上市公司；一个工业化新城镇"，成为中柬世代友好合作的典范！

一个企业支撑一个国际经济特区

2005 年以来，我国东部沿海地区的经济发展开始面临严重挑战。首先，由于出口导向型经济的发展，在我国历史上农业生产最有效率的珠江三角洲和长江三角洲，可耕地被大量用于工商业开发，我国农业生产被迫从昔日的"鱼米之乡"向农业生产条件越来越差的地区转移，而在工商业发达的江浙地区，可用于工商业开发的土地资源日益稀缺并接近于枯竭；其次，随着我国经济发展水平的提高，劳动力成本急剧上升，"民工荒"已经成为长期困扰我国东部沿海地区企业发展的问题。

随着经济发展水平的提高，我国东部沿海地区的经济发展面临着劳动力成本、资源瓶颈和环境容量的严重制约。周海江认为，破解这一困局，最直接的办法是"走出去"，这有利于中国转移过剩产能、调整经济结构，利用国际市场和世界资源，缓解国内劳动力成本、环境和资源等压力，保持自身产业优势，获得更高的产业附加值。在当时，我国也屡屡遭受发达国家贸易壁垒的困扰，再加上国内产能严重过剩、企业成本压力不断升高，因此，我国商务部和财政部在 2006 年开始推动境外经贸区的建设，试图为国内企业搭建平台，鼓励企业走出去。周海江认为这是国家实施"走出去"战略的重要举措，因此，红豆集团毅然参加商务部首批境外经贸合作区的招标，投资开发建设西港特区，为中国企业搭建投资东盟并辐射世界的投资贸易平台，带动国内高成本的产业向海外有序转移。

在当时，为了规避贸易壁垒，以港企、台企为首的大批纺织服装、鞋类企业纷纷转战海外，首选越南。一时间，越南甚至成为中国企业"走出去"的桥头堡。而周海江为什么偏偏独辟蹊径，选择了毗邻越南、基础配套远赶不上越南的柬埔寨？在周海江看来，一是柬埔寨与中国有着长期的传统友谊，双边关系友好，柬埔寨可以说是中国在东南亚最坚定的盟友；二是越南已经快速发展10年，经济体系大体成型，从另一角度来看，发展空间有限；三是相比于柬埔寨，越南出口欧美并不会完全免税，同时出口配额限制较为严厉。

事后证明，周海江的这种选择是有先见之明的：一是在2008年，越南爆发经济危机，通胀率超过8%，越南盾持续贬值，大批转战越南的中国企业举步维艰，转而将目光投向柬埔寨；二是国内生产成本遽升，逼得更多中国企业不得不放眼海外，综合核算，建厂柬埔寨，其极其低廉的劳动力成本不仅足以抵消因原材料进口产生的物流成本，还有巨大的盈余空间。因此，继越南之后，柬埔寨又成为炙手可热的投资"圣地"。[1]

周海江解释说，柬埔寨有着丰富的劳动力资源，其劳动力成本也比中国要低得多。以服装业为例，柬埔寨最熟练的工人的工资为50~60美元，约合人民币370元。而中国苏南地区的劳动力成本已经上升到了3000元人民币。对于企业而言，一个工人每月节省2300元，一年就可节省27600元。按此计算，1000人的劳动密集型车间，在苏南不赚钱的企业到了柬埔寨就可赚2700多万元，这在无形中就节省了大量的劳动力成本，大幅地提高了企业竞争优势，这不仅有利于中国企业，而且对促进柬埔寨就业、提升其发展水平也具有重要意义。

---

[1] 彭靖：《一个企业的"经济特区"》，2011年11月29日《商界》。

我们可以这样说，通过对外直接投资或者"离岸外包"，把制造和组装环节转移到工资成本更低的国家，使国内价值链沿着微笑曲线向其两端高附加值的环节升级，这是日本和东亚"四小龙"成功的经验。在过去的30多年中，日本和东亚"四小龙"通过在中国大陆的直接投资或给大陆发包，转型升级做得相当成功。这实际上是一种被格雷菲称作"三角市场网络"的全球价值链模式：生产的组织和协调在第二国进行，产品向第三国的最终消费者销售。周海江指出，这种转型的最好出路就是转移生产基地，红豆选择在柬埔寨建立西哈努克港经济特区，目的就是为国内有意走出去的企业搭建境外投资发展平台。而为了达到这个目的，红豆至少现在没考虑过通过西港特区赚钱，他们给予园区企业的政策最优惠，成本价格却是最低——这样"无私"的投入，是寄望于未来6~8年，超过100家企业入驻，达到10万从业人员的规模。到那时，红豆就可以在已经规划好的区域内，建设相关的商业配套设施，为中国企业"走出去"创造更好的条件。

"走出去"的桥头堡

2012年3月"两会"期间，商务部副部长姜增伟说，政府鼓励和引导民营企业积极参与国际竞争，目前正在制定民营企业"走出去"实施细则，很快就要出台。"具体实施的办法正在落实中，我们主要制定'走出去'的工作流程，办法中还包括对民营企业'走出去'的财税政策、外汇的使用、融资方法、保险、投资协定等，并涉及海关以及结算体系如何建立的问题。"姜增伟说。此外，针对企业"走出去"所在国家的一些相关法律法规，如何有针对性地实施"走出去"步骤，在《办法》中也将加以体现。他还指出，中国发展到今天，如何利用国内国外两个市场、两种资源是十分重要的问题。光靠国有企业"走出去"还远远不够，而民营企业无论是从经济实力还是发展阶段来看，都具备了走出去的条件。

中国的制造业如何能谋定而后动，多途径、多策略地将工序和环节延伸扩展到境外，促进中高端服务代工配套、自主发展能力均衡发展，形成跨境经营的综合竞争实力？柬埔寨西哈努克港经济特区为此提供了有益的借鉴。

首先，以产业集群的形式"走出去"比单个企业"走出去"在效果上更佳，这是西港经济特区所提供的最重要的经验。几年前，不少企业就在东盟地区开设了工厂，虽然当地劳动力成本比在东部沿海低不少，但是，东盟很多国家的产业配套远不如我国东部沿海地区，且生产效率不高，技术工人的素质也不如国内纺织服装业发达地区的工人，加上对当地文化背景不熟悉，在经营管理上很容易陷入困境。周海江说，"以组团形式走出去，可以避免单打独斗，降低投资风险；组团形式走出去，可以在园区形成产业群，产业上下游相配套，进一步发挥产业链优势"。中国—东盟商务理事会中方常务秘书长许宁宁对此评论说，"企业出去投资多单打独斗，这样不容易形成影响力和发出声音，遇到问题也很被动。西港特区吸引各相关企业集聚到工业园区，并以此来进行宣传和招商，很容易形成一个良性循环，这种方式非常不错。"[①] 周海江和许宁宁所指的实际上是说以产业集群的形式"走出去"效果更佳。

其次，由国内大企业集团带动中小企业"走出去"也是西港经济特区建设提供的重要经验。由于入驻西港经济特区的中小企业对柬埔寨的政策、法律等都不熟悉，与当地政府、企业界和各种社团打交道，在很大程度上特别是开始的一段时间内，都要依靠江苏太湖柬埔寨国际经济合作区投资有限公司实际上也就是红豆集团提供帮助，作为经济特区的投资者，红豆集团也有责任和义务提供帮助，尽管表现

[①] 纺织服装周刊记者：《工业园区或是最佳模式：江苏红豆集团投资东盟模式探析》，2010 年 5 月 17 日《纺织服装周刊》。

为产业园区集聚的形式,但这实质是由大企业集团带动中小企业"走出去",我们不能因为这种特殊的投资形式而忽视了更为一般性的同时也是更为本质的经验。为了说明红豆集团的这种作用,我们可以用日本综合商社20世纪60年代以后在日本中小企业"走出去"的过程中提供的帮助作为对比,一方面说明红豆集团的这种经验的重要性,另一方面旨在说明,我国企业"走出去"要注意借鉴他国企业特别是日本企业的经验。

长期以来,发展经济学家们都了解,在追赶型国家中,大企业在开拓国际市场、构建重大技术创新平台和对外投资中都发挥着开拓性的作用。例如,日本在20世纪60年代经济起飞后,日本的制造厂商,比如日本的汽车厂商,开始渐渐地把工厂建到国外。这原因包括国外建厂可以降低劳动力成本、就近生产和就近销售,规避贸易壁垒等。随着日本这些制造厂家走出国门,他们对于走出去的套路——当地的法律、人员关系、政府关系、当地的合作伙伴等,都不了解、不清楚。他们懂得这些套路的人才又极其缺乏。而商社在国外早已建立了自己的分公司、事务所或代表处,已经在世界各地建成了国际商业网络。所以当厂家需要走出去、到国外做事情时,几大商社就开始带着它们出去。这也就很自然地衍生了商社的第二个业务——生产性服务活动。①

在开拓国际市场和对外直接投资过程中,大企业集团在建立贸易渠道、信息情报收集、与东道国打交道中都具有中小企业不具备的规模经济优势,因此,由大企业集团带动中小企业"走出去",这是红豆集团投资建设西港经济特区对我国民营企业"走出去"战略所提供的又一重要启示。在欧债危机愈演愈烈的今天,西方发达经济体忙于

---

① 白益民:《瞄准日本财团:发现中国的对手与榜样》,中国经济出版社,2010,第124页。

解决自身经济问题，国际投融资环境发生重大变化。像新加坡工业园区那样完全依赖外资的增长模式恐怕难以复制。柬埔寨西港经济特区建设意义重大，这种由大型民营企业主导的对外投资将对中国资本"走出去"起到重要的示范作用。从资本的输入到资本的输出，折射出中国经济发展的重大变化。

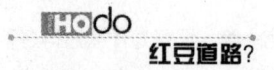

九　重振"布码头"雄风

我国是服装出口大国,出口量约占全球的30%,而江苏则是我国纺织服装生产大省,我国每出口两件服装,就有一件是由江苏省民营企业生产的。2011年,江苏纺织服装业实现的工业总产值高达11500亿元。虽然在省内分布着多个专业化纺织服装产业集群,但原材料专业化市场的发展却相对滞后。例如,我国服装面料的供销活动长期以来依靠纺交会、专业市场、媒体广告,甚至是口口相传的方式进行,这些传统的面料供求渠道已经无法适应信息化时代的要求。特别是国际金融危机爆发以来,在我国劳动力成本不断上升和国外低劳动力成本国家激烈竞争的情况下,降低专业化市场的交易成本,提高产业集群的升级能力,就成为我国纺织服装乃至整个制造业转变经济发展方式的重要内容。那么,如何解决我国纺织材料交易市场的上述问题呢?

搭建"无港口"交易码头

2012年3月17日,由中国纺织工业联合会直接授牌、红豆集团和无锡纺织材料交易所共同发起创建的"中国纺织材料交易中心"在无锡正式上线。该中心目前已吸引国内纺织业企业150余家,2012年交易额预计可达数十亿元,3~5年后入驻企业有望增至500家,实现年交易额500亿~1000亿元的目标。"中国纺织材料交易中心"是包括棉纱、化纤纱、混纺纱、涤纶、丙纶、纯毛纱等在内的纺织材料专业化的市场交易平台,它集线上交易、仓储物流、融资功能于一体,是中国纺织材料专业市场首个以现货交易为主的第三方电子交易平台。中国纺织工业联合会会长王天凯在接受中国经济网记者苏兰采访时称，此举必将促进中国纺织行业由大变强和转型升级，提升纺织行业竞争力，重振无锡"布码头"的雄风！

所谓无锡"布码头"，是指无锡在清朝时期作为布匹交易中心在全国所占据的重要地位，但这种地位随着近代史上洋布在我国的倾销逐渐地衰落了。无锡布码头的名称始见于清代乾隆年间无锡人黄印的著作《锡金识小录》。在该书中，他记载了清朝初年在徽州商人中就流传的三码头说法，即汉口为船码头，镇江为钱码头，无锡为布码头，这种说法显然是徽商根据当时长江中下游地区各处货物流通、市场规模等情况总结出来的。在当时，无锡仅为常州府的一个县，而且是常州府里唯一不种棉花的县份，但棉布的生产与交易不仅在江南而且在长江中下游地区都有广泛的影响，徽州商人把它与号称"九省通衢"的船码头汉口等大城市相提并论，由此可见无锡布码头在当时的盛况。

"无锡'布码头'将织通全球财富！"从红豆集团总裁周海江坚定的语气中不难看出，这并不是一句随口说说的玩笑话。周海江表示，中心将在公平、公正、公开、公信的原则下，构建完善的服务体系，规范交易环境，努力推进中国纺织材料电子商务中心的现代化建设，致力于把中心打造成为华东地区、全国乃至全球最具影响力和最具权威性的纺织材料交易中心，领跑中国纺织材料市场；通过整合国内外纺织材料资源，未来中国纺织材料交易中心将逐步成为市场价格动态、企业供求等资讯的权威发布平台；通过对价格、销售的主导力，交易中心将适时参与全球商品定价，谋求国际市场更大的"话语权"，争当全球纺织材料行业的定价中心。

在电子商务价值日益凸显的时代，电子商务的作用越来越受到重视。国家商务部公布的调查资料显示，未来五年，电子商务交易额将呈每年20%的增长态势，2012年的国内电子商务交易额可达12万亿元人民币，将有八成以上的规模企业都会应用电子商务。《电子商务"十二五"规划》更是将电子商务列入国家战略性新兴产业的重要组成部分。当前的国际经济形势复杂多变，规避现货交易的价格波动风险和保证大宗交易市场的健康至关重要。如何避免传统交易模式的弊病？中国纺织工业在"十三五"期间要实现建设纺织强国的战略目标，就必须积极应对，顺应变革调整的大趋势，在纺织企业上下游交易过程中实施积极的服务功能，提高行业流通效率，利用电子商务的手段进一步调整优化产业结构，重建产业竞争力，所以，大宗商品B2B电子商务作为现代化创新服务业的典范备受推崇，"中国纺织材料交易中心"也因此得到了中国纺织工业联合会的鼎力支持，是江苏省、无锡市重点扶植的电子商务和生产性服务业示范项目。

服装业对电子商务的应用方兴未艾，中国纺织材料交易中心设立的初衷就是为了填补中国纺织材料专业市场电子商务流通领域的空白，将其逐步打造成为市场价格动态和企业供求资讯的权威发布平台。红豆集团能够获得中国纺织工业联合会的正式授权，发起创建这家全国性的纺织材料交易中心的建设运营，本身就是对其自身的高度认可。那么，对以服装为主业的红豆集团来说，为什么会涉足产业链上游的纺织材料交易平台呢？红豆具备怎样的基础和能力支撑如此跨界的战略延伸呢？眼界决定高度，企业掌门人的眼界和胸怀决定了企业的发展。从红豆集团的发展史可以发现，无论是创始人周耀庭，还是现任总裁周海江对企业发展的大势布局都显示了其一贯的高瞻远瞩的风格。

就创建"中国纺织材料交易中心"而言，红豆集团抓住了有关科学发展观和转变经济发展方式等党的战略方针所提供的机遇。我国现在已经成为世界上的纺织服装大国，具有世界上市场规模最大的纺织服装专业化市场，但我国并不是纺织服装强国。按照党的政策精神，要实现纺织服装强国目标，就必须通过自主创新、信息化带动工业化、大力发展生产性服务业等措施，建立独立自主的纺织服装国家价值链。正如《中国纺织服装强国纲要》指出的，要将中国纺织服装产业置于全球范围内加以定位和布局，充分、有效利用国内、国际产业资源，整合上下游，建立健全有效的产业链，形成以中国为基础的，辐射全球、连接全球的立体有机的产业格局。

红豆集团从中国纺织服装业转变经济发展方式所面临的上述挑战中看到了机遇，因此，红豆集团的视角就从服装生产扩展到其上游领域——纺织材料，甚至把整个纺织服装产业链尽收眼底，这不仅是作为中国服装产业链整合者所应具有的眼光，而且也是着眼于通过专业化市场推动中国纺织服装业国家价值链的构建和升级所应有的胸怀，因为后者具有公共性质的产业平台。正如红豆集团总裁周海江在"'中国纺织材料交易中心上线仪式'暨2012年中国（无锡）纺织材料交易与电子商务峰会"上指出的，"中国纺织工业要实现从纺织大国向纺织强国的转变，就必须要加强工业化和信息化的结合。无锡作为长三角的一颗璀璨明珠，是历史上有名的'布码头'，而中国纺织材料交易中心的成立，就是要通过电子商务手段建设专业化市场的交易平台，把无锡打造成'电子布码头'，为发展实体经济、为服务小微企业作出贡献"。

电子"布码头"织通全球财富

目前，中国的纺织服装行业正处于转型升级的关键时刻，电子商务无疑是其转型升级的最佳选择之一。而红豆集团地处长三角，周边分布着多个专业化纺织服装集群市场，是中国纺织服装行业的产业核心区。因此，中国纺织工业联合会之所以授牌红豆集团建立"中国纺织材料交易中心"，其用意就在于让其勇于承担起建设纺织材料专业化市场电子交易平台的重担。那么，"中国纺织材料交易中心"将如何以产业集群为基础，打造专业化市场的国家价值链并推动其升级呢？比较传统贸易和电子商务，可以把后者的作用归纳为六个方面。

第一，产业链上下游的直接对接。便捷、高效是电子商务的优势，

"中国纺织材料交易中心"是如何发挥这些优势、织通全球财富的?据了解,整个交易共分为购买、打款(第三方结算银行)、验货(第三方质量监管)、确认收货、支付等几个环节。第一阶段的交易,从搜索货品到完成交易,整个过程大概需20分钟。输入购买数量后,系统立即显示总货款,只要点击确认购买,系统便自动生成一张电子订单,同时还提供电子购销合同的下载。订单内容确认无误之后,根据系统提示签署电子合同,并在线支付货款,整个过程便捷高效。与传统贸易方式相比,电子商务有效地降低了买卖双方的时间成本、人力成本和交通成本等诸多方面的交易成本,成为推动产业链上下游关系紧密联系和互动发展的重要的新生力量。

表1-2　传统贸易和电子商务的比较

	传统贸易	电子商务
交易方式	面对面、电话、传真	互联网
交易成本	时空限制、人力成本	一个鼠标、一根网线
信用体系	欠款、违约	信用支付
融资方式	自行融资	平台交易

资料来源:红豆集团"中国纺织材料交易中心"。

第二,避免欠款、违约等信用风险。无论数额大小,安全绝对是买卖双方进行网络交易的前提。在中国纺织交易中心平台上,买家的货款并不是直接打给卖家,而是暂时存入交易中心在第三方结算银行开设的账户。当买家确认收货并无异议之后,交易中心才会将货款支付给卖方。这样能避免买家拖欠货款、擅自违约等问题的出现。而为了避免纠纷,中国纺织材料交易中心还特别聘请了国家级专业的质检机构,作为第三方质量监管,提供整套的质检服务。另外,采购商也可凭着电子提货单,进行实地验货。万一买卖双方在交易过程中出现纠纷，交易中心将进行协调工作，在协商无法解决的情况下，也将有专门的仲裁机构出面处理。作为市场交易平台，它在很大程度上规避了长期成为我国"老大难"问题的传统交易方式所存在的欠款、违约等机会主义行为和道德风险问题。

第三，解决中小企业融资难问题。在传统贸易中，供货商一旦遇到库存积压，便有可能陷入资金紧张甚至资金链断裂的窘境。如今，通过中国纺织材料交易中心与工商银行等合作开展的仓单质押、订单融资、保兑仓融资等业务，交易商的融资渠道也将得到大大拓宽，而且具有门槛低、手续简便和放款快的特点，为融资艰难的中小企业提供新的渠道。

第四，纺织行业电子商务全面解决方案的提供商。进行网上交易，最近几年已经成为纺织材料交易市场关注的热点，但是真正能够实现现货交易的还非常少，产业群体庞大的纺织材料贸易商绝大多数仍然保持着传统的贸易方式。中国纺织材料交易中心是国内首家真正实现现货电子交易的平台，它采用现代化电子商务手段，搭建集信息资讯、供求发布、现货交易、订单交易、信用支付、融资服务、品牌推广、信用评级、质量监管、仓储物流于一体的"一站式"服务的第三方电子交易和服务平台。

第五，规模经济、范围经济和网络经济效应。在组织交易活动上，由于它把信息流、商流、资金流、物流有机地融合在一起，特别是在中国纺织材料交易所的平台上，不同的品种可以形成优势联盟，仓库、配送、银行、监管完全实现一体化运作，能使纺织材料贸易流通更加协同高效，因此，与传统贸易方式相比，它具有明显的规模经济、范围经济和网络经济优势。

第六，推动生产性服务业的发展。它把专业化分工的生产性服务业如质量检测、咨询服务、融资服务和物流等紧密结合在一起了，使之能更高效地发挥作用，强化了专业化市场和产业集群的升级能力。

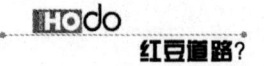

十　铸造品牌之魂

"红豆的名字起得好！"1995年时任中共中央总书记的江泽民同志在上海西郊宾馆对红豆集团总裁周海江亲切地说。当时，江泽民总书记在上海亲自主持召开"如何搞活国有企业"的座谈会，与会的绝大多数都是国有大中型企业，红豆集团是参会的唯一一家乡镇企业。当红豆集团总裁周海江在向江泽民总书记汇报时，江泽民总书记就问公司的名称为什么叫红豆？周海江总裁向江总书记汇报说，"红豆"的名称灵感来源于唐代王维的诗，江总书记听后说，"你看，我就猜到了。'红豆生南国，春来发几枝？愿君多采撷，此物最相思。'小时候我就会背这首诗，"然后他连声称赞说，"红豆名字好，很罗曼蒂克。"一个乡镇企业的名字居然受到党和国家领导人的夸奖，这在"长三角"——这个中国经济最发达地区成为轰动一时的新闻。

"红豆生南国"

红豆的名字为什么起得好？

1993年1月7日的《中国工商报》的一则报道写到：老年人把"红豆"视为吉祥物，青年人以"红豆"衣赠送情侣为时尚，知识分子由"红豆"衣联想到"红豆"诗而激起购买欲望，海外华侨以"红豆"衣寄托思乡之情……衣随诗走，诗随衣传，盛唐王维的一首千古绝唱已经为红豆做了千年的广告。

红豆产于南方，果实鲜红扁圆，晶莹如珊瑚，坚硬似金属，南方人常用来镶嵌饰物。红豆又名相思子，是纯洁爱情的象征。相思红豆的寓意，不仅包括男女之情，还包括亲情、友情、师生情、离别之情、民族国家之情、人类相依相爱之情。王维的《相思》诗又名《江上赠李龟年》，诗中所抒发的就是眷念朋友的情思。全诗洋溢着少年的热情，青春的气息，充满着健康、乐观的相思，满腹情思始终也未曾直接表白，句句话儿不离红豆，而又"超以象外，得其圜中"，把相思之情表达得入木三分，催人奋发，陶冶优美的情操，让人回味无穷。

在苏南地区流传着一个赋予王维创作《相思》诗灵感的民间传说。在无锡东港镇附近，有一棵1400多年的红豆树，相传是梁代著名文学家昭明太子萧统在无锡东港镇附近编纂《昭明文选》时亲手所植。萧统为什么要种植此树呢？这里还有一段太子与尼姑相爱的动人故事。

当时南梁武帝笃信佛教，在国内兴建了480座寺院，东港镇附近兴建的是"香山观音禅寺"，寺内还建造了一楼阁，名为"文选楼"。太子萧统代父出家来到香山寺，一则为回避宫廷尔虞我诈的政治斗争，二则静归山林精心修编文选。有一次，太子外出散步，遇到一位美若天仙、才思敏捷的尼姑，这位尼姑法名慧如。两人一见钟情，相谈甚欢，大有相见恨晚之意。可是，没过多久，萧统要回京复命。离别之苦在两个年轻人的内心陡然升起。依依惜别之际，萧统将两颗红豆赠予慧如，并嘱咐她好好保存以待他日相见。可是，萧统一去杳无音信，久而久之，苦苦相思的慧如郁郁成疾，离开人间。当萧统再次来到香山寺时才发现他心爱的慧如斯人已去，只有两颗红豆依然保存完好。睹物思人，太子泪如雨下，他含泪将两颗红豆种下。不久，两颗相思豆破土而出，随即相互缠绕生长，日复一日，年复一年，两颗相思豆已长成枝繁叶茂的大树。从此，朝朝暮暮，岁岁年年，这颗由爱的力量孕育成长的红豆树成为美丽纯洁爱情的象征。后人王维游经此地，闻此凄美传说，感动落泪，挥笔写下千古绝唱《相思》诗。这棵红豆树历经千年到元代曾一度衰败成枯树，但到乾隆年间忽又在主干上萌发四株新枝，一直长到现在，犹如虬龙，结果红豆，心状色艳。

红豆道路？

　　这个故事在无锡流传了一代又一代，当地人都相信红豆不但能寄托相思，它的叶子、果实还可以辟邪。中国人历来喜欢红色，"红"象征着吉祥、兴旺；而"豆"又是种子，是希望的化身。

　　在一千多年的久远时光中，红豆所幻化出来的精神酵素，在江南这一片土地上不断积聚、弥漫、熏染着，流传了一代又一代。直到有一天，风云际会，因缘相生，重返世间，演绎出了一首方兴未艾的济世新曲。

　　话说周耀庭在1983年临危受命，在出任港下针织厂厂长的当年就创造了扭亏为盈的奇迹。在港下针织厂起死回生的那一刻，周耀庭就已经开始思考如何为企业的产品取个好名。在20世纪80年代，当许多人还不知品牌为何物的时候，周耀庭就已经意识到，要想把厂子办好，必须要有好产品，而一个好的产品必须要有个好名字。港下针织厂原有的产品名称叫"山花"，这个名称太土气，已不能适应企业发展的需要，必须重新树立一个品牌。

　　取什么名字好呢？周耀庭冥思苦想多日没有结果，他果断召集大家开会讨论。20世纪80年代，内衣有两个名字享誉全国。一个叫双兔，一个叫飞马，这两个牌子都是上海的。于是有人建议：仿效上海产品，也取一个动物名称。可是马上有人站出来反对。有人说动物名称不好，不如取个植物名称。会议开了半天，大家七嘴八舌也没能取出一个中意的名字来。

　　取名的事就这样搁下来了，周耀庭心里却像压了一块石头。一天，周耀庭忽然想起了广受欢迎的长城牌电扇，觉得这个名字好。长城，中外闻名，它是中国古老文明的代表，也是老百姓耳熟能详的名称。用长城来做产品名称，朗朗上口，容易被人记住，还有文化内涵。周耀庭心想，如果自己的产品名称能和古老的民族文化联系在一起，那该有多好呀。周耀庭最先想到的是太湖、泰伯庙、东林书院这些与无锡息息相关的名字。但是，又都一一被他否决了。一连好几天，针织厂上上下下都在议论取名的事，不断有新名字报上来，最后也都被否决。

一天，周耀庭到附近办事，猛然看到离家不远的红豆树。他眼前一亮，想起初中课文里唐代诗人王维的《相思》诗："红豆生南国，春来发几枝？愿君多采撷，此物最相思。"红豆，多么富有诗意的名字呀，不仅好记而且还有深刻的文化内涵，这不正是自己苦思冥想多日想要得到的吗？想到这，周耀庭兴奋无比，当即决定就用"红豆"这个名字。

机缘成就了一个蕴涵中华民族传统文化的品牌。红豆就这样诞生了。红豆这个名称不仅易读、易懂、易记、易传播，还特别有文化内涵。俗话说，好的开始是成功的一半。1984年，"红豆"正式确定为产品商标，正如周耀庭预想的，港下针织厂的产品销售迅速增长，一个好名字让企业步入了快速发展的轨道。1994年，红豆服装被评为"中国十大名牌"，1997年红豆商标被国家工商总局认定为服装行业最早的"中国驰名商标"，2004年，"红豆"品牌被评为"中国最具文化价值品牌"榜首。一个好名字，成就了一个好品牌。

周耀庭谈到当初创业时感慨万分：20世纪80年代是短缺经济的年代，企业不多。我们抓住了竞争对手少的好机会一鼓作气成长起来。30个春秋过去了，当年的港下针织厂如今已成为拥有10家子公司（包括一家上市公司）、一个海外工业园区的大型民营企业集团。

树立中国第一文化品牌

周海江常说，此生有两大宏愿：一是把民族品牌创好创响，二是把民族企业做大做强。1995年，他对在上海接见他的江泽民同志说："名牌代表了一个民族和国家的综合实力。"为什么这样说呢？周海江曾经一针见血地指出，当今世界的竞争，是经济的竞争；而经济的竞争归根到底又是民族品牌的竞争。"一个没有优秀人物的民族，是一个落后被欺负的民族。同样，一个没有优秀名牌的经济，是一个落后被动的经济。"这是一句写在红豆墙上的话，也是一句经常挂在周海江嘴边的话。以服装起家的红豆集团，以创立民族品牌为己任，早在20世纪90年代初，他们就把"艰苦几代人、持续创品牌"作为集团的长期发展战略。

2004年，全面执掌红豆集团的周海江清醒地认识到自己肩负的历史使命：他的目标绝不是给"红豆"多赚几个钱，更不是给子孙后代留下巨额财富，他把红豆的目标定为"中国第一文化品牌"、"打造百年跨国企业"，争取在20多年的时间里，跨入世界500强的行列，让红豆光耀中国、享誉世界。

为了打造中国第一文化品牌，早在20世纪90年代，周海江就在公司成立了商标科，为了保护"红豆"品牌，红豆集团很有远见地在34大类商品和八大类服务性商标上注册，又在54个国家和地区完成了商标注册，另外将与红豆发音相同、结构相似、意思相近的也进行了注册，如"虹豆""江豆""红豆树""相思豆""相思""相思节""相思鸟""loveseed""爱的种子"等。截至目前，红豆集团共注册商标300多件。

为了打造中国第一文化品牌，红豆集团推出了"品牌节日"的文化搭台概念。从2001年的"七夕节"开始，红豆集团每年推出一届"红豆·相思节"，通过倡导中国的"情人节——七夕相思节"，来打造中国第一文化品牌"红豆"，使得红豆在国内外的知名度进一步提升。这一活动每年不断深化和扩大，影响力也越来越强，得到了媒体和社会的热烈响应。中央电视台、台湾东森电视台、香港凤凰卫视以及20多家地方电视台纷纷对相思节进行直播和转播。台湾著名诗人余光中就此发表评论说："要用中国的红豆来抵抗西方的玫瑰"。2008年的"七夕·红豆相思节"在全国各地122个节庆活动中脱颖而出，荣登"改革开放30周年30个最受关注节庆"。2010年4月，红豆集团倡导的"七夕·红豆情人节"被人民日报网络中心、中国城市发展促进会和中国品牌建设与管理协会共同评为"2010中国十大著名节庆品牌"。

红豆品牌无疑是名副其实的自主品牌，因为它是土生土长、具有完全自主知识产权和百分之百的民族品牌，在创立民族品牌上，红豆坚持自主品牌的纯粹性。为此，他们曾多次拒绝国外品牌试图通过合资吞并红豆品牌的企图。

在周海江看来，民族品牌是国宝，创民族名牌就是爱国行动的表现，红豆集团的目标就是要为中国创世界名牌。在现实中，外国企业从未停止过对中国的品牌渗透。周海江把它分为三种形式：一是外国品牌直接进来；二是收购国内的名牌；三是取消国内的名牌，例如在上海，庄臣与美加净的合资，其结果就是"美加净"被扼杀了。周海江认为，如果外资企业在一个城市中占的比例大，那么，这个城市的经济命脉就是掌握在外资手里的；若是民族品牌占优势，则这个城市的发展就更健康一些。现在世界的名牌基本都集中在美国、日本、德国等发达国家，中国若拿不出几个真正的名牌，这样的经济就称不上强大，是不被人尊重的。

曾经有一句话这样说，凡是能够产生世界影响的必定是民族的。目前的世界名牌都有其国家和民族属性。日本前首相中曾根康弘曾说，"索尼是我的左脸，丰田是我的右脸"。可口可乐、奔驰汽车、苹果手机等，无一不既是民族名牌，又是世界名牌，其成功因素固然有多方面，但名牌效应却为其逐鹿市场打下了深厚的根基。为此，早在1993年周海江就在日本大阪成立红豆株式会社，为红豆产品走向世界开辟了前沿阵地。从2000年开始，红豆又先后在美国洛杉矶、纽约成立分公司。2007年投资建设柬埔寨西港经济特区。

为了打造国际名牌，成为国际认可的跨国企业，红豆集团请台湾著名品牌策划公司对原有品牌标识进行全新的包装，大大提升了红豆

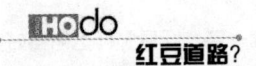

品牌形象。新的 CIS 企业识别系统对原有的企业识别系统中不适应国际化的方面做了全面改动，如以前将红豆翻译成英语时直接用其汉语拼音，HONGDOU，因为这两个音节用英语不好发音，而且字母也有些多，所以在新的企业识别系统中，把 HONGDOU 改成了 HOdo。红豆新的品牌 Logo 简洁、时尚，富有时代气息和国际风范。新的标识一经推出，在服装行业反响强烈，业内人士认为，这是红豆国际化的一个重大步骤。

红豆企业识别系统（CIS）的演变

从国家战略理解自主品牌

当今世界的竞争，是国与国的经济实力竞争；而经济实力的竞争又取决于品牌，所以国与国的竞争归根结底是品牌的竞争。中国是服装大国，服装企业众多，但是，自主品牌服装却不足 10%，更缺少国际名牌。品牌是一个国家综合实力的象征，其背后是人力、物力、智力、财力，以及文化、教育等综合实力的较量。

要实现中国经济的可持续发展，只有把自主品牌战略上升到国家战略才行。创新和品牌是中国经济腾飞的"两翼"。从国家的角度看，自主创新和自主品牌同等重要，从一定的角度说，创新是为品牌服务的。技术创新的目的是提高产品的科技含量，增加产品的附加值、提升产品质量，而这些恰恰是构成品牌的基本要素。因此，如果说创新只不过是品牌背后的支撑，真正拥有市场份额还是要靠品牌。如果把自主品牌上升为国家战略的话，未来中国一定得到更多的尊敬，同时我国的经济也将更加强大。

当今，中国经济发展比任何时候都需要自主品牌甚至国际品牌来支撑。品牌是国家实力的象征，中国已经超越日本，成为世界第二大经济体，我们是经济大国但还不是经济强国。为什么？简单地说，中国拥有世界品牌的数量与中国经济的体量是极不相称的。这就是说，中国的国际品牌或者说世界品牌还很少，亟须努力追赶。随着中国经济的快速发展，中国进入世界500强的企业越来越多，排名也不断向前提升。可是冷静分析，那些进入世界500强的中国企业，有几个企业品牌是世界品牌呢？这的确值得反思。拥有大批自主品牌才会让中国更受全球尊敬。所以，站在国家的发展战略高度上看，品牌战略对国家利益的影响是根本的和巨大的。品牌竞争力的强弱是一个企业、一个地区乃至一个国家能够持续发展的动力，这关系到国家和民族的兴衰荣辱。

西方发达国家对发展中国家的经济战略有"三部曲"：一是输出产品；二是输出资本；三是输出品牌。从输出产品到输出品牌，其实就是从经济渗透到经济控制的过程。品牌输出是西方国家达到控制发展中国家经济的根本战略。因为品牌消费者对品牌拥有依赖性和忠诚度，通过品牌输出赢得被输出国消费者的人心，这是西方国家品牌输出谋取高额利润的同时期望达到的另外一个目标。

红豆从创立之初就矢志打造自主品牌，为将自主品牌上升为国家战略，多年来红豆集团总裁周海江奔走呼号，呼吁将自主品牌上升为国家战略。周海江说："一个没有优秀品牌的经济，是一个落后被动的经济，中国企业要想在世界市场中取胜，首先必须认真树好自己的品牌。"

国内服装企业给世界品牌阿玛尼贴牌加工西装，每套的价格是50美元。但到了阿玛尼的专卖店，每套价格是500~800美元，价差高达10~15倍。这就是品牌的价值，也是中国服装企业普遍面临的品牌瓶颈。

1995年，周海江参加了江泽民总书记在上海召开的企业座谈会。周海江作为唯一参会的民营企业家，在会上发言呼吁创立自主品牌。周海江说，计划经济是权力瓜分市场；市场经济是品牌瓜分市场。品牌对一个国家来讲，象征着一个国家的综合实力，对一个企业来讲象征着市场拥有。如果没有国际知名品牌形象，中国经济在国际上是不可能受到尊重的。周海江的发言受到江泽民总书记的表扬。

事隔近15年，2010年2月，在国务院召开的企业家座谈会上，周海江提出要把自主品牌上升为与自主创新具有同等重要地位的国家战略的建议，他的建议引起了温总理的高度重视。2011年7月26日，工业和信息化部、国家发展和改革委员会、财政部、商务部、中国人民银行、国家工商行政管理总局、国家质量监督检验检疫总局联合印发《关于加快我国工业企业品牌建设的指导意见》（以下简称《意见》）。《意见》提出："重点培育一批具有国际影响力的自主品牌。"红豆集团非常欣喜地看到，自主品牌建设已经越来越得到国家相关部门的重视。那么，为什么要把打造自主品牌上升为国家战略呢？

第一，没有品牌，中国只是"被第一"。我们国家正在由大到强的转变，在这个过程中间，国内很多产业已经是全球第一，包括服装产业、笔记本电脑生产等。但是可以看到，尽管是第一，却是"被第一"，因为不少品牌是外国人的，今天在广东加工，广东就有这份GDP，就能成为全球第一；如果明天放在江苏加工，江苏就有这份GDP，就是全球第一；后天拿到越南去，越南就成为全球第一。谁有权力把产品拿来拿去？答案是品牌的所有者。品牌的所有者，根据利润最大化原则，可以自由决定把产品放到哪里加工。可口可乐公司总裁罗伯托·郭思达说："我们所有的工厂和设施明天可能会被全部烧光，但是你永远无法动摇公司的品牌价值。公司可以凭借品牌在世界任何一家银行贷出款项而重振雄风。"品牌拥有者可以把产品加工放到广东，也可以放到江苏，也可以放到越南。产品可以被拿来拿去，意味着国际分工的主动权是掌握在品牌的拥有者手上，而非掌握在加工单位手上。一个过度依靠投资的地区，假设有1万亿元的GDP，但是明天品牌所有者撤资了，原有的经济规模就会瞬间崩塌。所以没有品牌的经济，是一个被动的经济，是落后的经济。如果有了自己的品牌，我们就掌握了国际分工的主导权、主动权。

第二，市场经济下，品牌划分市场。计划经济是权力划分市场，市场经济是品牌划分市场。品牌是综合实力的象征。品牌凝聚了商品的质量、信誉和技术，是企业综合实力的象征。一个著名品牌摆在眼前，就是质量和品位的象征，而一个不知名的或者山寨品牌，摆在眼前，就是仿冒乃至是伪劣的象征。因此，红豆集团不仅要打造自主品牌，而且要打造自主的知名品牌。红豆集团要参与国际市场的划分和竞争，就必须要创出自主品牌，唱响中国品牌，占据更大市场份额。我国要参与国际市场划分，必须要创出中国人自己的品牌来，才能在国际市场上有一席之地，否则就很难获得我们应该得到的市场份额。

第三，我们正在走低碳经济之路。以服装为例，我们加工从100元到1000元一件的服装所使用的电力、资源、能源都是中国的，但是其中的900元被国际知名品牌拿走了。这900元钱并没有消耗国际知名品牌所在国的能源和资源，即使有消耗也是非常小的，只不过是运输、设计等。从这个角度讲，我们的100元消耗了绝大部分的资源、能源，人家的900元消耗的却很少，因为它有品牌。如果在这样的格局下我们要走低碳经济，永远是被动的，而发达国家总是无理指责我们的能耗太高了。

第四，通过品牌拉动内需。中国经济发展主要靠投资、出口、内需"三驾马车"拉动。长期以来，我们经济发展过于依赖投资和出口，但由于金融危机和欧债危机的负面影响，出口形势不容乐观。如果各行各业还停留在加工制造，貌似规模庞大，其实只是为他人作嫁衣，帮别人去赢得巨额利润，而我们自己只能赚取几十元甚至只有几元的加工费，工人工资增长渠道必然受到制约。中国服装产业和其他消费品产业都在从OEM向ODM最后到OBM的转变中。OEM是简单的加工，ODM是有设计的加工，OBM则是有品牌的加工。从这个角度来讲，我们的技术创新只不过是第二阶段，就是从简单加工到有设计的加工。OBM是最高阶段，是有品牌的加工。如果拥有自主品牌，就能提高产品附加值，获得超额利润，从而提高员工劳动报酬方面的分配，增加居民购买力，激发巨大的潜在消费，促进中国经济的可持续发展。

因此，周海江说："只有打造自主品牌，将其上升为国家战略，才能赢得国际竞争的主动权。"

由自主品牌实现自主创新

自主创新不仅是国家盛衰的决定性因素之一，也是企业在激烈竞争中能否确保长盛不衰的根本性因素。但是，近几年来，在自主创新的概念上却出现了混乱，甚至被弄得面目全非。例如，在我国汽车业，出现了"合资企业自主品牌"这种奇怪的概念。那么，如何定义自主创新这个概念呢？周海江的回答直截了当：只有自主品牌才有自主创新，"品牌的一半是技术，一半是文化。从这个角度来讲，自主创新还仅仅是支撑品牌的组成部分。在某种程度上甚至可以说自主品牌比自主创新还重要。以富士康为例，它是著名的代工企业，但是我们也不能否认它没有自主创新。然而，我们却都清晰地看到，它只不过是在为苹果公司打工而已，苹果公司拿走了绝大部分利润"。

周海江认为，没有自主品牌，所谓的自主创新只能为他人作嫁衣裳。为什么只有自主品牌才有自主创新？第一，自主品牌必须是企业自有完整知识产权的体现，因此，只有民族企业的品牌才能称得上自主品牌。合资企业的品牌如大众、丰田、奥迪、宝马等因为外资的品牌和核心技术的专利权支配了企业的所有权，这些外资品牌一方面通过专利使用费获取了技术创新的主要利润，另一方面又通过部分所有权分割了残留利润的相当大部分，因此，合资企业的自主是外资的自主而并不是民族企业的自主。第二，在市场经济下，品牌划分市场，只有拥有品牌所有权的企业才可以获得高额利润。品牌知名度越大，市场占有份额就越大，企业可以获得的高额利润就越多。但是，只有在拥有品牌所有权的条件下，这种高额利润才能归企业所有，用周海江的话，就是"自主品牌是自主创新实现价值最大化的有效载体和推进器"。

多年的打拼和经验总结，周海江得出这样一个结论："在那些技术创新要求不高的大众消费品领域，自主品牌比自主创新来得更为重要。"在大众消费品领域，由于技术创新租金只是品牌所有权获取租金的一种，因此，在技术创新要求不高的情况下，品牌所有权来自其他途径的租金就占了绝大部分，所以，自主品牌比自主创新更为重要，表1-3系统地说明了这个问题。特别需要指出的是，即使是在技术创新租金构成企业绝大部分利润来源和工资提高基础的情况下，品牌所有权仍然是获取创新收益的前提条件。

在周海江看来，自主品牌所创造的各种租金不仅是企业超额利润的来源，也是提供工人工资的基础，是红豆集团实行经济民主的基础，当然也是社会和谐的基础。中国的经济发展不能基于剥削劳动，而是要以资本驱动的技术开发大自然，开发大自然所获取的技术创新租金可以使资本利润和劳动工资同时提高。周海江说，"启动内需需要增加居民收入，这样才能提高居民的购买力，居民收入主要来自工资收入，如果有自己的品牌，生产附加值就高，就能够提高各个环节的分配"，如果不是品牌的拥有者，自主创新的绝大部分收益就不能被民族企业所获得，创新也就失去了意义。因此，"中国企业只有把品牌树立起来，各个环节的收入才能得到提高，包括税收，从而实现劳动价值最大化，提高购买力。所以，我们只有打造自主品牌，将其上升为国家战略，才能赢得主动"。

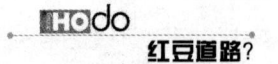

表 1-3　作为企业利润增加和工资提高的经济租金的来源

经济租金类型	先前租金发生领域	新出现的租金发生领域
内生性经济租金		
技术创新	车工	计算机多媒体设计，电子信息交换，弹性制造业体系
	内燃机	燃料电池
人力资源	工具制造技巧	软件工程师
组织经济租	大规模生产，质量监督	及时生产、源头质量控制
名牌效应	莱维—施特劳斯	耐克、Diesel（一种时尚服装品牌）
关系经济租	短期近邻供货商	供应链、电子商务、全托管模式
外生性经济租金		
资源经济租	高品位铜矿蕴藏	高品位稀土蕴藏
政策经济租	对工厂效率的支持	改善价值链效率和产业集群
基础设施投资	低利率、关税保护、铁路	出口销售支持，风险资本

资料来源：卡普林斯基：《夹缝中的全球化：贫困和不平等中的生存与发展》，知识产权出版社，2008，第96页（略有改动）。

红豆坚持自主品牌的纯粹性非常值得我们深思：为什么红豆集团拒绝与外国品牌合资？为什么红豆一直在强调打造中国第一文化品牌？只要看一下我国汽车市场大部分被外资（包括合资和独资）所瓜分的事实，我们就不得不佩服红豆集团的远见和"艰苦几代人、持续创品牌"的不屈不挠的奋斗精神。自主品牌无疑是指由民族企业所拥有并具有自主知识产权的品牌，这是自主品牌定义的本质所在。中国汽车工业合资化道路带来的不是自主品牌的增加，相反，中国市场成为众多洋品牌竞相角逐的战场，在这场角逐中，中国自主品牌的市场份额被洋品牌蚕食鲸吞所剩无几。创立本土自主品牌是红豆集团孜孜以求的目标，只有更多的企业像红豆这样以创立民族名牌为己任，才能加速实现中华民族的伟大复兴。

第二篇

红豆为什么走得远？

因为红豆
建立了有中国特色的现代企业制度，
弘扬了优秀的民族文化传统，
承担了和谐发展的社会责任。

百年企业是许多民营企业的梦想,然而无数的民营企业却在行走的路上倒下。研究表明,中国民营企业的平均寿命大概只有 5 年。红豆为什么历经 55 年不衰?"制度"、"品牌"、"文化"一个都不能少!其实,"制度"、"品牌"、"文化"哪个企业都不缺,真正缺失的是能够统领三者的灵魂。有了灵魂,上述三者才得以保持不朽的活力。这个灵魂是什么?红豆找到了——"创新",这就是红豆的发展灵魂。50 多年来,制度创新使红豆保持了凝聚力;品牌创新使红豆保持了战斗力;文化创新使红豆保持了生命力。凝聚力使红豆不断强大;战斗力使红豆活力四射,生命力使红豆基业常青。"四制联动"、"制度选人"等一系列制度创新使红豆拥有强大的凝聚力和竞争力;品牌创新使红豆品牌的内涵不断扩展、不断增加张力,从而让红豆走得更远;党建引领红豆建设先进企业文化。

从中国传统文化中汲取营养,以党建打造先进企业文化,红豆文化基因的这种"双螺旋结构"成为推动企业和谐快速发展的源泉和不竭动力,是红豆生命力旺盛的根源。经过长期的探索实践,红豆最终确立了具有中国特色的"现代企业制度+党建+社会责任"的发展模式。靠改革创新,红豆走过了艰难的创业历程;靠转型升级,红豆实现了跨越发展、持续发展;靠民企党建,红豆实现了和谐快速发展。周海江说:"红豆的发展模式是现代企业制度+党建+社会责任,这是红豆历经 55 年探索的成果。"

从 1978 年改革开放开始,到 1992 年社会主义市场经济体制确立,我国大致经历了 14 年时间。1992 年确立社会主义市场经济体制后,不少人对社会主义能不能与市场经济接轨抱有怀疑的态度。从 1992 年到 2012 年,整整 20 年时间的艰辛探索和创新实践,中国建立社会主义市场经济取得了举世瞩目的成就。从宏观上来看,社会主义制度不仅能够与市场经济接轨,而且结合得很好;从微观上看,建立了以公司制为主的现代企业制度。但是在实践中,以股份制为基本特征的公

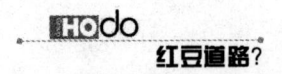

司制如何与社会主义市场经济无缝对接，还有待实践探索。红豆发展模式在微观层面上较好地解决了民营企业与社会主义市场经济融合并且和谐发展的问题。从某种意义上说，红豆发展模式具有标杆意义！

当前，国际金融危机肆虐的影响尚没有完全消除，外需有进一步减少的迹象，国内经济下行压力增大，原材料、劳动力等成本不断上升。面对如此不利的经济环境，或许有人会问：红豆道路还能走多远？中国的民营企业还能走多远？红豆提出"打造跨国百年企业"，从时间上看刚好过半。未来之路怎么走？民营企业靠什么能够走得更远？红豆的答案是"两手抓"：一手抓生态发展，一手抓经济民主。通过生态发展打造企业的可持续发展之路，实现企业与社会、企业与自然的和谐发展；通过经济民主，实现人与企业、企业与社会的和谐发展。和谐是可持续发展的前提而不是结果。这个答案揭示了一个趋势：生态发展和经济民主是民营企业走向未来的一本"护照"。

一 "四制联动"：联出效益

机制灵活是乡镇企业的一大优势，正是凭借这一点，苏南乡镇企业成就了辉煌一时的"苏南模式"。"内部股份制""内部市场制""效益承包制""母子公司制"，这些具有现代企业制度特征的企业管理机制，在苏南乡镇企业的发展过程中都或多或少地被采用过。与众不同的是，红豆集团实行的是自己创新的"四制联动"，所谓"四制联动"就是把上述四种机制通过"联动"的方式综合运用到企业管理中。"四制联动"的关键是"联动"，通过"联动"，联出了效率，联出了效益。

股权开放的内部股份制

苏南乡镇企业产权制度历经苏南社队企业、集体所有制、承包经营制、股份合作制、个体私营及股份制并存等阶段的变迁。从时间上来看，红豆集团的内部股份制是从1993年开始的。其实，这一制度在红豆可以追溯到20世纪80年代。1983年6月16日，周耀庭临危受命，从荡上村党支部书记调任港下针织厂厂长。当时港下针织厂，负债累累濒临倒闭。企业贷款无门，资金短缺成为周耀庭面对的最大难题。1984年5月，周耀庭想出了一个主意——员工带资进厂，每人2000元。工人带资进厂，这在20世纪80年代初还是比较超前的，这部分资金后来大都转为企业职工内部股。

1984年11月，当港下针织厂从陈市村迁址到港下镇的时候，周耀庭把员工带资进厂的金额增加到每人3000元。这种劳动合作基础上的资本合作，既解决了乡镇企业银行贷款难的问题，也使全厂员工有

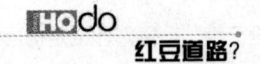

了主人翁意识。短短几年，红豆发展迅猛，效益日渐好转。由此，红豆职工早期带进厂的资金转为内部集资，由厂里付给职工利息。1988年，红豆的销售额已达1000万元，企业的实力逐渐增强。周耀庭决定将职工进厂带资转为保息股金，通称福利股，到年底，职工可以按照固定比例分红。这就是红豆内部股份合作制的雏形。这种做法为日后红豆成功改制奠定了坚实基础。

1992年6月16日，由江苏省体改委批准的第一家省级乡镇企业集团——江苏红豆针纺集团公司诞生了（1993年更名为江苏红豆集团），周耀庭出任董事长兼总经理。1993年红豆集团推出了"入股自愿，利益共享，风险共担，股权平等"的内部股份制，并用文件规定，股权可以内部流通，但是所有厂长、经理的股本金不得少于20万元。在20世纪90年代初，20万元，对一般人来说是一个天文数字。当时不少厂长、经理股本金不够，只好向亲友借贷。之所以给厂长、经理划定这样高的门槛，周耀庭是有他的考虑的：如果厂长经理能拿出20万元，却只拿出10万元入股，他能够全心全意、尽心尽力地为红豆做事吗？如果厂长、经理只有10万元，他再向亲朋好友借10万元入股的话，他就有压力，有压力就有动力，他就能全身心地扑在工作上。普通职工也可以自愿入股，而且没有上限。现任红豆集团品牌文化部部长的王竹倩，当时工资只有300元，但是她拿出1000元入了股。王竹倩说："当时拿出1000块入股也是下了很大决心的，之所以能够下那么大的'赌注'，关键还是看好红豆的发展。"

内部股份制的实行，带来的是干部和员工全身心的投入，子公司的总经理们每天工作12小时以上，因为干不好不但要赔进自己的股本，还要连累股东。厂长、经理们都说，我们不仅把全部的家产，还把自己的事业和命运押进去了。从为别人打工变成为自己打工，员工在体会当家做主自豪感的同时也增加了责任感。有的子公司业绩不佳，当了股东的职工集体向董事会要求撤换总经理；有的公司总经理感到自己能力差，主动提出让贤。内部股份制实施后，红豆集团八个子公司中，先后撤换了三位总经理，其中两位是因为业绩不佳被撤的，一位是主动让贤的。

内部股份制，在一定程度上明晰了产权关系，这是红豆迈向现代企业制度的第一步。

讲到内部股份制，有必要回顾一下红豆的企业改制历程。20世纪90年代初，苏南地区一些乡镇企业，如红豆率先改制。彼时，股份制改造对于乡镇企业来说就好比是"鲤鱼跳龙门"。跳过去的企业脱胎换骨，面目一新；没有跳过去的企业，大都难逃衰败倒闭的命运。为什么？因为只有股份制才能让乡镇企业脱离乡土气息、脱离感情经济、摆脱家族桎梏；只有股份制才能让乡镇企业脱胎换骨，向现代企业制度迈进。当时红豆集团所在地——无锡港下镇有11家省级乡镇企业，改制后只剩下三四家。那些消失的乡镇企业大都因为"改制门"而倒下，红豆集团却因为改制越改越红火。为什么红豆改制能够成功，其他乡镇企业却因改制夭折？

王竹倩说："改制失败的根本原因是私心在作祟，那些企业的改制是把集体的股份变成自己的股份，变到自己的口袋里，企业不但没做大，反倒越做越小，以至于无。而红豆改制和其他改制不一样，红豆改制是非常实实在在做事情，每个人拿钱出来买集团股份。"王竹倩的分析很有道理。当时苏南乡镇企业之所以会出现把集体股份变为个人所有的现象，根本的原因是产权不清晰。"人人所有"，其实人人都没有，而企业的领导人又想当然地认为自己是企业资产的创造者、所有者。结果是"大家有"变成"大家拿"，一些乡镇企业负责人还因此受到法律制裁。

1992年，红豆虽然成立了企业集团。但是，作为乡镇企业的红豆仍然难逃体制带来的弊病。产权不清、权责不明，"大锅饭"和平均主义这些病症还是时不时地爆发。由于集体企业特有的"大锅饭"和

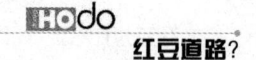

平均主义弊病，使得红豆的激励机制面临新的挑战。苏南乡镇企业当时最大的特点就是"能人经济"，留不住能人，企业就可能垮了。

周海江回忆当年股改的情形时说，在当时，红豆给企业骨干或者说"能人"的分配是很少的，一年也就给几千块钱的奖励，结果是，拿到奖励的骨干就"跑路"，因为嫌少，自己就另攀高枝去了。给一点点奖励不行，那就多奖一点吧。销售人员有功劳，那就奖励他10万元，但今天奖励他，他明天就不来了。为什么呢！他拿了10万元回去以后，自己买20台缝纫机自己办厂了。因为服装行业的门槛低，自己有销路，买几台缝纫机就可以自己办厂。科技人员有技术，也可以同样利用奖金自己当老板。显然，这些骨干不仅仅想有奖金，还想分享利益，当老板。在这种情况下，如何留住能人骨干，让大伙一心一意在红豆干呢？

乡镇企业靠感情、亲情起家，红豆也不例外。但是，像红豆这样发展到一定规模的乡镇企业，感情、亲情不仅不见得留得住人，还可能制约企业发展。正如周耀庭所说："感情经济在起家时很有用，但只能在一定范围内、一定阶段有用，这就如同田螺有一层保护壳，当它长到牛那么大、象那么大时肯定得死，这层壳既保护了它也限制了它。乡镇企业必须打破螺壳才能成大象。"显然，靠感情和亲情打拼天下的乡镇企业，此时面临组织创新。红豆集团必须找到一种能让企业上下拧成一股绳的办法，这个办法其实在周耀庭的脑子里早就有了——这就是股份制。当时恰好一件不经意的事情让周耀庭更加坚定了走股份制改革的道路。

当时，周耀庭的一个外甥在红豆下属的一个厂担任厂长。一次，周耀庭给外甥布置任务时，外甥说："舅舅，您尽管吩咐，您指哪儿，我一定打哪儿，保证完成任务。"外甥这句有意表忠心的话，倒是点醒了周耀庭：外甥都认为是在为自己打工，别人会怎么看？红豆人如何才能树立起为自己打工的观念呢？根本的办法就在于必须建立起利益共同体，出路就在于股份制改造。

周海江对我们说，当时苏南乡镇企业说是"人人都有"，其实大家"什么也没有"。这种戴"红帽"的集体企业慢慢地染上了国有企业效率低下的通病。红豆必须"打破旧集体"，实行股份制，让员工参股，建立员工与企业的利益共同体，从而提高员工对企业的关切度，真正调动员工的积极性。

1992年，是中国改革开放历史上的关键年份。这一年，邓小平发表了南方谈话，从而掀起了中国新一轮改革开放的高潮。邓小平南方谈话的一个重要内容就是为股份制正名，"有不少人担心股票市场是资本主义的东西，所以让你们深圳和上海先搞试验。看来，你们的试验说明了社会主义是可以搞股票市场的，说明了资本主义能用的东西，也可以为社会主义所用。证券、股市，这些东西究竟好不好，有没有危险，是不是资本主义独有的东西，社会主义能不能用？允许看，但要坚决地试。看对了，搞一两年。对了，放开；错了，纠正，关了就是。关，也可以快关，也可以慢关，也可以留一点尾巴。怕什么，坚持这种态度就不要紧，就不会犯大错误。"

邓小平的这次谈话终结了长久以来关于股份制性质的争论，明确了社会主义也可以搞股份制。到1992年底，全国各地经批准建立了近400家股份制试点企业，3700多家股份制企业。同时，国务院还批准9家国有企业改组为股份公司，并成功在香港和境外上市。

然而，在那个年代，股份制改造好像是给国有企业开的"小灶"，乡镇企业很难吃上。但作为中国乡镇企业发展最快、最好的苏南地区，股份制改革此时已是暗流涌动。擅长抢抓机遇的红豆集团决定试一试。周耀庭说："还是股份制好。1993年红豆搞股份制是争取来的。"

周耀庭主动找到镇里和县里的领导要求搞股份制改革，但谈了很长时间后才发现，领导们的认识很不一致，有的人对他表示支持，有

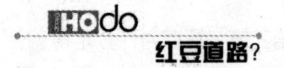

人说他要搞资本主义。因为当时国家没有出台乡镇企业股份制改革的文件，只有农业部乡镇企业司有一个规定。意见不一，争执不下。为什么？根本的问题就在于到底如何处理企业资产。企业资产给多了，肯定会有人说搞资本主义；给少了，创业者和他的团队心里都不舒服。为了平息各方的争执，时任红豆集团副总裁的周海江提出"增量扩股"的股份制改造方案：即1993年以前红豆的资产归镇政府，红豆员工以及全港下镇村民可以通过"增量扩股"的方式成为红豆股东。为此，周耀庭又找到了镇上的领导，并说："我们工厂搞股份制，但是我的工资由镇上定，不由董事会定，这样行不行？"最后，镇领导终于同意了他们的改革方案。

没想到，好事多磨。刚说服镇政府，红豆内部又传来了不同的声音。一般员工对股份制倒没有什么看法，但是，在红豆高层，有的班子成员提议把红豆分掉，有的对股份制改革明确表示难以接受。提议分掉的人认为，红豆在组织结构上本身就是母子公司制，完全可以像掰大蒜头一样，一瓣一瓣地掰开分掉，这一提议甚至得到了个别上级领导的支持。但是，周耀庭坚决不同意把红豆分了。周耀庭说，改革是为了明晰产权，增加责任意识，并不是要瓜分财产，走私有化的道路。不理解的人认为，股份制企业"公不像公，私不像私，资不像资，社不像社"。周海江就耐心地给这些人做工作，向他们指出：股份制是所有制发展的高级形式，是现代企业制度的基础，如果把红豆分掉就是大倒退，因为现代分工结构和规模经济的基础就被破坏掉了。创业元老、红豆集团副总裁龚新度回忆当时的这场争论时说："海江（指周海江）的确与众不同，他总是超前一步，看得更远。没有股份制改革也就没有红豆的今天。"

在做通企业内部思想工作的基础上，"增量扩股"的股改思路很快得到各方认可，一场争执终于得到平息。为了让更多的人来入股，当年，红豆"增量扩股"的招股说明书甚至贴到了港下镇的集贸市场。通过"入股自愿、利益共享、风险共担、股权平等"的股改原则，红豆股份制改革得以顺利推进。经过反复讨论，红豆集团与镇政府商定后者股权比例占30%。随着红豆集团多次的分红和扩股，镇政府所占的比例逐年减少。到2002年，镇政府股权比例已稀释到3.0921%。2003年8月，随着镇政府股份全部分红变现，且在历次增资扩股中未有新投入，这部分股权最终被批准以一元钱一股的方式转让给周耀庭。2003年8月，完成股改后的红豆集团股权结构是这样的：红豆集团董事长周耀庭持有股份27.48%，周海江持有股份12.37%，郭小兴等自然人持有股份60.15%。

通过几次股份的转让，红豆集团从一家乡镇企业成功改制成为建立现代企业制度的大型企业集团。完成股改后，红豆集团拥有800名股东，由50名大股东控股。不仅集团如此，其麾下的每个工厂都建立了明晰的产权制度，其中最大的特点就是每个工厂约50%的股份都由工厂管理层共同持有。

2012年4月22日，在红豆集团会议室，周海江向笔者详细讲述了当年红豆股改的情况。以下文字根据周海江录音整理而成（未经本人审阅）。

周海江："当苏南模式遇到困难的时候，许多领导就提出来要学温州模式，全部要改制，卖给私人。红豆认为不能这样做。我们在当时就提出来，不能学温州模式。我们认为，不管你是苏南模式、还是温州模式，在企业制度上最后只有一个模式，那就是和国际接轨的股份制模式。所以新的苏南模式，一定是以股份制为基础的模式。在原先的苏南模式中，产权是集体所有制，大家都有，等于大家都没有，经济发展的驱动力严重不足，这是它在当时被温州模式超过去的原因。但在原先的苏南模式中，红豆就实行了职工合作股份制，因此，在改制中，红豆不能分成几十个厂。每一个干部，不管你是搞销售的还是搞生产的、搞技术的，每个人都去借钱来入股。入股之后，这个企业就没有被分掉。没有被分掉，专业化分工的优势就存在，技术改造的力量也存在，资本和整个企业的规模实力就还在，这是我们红豆获得大发展而分掉的企业反而倒退了的重要原因。

红豆在新老体制的交替和衔接过程中，是非常平滑的，没有矛盾存在。为什么没有矛盾呢？1992年，我跟我父亲到浙江一家服装企业去访问，该企业的人对我们讲，你们两个还东跑西颠地干什么？你这个厂是谁的现在都说不清呢，你还有时间忙别的事情？你知道我们浙江在忙什么吗？就是怎么分掉这个厂。

但江苏在当时就没有这么开放。在江苏改制时，作为厂长，企业家总觉得政府得分点财产给他，多少无所谓；而政府呢，觉得我怎么能分给你呢？因此，在那个时候，江苏的改制也耽误了一段时间。但红豆没有耽误，1993年就开始了彻底的改制。那么，怎样改革呢？我当时就建议，在改制以前创造的所有财富都统统归政府，这是一个充满智慧的改革方案。因此，我们把1993年以前创造的所有财富都统统归政府，但从1993年我们开始搞增量扩股，比如说原来政府有一个亿，现在我们增加1000万股本金，1000万股本金怎么增呢？计划科长回家去借10万，技术科长回家去借15万，销售科长回家去借20万，就这样入股。

一开始的话，可能1000万的扩股没有达到，只扩股了500万，如果一个亿加了500万，它在总股本中连5%的股份都不到。但扩股的500万每年分红都不拿走，到年终，这些股东还把奖金也加进去，因此每年的增量就不断增加了。而政府由于把每年的分红都拿走了，所以，政府在总股本中所占股份的比重每年都在减少。为什么政府要拿走分红呢？因为政府要开销，如教育经费的开支，等等。因此，政府股份的总量虽然没减少，但是在红豆集团的股权比例却在不断下降，一直到后来下降到百分之十几。

2000年前后，镇政府说，现在大多数企业把政府的钱都亏掉了，红豆有我们这么大的一块资本，我要赶紧拿走。其实，它不拿走也是没有问题的，我们希望它留着。因此，红豆集团的整个改制过程是非常平滑的，没有大的矛盾，不仅没有浪费时间，而且更重要的是没有影响企业的大发展。而另外一种改制方式就不平滑了，出现了许多矛盾。这是怎样的一种方式呢？比如说，张三在厂里面当厂长，他觉得原先的股份至少要给他1%，或者5%、或者10%。张三总是惦记着原先这一块资产，而政府却总是不答应，但又不能说不给他，就说，张三你再等等看吧，别的地方给多大比例，我也就给你多大比例。而张三觉得这样等下去也不是办法，所以，他就在自己家里办一个工厂，白天虽然说是在镇里的工厂里干活，但大多数时候实际上是在联系自己家里工厂的业务。这样的话，你查他违法，也查不到。更有甚者，直接就把资产转移到家里面去了，当然这种做法后来也被追究了。就这样，原先企业的资产慢慢地消失了，而他家里的资产慢慢地增加起来了，苏南模式中的许多企业都是这样死掉的。

在当时，我们这里有一个最厉害的摩托车厂，它的办公室主任家里有三个厂，因为很多企业要和这个厂的摩托车配套，因此，办公室主任就对这些企业说，我答应你使用你的配件给我配套，但你要使用我家里工厂生产的配件给你配套，否则，你不买我家里的配件，我也就不买你的配件。所以在苏南模式慢慢衰退的过程中间，出现了很多不平滑，有很多问题。但红豆做得很好，企业资产没有被分掉，现代化的大生产没有被破坏掉，专业化的分工也没有被破坏掉，改制的过程实现了比较平滑的过渡，这是红豆在改制过程中就得到迅猛发展的原因，也是红豆后来实施创新驱动和人才先行的基础。这是我为什么说红豆一定是新苏南模式代表的原因。"

周海江关于红豆改制的回忆和总结揭示了苏南乡镇企业改制成败的奥秘。周海江的介绍，真正揭示了苏南模式产权不清到底"混"在哪？首先，苏南模式的乡镇企业委托—代理关系不清晰。名义上苏南乡镇企业所有权归集体所有，实质上是人人都没有，这在本质上与国有企业的问题性质一样。由于委托—代理关系不清晰，造成两个后果：一是政企不分，政府对企业的经营管理干预过度，造成企业经营管理混乱，制约了企业的发展；二是造成厂长、经理等一班管理者内部控制，这也是苏南乡镇企业普遍存在"一厂多企"的根本原因。厂长、经理都认为自己对企业的贡献大，因此，多拿多占是应该的，更有甚者直接将企业"私有化"。而苏南乡镇企业大规模的"私有化"是在产权不明、产权不清的情况下进行的，这就带来两个后果，一是这种"私有化"是以分为前提，破坏了社会化分工和技术进步，衰败是必然的；二是这种"私有化"是"化公为私"，在产权不清的情况下，这种"化公为私"的"私有化"就有可能触犯法律，情节严重者自然要受到法律的相应制裁。

现代企业理论认为，在现代公司制企业中，股东（或其代理者——董事会）与经营者之间普遍存在着委托—代理关系。这种委托代理制从根本上解决了企业产权不清的问题，这就是不管国有企业还是乡镇企业最终都要实行现代企业制度的根本原因。苏南乡镇企业内部产权并不清晰。由于是"人人所有"的集体所有制，所以企业的每个人都认为自己是企业的主人。因此，把企业的资产往自己家里拿似乎是顺理成章的事。这种内部产权不清还造成一个直接后果，就是形成了"内部人控制"层级下移，最终形成了层层"内部人控制"。原来的"内部人控制"主要是厂长经理等企业高管人员，但是，在苏南乡镇企业中，由于产权不清，"内部人控制"从层级下移最终演变为层层控制。因此，销售科长、车间主任、仓库保管员都能自己设立企业也就不足为怪了。

红豆集团"增量扩股"的股份制改革思路率先突破了"苏南模式"政企不分、产权不清的发展瓶颈，使企业焕发出巨大的生机和活力，成为新苏南模式的代表。企业产权清晰换来的是凝聚力、责任和动力，红豆由此步入快速发展轨道。红豆之所以能够引领新苏南模式的发展，最关键是红豆集团能够在股份制改造过程中通过制度创新解决固有矛盾，实现新的发展。正如周海江指出的，"增量改革，这是一个充满智慧的改革方案"。

值得一提的是，红豆集团"增量扩股"的股份制改革先人一步，其股改思路也被苏南地区其他乡镇企业效仿、参考和借鉴。苏南乡镇企业改制高潮是在1995~1997年。有资料显示，80%的江苏乡镇企业参与了这次改革，原江苏省乡镇企业管理局局长邹国忠回忆当时苏南乡镇企业改制的情况时说："当时有个说法叫'企业负亏、厂长负盈、银行负债、政府负责'，造成这种局面的深层原因就是'产权不清、政企不分、职责不明、分配不公'，其中产权不明晰是总根子。在市场经济加快形成的大环境下，因产权不明晰导致的种种问题就集中暴露出来了。"[①]

交易成本理论认为，产权最基础的作用是可以降低成本。按照制度经济学的基本理论，产权制度为经济活动提供了最为基本的激励作用，产权的变迁必然影响到人们的行为方式，并通过其对行为方式的效应，在很大程度上决定了企业经营的效率和绩效。因此，改制给红豆集团的大发展提供了强有力的动力。

但是，产权制度并不是万能的。正如周耀庭指出的，"资本主义

[①] 田毅：《江苏乡镇企业局原局长邹国忠谈乡镇企业》，2008年12月19日《第一财经日报》。

国家的企业也有倒闭的，所以，我们不能指望产权一明就灵，一明就活。明晰产权并不是搞活企业的灵丹妙药，还必须有科学的组织体制和管理体制"。实际上，早在内部股份制（股份公司制）实行之前，红豆集团就对内部市场制、效益承包制、母子公司制进行了有益的探索，而内部股份制的建立为这些制度创新提供了更坚实的基础。

效率优先的内部市场制

内部市场制是以自主管理为平台，以内部价格为杠杆，以成本控制为重点，以内部市场考核为核心，运用市场竞争机制，引导生产要素合理流动。

红豆的内部市场制也可以追溯到20世纪80年代。1983年，红豆一线工人实行质量计件工资制。1986年，红豆推行年终效益工资制，工人联产、干部联绩、销售员联利、技术人员联效益，企业效益与每个成员的利益紧密挂钩。1988年，红豆把竞争机制与契约关系彻底引入企业内部。实行厂方与车间、车间与车间的"内部银行结算制"，体现"亲兄弟，明算账"，使得权责明确，形成比质量、赛产量、比节约、赛效益的良性循环。

20世纪90年代，红豆逐步完善了内部市场制。从工序到工序，从工序到车间，从车间到工厂，从工厂到公司，从公司到集团均实行内部结算的内部市场制。

20世纪90年代中期，曾以创造"模拟市场核算"闻名全国的邯钢经验，其核心就是内部市场制。不过，国有"老大哥"引以为自豪的经验早就被乡镇小弟弟用得滚瓜烂熟。国有企业还要向乡镇企业学习管理经验吗？不错，20世纪90年代前后，国有企业向乡镇企业取市场"真经"司空见惯。为什么？很简单，乡镇企业离市场最近，自然最熟悉市场。

乡镇企业要想在市场经济中站稳脚跟并取得更大的发展，就必须使市场经济渗透到企业的内部组织。

内部市场制带来的是竞争，而竞争的结果就是成本降低，效率提高，企业的利润随之水涨船高。内部市场制始于1988年，当时红豆实行了厂方与车间、车间与车间的"内部银行结算制"。车间与车间实行独立核算，自负盈亏。织布车间购进棉纱，将坯布卖给制衣车间，制衣车间付给漂染车间加工费……刚开始大家都不习惯，觉得很麻烦，天天要打小算盘。但是，很快大家"亲兄弟，明算账"，不仅如此，每个车间的小算盘打得越来越精。逐渐的，大家都学会了精打细算。内部市场制的推出，使得红豆的成本大大降低，效率迅速提升。当年，红豆增收节支达110万元。到20世纪90年代，红豆集团把内部市场制在红豆集团全面推开，各子公司开足了马力，纷纷开辟新产品领域，不到一年便从单一的针织内衣扩展到整个服装大类，先后成功地开发了衬衫、西服、羊毛衫、领带、时装、童装、皮件等服饰系列，集团一跃成为我国生产规模最大、品种系列最全的专业服装企业。

这一竞争机制最成功的案例发生在红豆摩托车厂和轮胎厂之间。根据企业内部市场制的竞争机制，红豆集团下属工厂有权选用任何一家企业的产品，而红豆配套厂的轮胎没有被集团摩托车厂选用，这种"倒逼机制"使轮胎厂很受刺激，激发了他们奋发图强的竞争精神，迫使他们在降低成本和提高质量上痛下苦功。内部市场制倒逼的结果是，1998年轮胎厂的摩托车轮胎销量坐上了国内头把交椅。如今，橡胶轮胎产业已经成为红豆集团四大支柱产业之一。

以前生产经营由集团调配，计划调拨，无所谓吃亏上当的问题。由于是近亲配套，"亲兄弟，流水账"；现在企业内部是层层的买卖关系，自然就是"亲兄弟，明算账"。对于自己的产品不能被集团内部配套使用，很多人当时想不通，而周耀庭却认为："红豆集团绝不能保护落后，保护落后则整个集团都会落后，市场经济中出现的问题一定要用市场经济的方法来解决。"

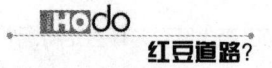

市场经济是人类文明发展的产物。内部市场制强化了职工的经济效益意识，加强了红豆管理，使红豆内部各个生产单位的资源配置具有了更加高效的信息传递机制、激励创新机制、调节配置机制，促进了红豆整体效益的提高。

首先，内部市场制将红豆集团内部各个主体之间的经济往来用价格结算连接起来，通过价格结算决定收入高低。这种新的利益分配机制调动了广大员工的劳动积极性，提高了劳动生产率。

其次，实行内部市场制有利于红豆集团自觉降低成本。各个单位的工资收入等于价格结算收入减去总费用支出。单位材料费用支出多，工资就减少；材料费用支出少，工资就增加。这就激励职工注意节支降耗，努力减少费用支出，使生产成本不断降低。

"活成本死比例"的效益承包制

承包经营责任制的特点是按照"包死基数、确保上交、超收多留、歉收自补"的原则，确定承包人与企业的分配关系。早期苏南乡镇企业普遍实行的就是承包制，红豆也不例外。但是，到了20世纪90年代初，乡镇企业的承包制基本失灵了。为什么？"它只解决了经营者的短期激励问题，而经营者长期激励和经营者选择问题却没有被考虑到。"周海江表示。

因此，"一家两制"的现象在当时苏南乡镇企业曾是一种"时髦"。所谓"一家两制"就是表面上在企业正常上班，其实自己在家里办起小厂，将企业的生产、销售暗地里转到自家厂里。当时，红豆集团内部也有些干部热衷于搞"一家两制"。周耀庭看到这个现象非常着急。他马上召开董事会研究讨论如何解决"一家两制"问题。很快，董事会就通过了周耀庭起草的《严禁干部"一家两制"的规定》等内部文件。周耀庭的外甥女在"红豆"的印染厂当厂长，丈夫身有残疾，在家里办了个内衣厂。周耀庭亲自出马做工作，让外甥女把家里的内衣厂关了。

承包制在企业创业初期曾起到了很好的作用，但同时也有弊端，特别是企业"活成本"，如差旅费、交际费、营销费等不好控制。企业的成本往往由于活成本恶性膨胀，导致利润大量流失，出现"穷庙富和尚"的现象，这种现象在当时苏南乡镇企业中比较普遍。

为了根除承包制的弊端，1994年红豆推出了"活成本，死比例，效益承包制"。这一全新的制度其实就是给承包制上了一道保险锁。红豆把企业内的成本分为"死""活"两块，死成本包括原料、动力、利息、税金、折旧等看得见管得住的部分；活成本包括差旅交通费、通信费、工资、交际费等看不清的部分。活成本因不规范难以控制，实行新的承包法，即下属企业的活成本按死比例上缴，而创造的利润也按同比例上缴，余下的均由经营者支配，并按照创造的利润计奖。

由于按死比例上缴，承包者没有必要把效益、报酬放在暗处，从而增强了企业管理的透明度，减少了不必要的开支，使下属企业责权落实，行为规范，推动了企业科学管理的良性循环。红豆集团在每个车间、每个岗位都进行效益承包制，对年终亏损的厂长要免职，对亏损部分按一定比例由厂长赔偿，并直接从股金中扣除。譬如规定经营者要上缴20%的利润，同时还必须再缴200%的活成本。这意味着在活成本比例确定后，活成本越高，上缴的利润就越高；活成本越低，上缴的利润也就越低。由此，节约成本变成一种自觉行为，红豆集团公司内部出现了打电话用磁卡、打开水用水卡、差旅费尽可能节省的好现象。

红豆集团的一位老员工向我们讲述了这么一件事：红豆总公司原来有两个大茶炉，专门由两名职工负责，为大家提供开水。红豆每年在这方面的开支1.3万元左右。由于喝水不要钱，所以浪费水的情况时有发生。周耀庭看在眼里，急在心里。为了节约宝贵的水资源，也为了节约成本，周耀庭果断地撤掉了一个茶炉，实行以部门为单位打

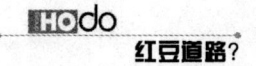

水收费制度。他把看茶炉职工的工资、烧煤的费用以及设备折旧费加在一起合算，每瓶开水收费0.15元。集团下属的太湖制衣总厂，第一个月的开水费交了1250元，这可把厂领导急坏了。结果，第二个月，他们的水费就只交了600元，比第一个月节约了一半还多。区区1万多元水钱，对于一个在当时年销售额上亿元的红豆集团来说，算不了什么。周耀庭是不是太抠了？其实不然，周耀庭是想让员工明白，企业的每项开支都与自身利益密切相关，让全体员工养成算细账、关心企业利益的意识。

"母强子壮"的母子公司制

市场经济如同大海，乡镇企业恰是在海中航行的一叶扁舟。一有风浪，最先受损的肯定是那些小舢板——乡镇企业。20世纪80年代后期，随着市场环境的变化，小舢板越来越难以抗击大风浪。此时，红豆也意识到单靠机制灵活性还不够，必须形成规模，只有一定的规模，企业才具备抗击大风大浪的能力。1992年，红豆集团率先组建成为江苏省第一家省级乡镇企业集团。企业集团彰显出规模优势，红豆在激烈的市场竞争中从此有了自己的规模实力。

企业规模上去了，但是随之而来的问题也产生了。船大可抗风浪，但要及时掉头可难了。为了克服这种弊端，红豆集团实行了母子公司的管理体制。红豆集团的母子公司制就是，母公司作为投资主体，具有战略决策权，负责战役指挥，下属子公司（二级公司）负责战线指挥，而作为三级企业的工厂则在市场前沿冲锋陷阵。"航空母舰"变成一支"多兵种多舰只合成作战的联合舰队"，集规模效益和灵活易变于一体。红豆集团母子公司制的灵感来源于"蒜瓣理论"。蒜瓣与大蒜之间既是整体，又是可剥离的个体，如果哪一瓣蒜坏了，不至于波及整个大蒜头。

处理好母公司与子公司之间的关系，这是一个集团企业成功运行的关键。如果母公司的约束力太强，子公司便失去活力；如果母公司的约束力太弱，子公司就失去控制。所以必须在母公司与子公司之间找到一个可以平衡的支点。这个支点，红豆集团找到了。这就是，以资产为纽带，母公司对子公司控股，在产权、人事权等方面对子公司进行有效控制；另外，红豆集团对"红豆"商标实行许可使用制度，将品牌商标权牢牢控制。这样做便可以做到"大权独揽，小权分散"，保持有效控制。同时，又不把子公司当做一个车间来管理，子公司自主经营，自负盈亏，享有独立法人的权利，完全具备独立成活的条件。1994年红豆集团采用"母子公司制"，把大企业规模优势与小企业的灵活机制结合起来，使企业真正做到了"大而活、小而强"。

"四制联动"是红豆集团首创。周耀庭说："四制联动"管理方法的关键在于"联"。"四制"是个配套工程，正如汽车的四个轮子，通过连轴连在一起，共同推动车子前进。没有母子公司制，内部市场制就搞不起来，没有内部股份制，活成本死比例效益承包制就失去基础。

1994年8月28日至29日，农业部在人民大会堂召开全国乡镇企业管理科学座谈会，周耀庭参加了会议并介绍了红豆集团的"四制联动"，受到与会者的关注和肯定，前国务委员陈俊生、前农业部副部长万宝瑞等领导对此给予了高度的评价，认为它是现代企业进行科学管理的一个成功范例，对国有企业也有重要的借鉴意义。

目前，红豆集团拥有10家二级专业公司，其中包括一家上市公司、一家境外公司，100多家三级企业以及美国纽约、洛杉矶两个海外分公司（其组织结构见图2-1）。

"四制联动"是红豆集团在多年的发展过程中逐步摸索出来的，凝聚着红豆领导层的智慧与思想。内部股份制成为建立现代企业制度的基础；内部市场制明确了责任，提高了企业效率；效益承包制降低了成本，激活了企业管理；母子公司制为集团多元化经营的战略决策提供了组织上的保证和灵活的机制。"四制联动"的企业运行机制是

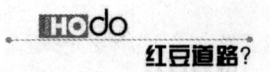

对现代企业管理的一个贡献：它融合了现代企业运行的外部环境和内部条件，创造性地将企业委托代理理论、企业组织理论、交易费用理论和企业博弈论等现代企业理论与中国民营企业运行的实际相结合，形成了独具中国特色的现代企业管理制度。

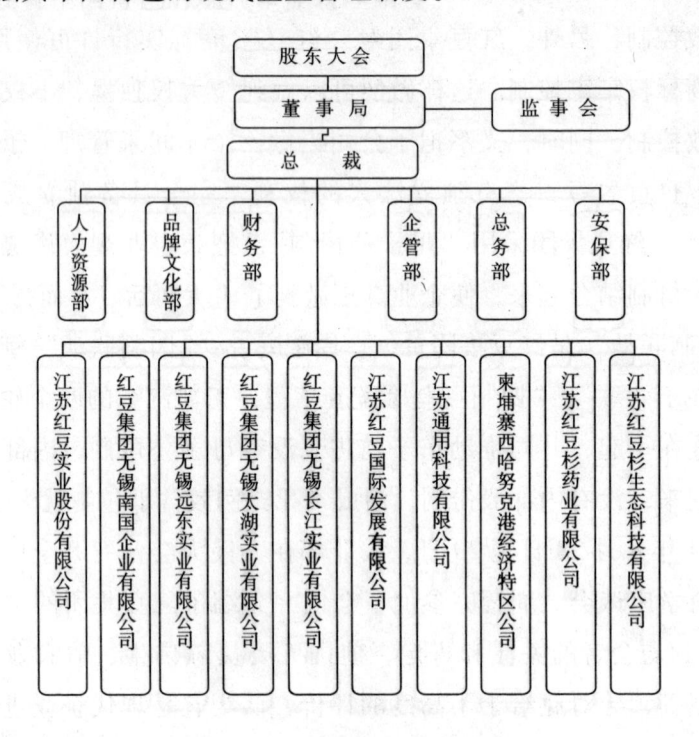

```
                    股东大会
                      │
                    董事局 ──── 监事会
                      │
                     总  裁
    ┌────────┬────────┬────────┼────────┬────────┬────────┐
  人力     品牌     财务     企管     总务     安保
  资源     文化      部       部       部       部
   部       部
    │        │        │        │        │        │        │
    │        │        │        │        │        │        │
  江苏    红豆    红豆    红豆    江苏    江苏    柬埔寨   江苏    江苏
  红豆    集团    集团    集团    红豆    通用    西哈努克 红豆    红豆
  实业    无锡    无锡    无锡    集团    国际    港经济    杉药业  杉生态
  股份    南国    远东    太湖    无锡    发展    特区      有限    科技
  有限    企业    实业    实业    长江    有限    公司      公司    有限
  公司    有限    有限    有限    实业    公司                      公司
          公司    公司    公司    有限
                                  公司
```

图2-1　红豆集团的组织结构

现代企业制度的基本特征是：产权清晰、权责明确、政企分开、管理科学。内部股份制使红豆明晰了产权，内部市场制使红豆政企分开，效益承包制使红豆权责明确，母子公司制则使红豆管理更加科学。从内部股份制，我们可以看到企业委托代理理论、现代交易费用理论；从母子公司制，我们可以找到企业组织理论、企业博弈论等等。"四制联动"的管理模式可以说是红豆集团的一个伟大发明。这个发明使红豆集团呈现勃勃生机，成为红豆集团做大做强的制度基础。

二 "制度选人":后继有人

21世纪什么最重要,人才!所有的事都需要人来做。不管是国有企业还是民营企业,人才都是决定企业生存发展的关键问题。人才是当今时代最重要的战略资源,也是民营企业最稀缺的资源。在企业运行过程中人、财、物是三个基本要素,而人是第一位的要素。没有人才,企业无法发展;没有人才,企业不可能实现可持续发展;人才是企业基业常青的根基所在。

企业之间的竞争看似是产品、品牌、市场的竞争,但是决定竞争成败的关键是人才。谁拥有高素质的人才队伍,谁便拥有了核心竞争力,谁就掌握了企业发展的主动权。特别是,对习惯于家族、亲友、乡友之间选人用人的民营企业来说,如何造就一个公平、公开、公正的选人用人机制,是决定企业兴衰的关键。

红豆集团在用人方面,走过感情经济—利益经济—"能人"经济—制度选人四个阶段。最终"制度选人、竞争上岗"使红豆的事业人才辈出,后继有人。这也是红豆集团能够保持非凡的竞争力和旺盛的生命力的根本原因。

总裁是选出来的

民营企业的总裁是海选出来的,这听起来就比较新鲜。但是,红豆集团的总裁的的确确是选出来的。

红豆集团为什么要海选总裁呢?这还得从周海江"接班"的故事说起。

一般来说,民营企业接班人的产生途径主要有三种:子承父业、外部"空降"和内部培养。在接班人问题上,多数的民营企业采取的是"子承父业"的办法,外部"空降"这种形式也不少见,但是这两种方法成功的概率很小。在民营企业众多失败的案例中,子承父业、任人唯亲是其中一个重要因素。美国王安计算机公司衰败就是一个典型案例。美籍华人王安,1964年创办王安公司。1986年前后,王安公司达到了它的鼎盛时期,年收入达30亿美元,在美国《财富》杂志所排列的500家大企业中名列第146位。然而好景不长,1990年王安公司却不得不申请破产保护。一个蒸蒸日上的高科技公司为什么突然衰败?这与王安在挑选接班人上任人唯亲有密切关系。

作为一家高科技公司,王安公司聚集了美国一群最优秀的科技、管理人才。但是,身为美籍华人,王安深受东方文化的影响。他希望在自己退休后,公司仍然能掌控在自己的家族手中,于是扶持两个儿子接班,一个当上总经理,一个当上副总经理。可是王安的这两个儿子经营、管理才能平平,无法服众。一些骨干人才和高层管理人员纷纷出走,企业凝聚力、竞争力因此大大降低。王安儿子执政当年公司就亏损,两年后亏损额高达4.2亿美元。不得已,王安公司于1990年被迫申请破产保护,王安本人也于同年病逝。选人用人不当,就这样葬送了一个好端端的高科技公司。

作为民营企业的红豆集团,在接班人的问题上,尝试过采取外部空降的方法,放弃了沿用子承父业的老路,最终是通过内部培养的办法,从企业内部海选出接班人。吉姆·柯林斯在其经典著作《从优秀到卓越》一书中指出:"正如通用电气、摩托罗拉、宝洁、波音、诺思通、3M和惠普等公司一再显示的,高瞻远瞩的公司为了获得变革和构想,绝对不需要聘请外人担任最高管理层的职务"。[①] 吉姆·柯林斯潜心研究了18家世界级的成功企业,而他的结论好像是专为红豆集团选人用人的方式来作注释的。

[①] 吉姆·柯林斯、杰里·波勒斯:《基业长青》,中信出版社,2009,第208页。

红豆从一开始就明确不搞子承父业。1995 年，红豆集团"百万年薪招聘总经理"的做法轰动一时。结果，45 岁的加拿大籍华人陈忠胜出。周耀庭当时的想法是希望通过引进职业经理人，从而引进一些先进的管理思想，同时让现有的干部有危机感，不要懈怠。周耀庭说："陈忠一句话，'我是高级职员，我是高级打工者'，这个观念就值一百万。能够转变人们的思想，这个钱是不能用一百万来衡量的。"一百万年薪，这在 20 世纪 90 年代中期可是一笔不小的数目啊！但是对转变人们的观念来说，周耀庭认为这是非常值得的。

其实，早在 1992 年红豆成立集团公司时，周耀庭就决定把集团的资产分成 8 块，下设 8 个子公司，副总经理、副董事长、党委副书记等 8 人各掌一块。周耀庭在成立大会上宣布说，10 年后，8 个公司总经理，谁的公司办得最好、发展最快，谁就当集团公司总经理。10 年后，周海江掌管的资产发展得最快、也最好，2001 年，周海江掌管的红豆股份成功上市就是最好的例证。但是，周耀庭并没有让周海江顺利接班，而是提出海选总裁的办法。

2004 年 9 月 15 日，红豆集团海选总裁。这一天对红豆集团来说是个值得载入史册的日子。包括周海江在内共 20 名候选人参选。从 1988 年进红豆算起，周海江在红豆已经干了整整 16 年。此时已是红豆集团董事局第一副主席的周海江，由于业绩突出在红豆集团享有很高的威信。经过第一轮投票，50 名大股东选出 4 名总裁候选人；第二轮从 4 名候选人中选出 2 人；最后一轮从 2 名候选人中选出一名。结果，周海江以 49 票的高票当选为总裁。50 名大股东除一人因故缺席外，全部投给了周海江。周海江成为红豆集团新一任总裁，开创了中国民营企业海选总裁的先河，标志着红豆向现代企业制度又迈进了关键性的一步。海选结果出来后，周耀庭自豪地对别人说："海江不是我指定的，而是大家民主选出来的。"

一般人认为，周海江当总裁是子承父业，顺其自然。其实不然，实际上，周海江是历经磨难，水到渠成。1988年周海江进红豆，从最基层干起，办公室秘书、车间主任、计划科长、副厂长、厂长、副总经理，最后到总裁，周海江担任的这些职位都是自己一步一步努力干出来的。红豆集团的接班人之所以传承顺利、权力交接成功，最关键是红豆集团制度选人、竞争上岗而不是伯乐相马。"如果下属子公司厂长、经理的职位是通过关系得来的，企业还是传统企业。只有企业的关键岗位、高级职位都是通过制度、通过竞争取得，才称得上是真正意义上的现代企业制度。"周海江深有感触地说。

事实上，成功企业的接班人大都是从公司内部产生的。接班人从企业内部诞生有许多好处：首先由于接班人从企业内部产生，自然熟悉企业的情况，便于权力交接、企业稳定；其次，有利于企业文化传承，接班人从企业内部产生，他对企业文化就有认同感，企业文化一脉相承有利于充分调动企业员工的积极性、保持企业凝聚力；再次是有利于企业发展战略的延续性，企业发展战略是一项长远的目标，接班人从内部产生有助于企业沿着既定的发展战略向前推进，从而实现企业长远发展目标。

红豆的这一做法不仅与一般民营企业不同，国有企业也难以做到。红豆集团海选总裁的故事彰显了红豆超前的制度文化。把红豆交到周海江手里，是红豆人的选择，也是红豆文化的选择。周海江当选总裁不但反映了红豆的文化传承，也代表红豆未来改革和发展的方向。红豆集团海选总裁，反映了开放、公平的红豆企业文化。这种文化构成了红豆集团在未来竞争中保持不败的制度基础。

制度选人、竞争上岗。红豆在企业内部营造了良好的用人生态环境，进一步激发了年轻干部奋发向上、积极进取的工作热情。一大批优秀青年人才脱颖而出，在关键岗位上担负起重任，为公司的跨越式发展贡献着聪明才智。

2012年4月23日，当笔者在红豆集团调研时，亲历了集团团委换届选举、竞争上岗活动的全过程。红豆报告厅——竞争上岗现场，19位竞选者各用5分钟讲述了自己在红豆的工作经历，并对今后团工作的开展作出了承诺与展望。看得出，每位演讲者都为此做了精心准备，无论是激情四射的演讲还是侃侃而谈的介绍，所有演讲者都始终围绕两个问题而谈：经历和业绩。这些年轻人虽然在红豆工作的年限不算长，但是，他们在红豆的业绩都值得赞赏。在竞选者讲演后，由集团董事局主席周耀庭、总裁周海江等领导及党委各部门负责人、各二级公司党支部（总支）书记、集团总部各部门部长、监事会等负责人组成的评委进行投票，得票最多的前9名当选为团委委员。第二轮投票产生团委书记、副书记各一名。由于竞选者都十分优秀，竞争非常激烈，出现了候选人得票相同的情况，又通过新一轮的投票表决。最后，浦卓雅以丰富的资历和骄人的业绩当选为集团新一届团委书记，周亚为团委副书记，曹永平、章喜梅等为团委委员。

红豆集团开展换届选举、竞争上岗活动

看到这些脱颖而出的青年才俊,笔者想,红豆的未来是属于他们的。有这样一批努力拼搏的年轻人,红豆的明天会更加绚丽多彩。

"赛马而非相马"

红豆的制度选人是怎么来的呢?周海江说:"这种制度的由来是有一个故事的:我曾考察过沃尔玛,发现他们的信息渠道很通畅。他们的员工,哪怕是清洁工,随时都可以推开总经理办公室的门。但是,在我们中国的企业里,这是不可能的。"

回国后,周海江就在每个车间设立了一个信箱叫总经理信箱,员工有什么想法,都可以写信放在里面。任何人不准拆信,必须由周海江自己来拆,并在看完之后亲自处理,所以不管里面是什么话,哪怕是骂他的话,周海江都能看得到,所以很清楚员工有什么想法。

有一次,周海江收到了一封大学生的来信。他说,我来厂几年了,完全可以担任副科长了,甚至担任科长都没问题,但是总不提拔我。周海江看了之后,马上叫人去考察。考察的人向周海江汇报说这人确实不错,于是这个人就得到了提拔。这件事情引起了周海江的深思:企业的规模越来越大,靠"相马"的办法物色人才,范围很受限制,很可能会有遗漏,而且也不利于激发员工的竞争意识,形成奋发向上的文化氛围。因此,红豆集团推出了"制度选人、竞争上岗"的用人机制。

其实,在选人用人问题上,大多数民营企业还是喜欢"相马"。所谓"相马",就是企业领导人凭自己的好恶决定选人用人。这种做法,创业初期有一定的合理性。因为民营企业创业初期都是感情经济。乡里乡亲、父母兄弟、亲戚朋友以感情为基础,走到一起,办起了企业。由于知根知底,所以"相马"选人在创业初期有一定的合理性。但是随着企业的发展,"相马"选人往往形成"关系学"的不良文化氛围,对企业长远发展具有非常不利的影响。

红豆是如何实行制度选人的？

一是靠制度选拔。红豆集团要求从科长、厂长到总经理、部长乃至于总裁等高级职位一律通过竞争上岗，制度选人，有上有下。2000年10月，红豆集团举行竞争上岗竞聘活动，从复旦大学毕业的喻琼林在选举中脱颖而出，担任了已经亏损的相思鸟西服厂厂长，他不负众望，第一年就扭亏为盈，上缴利润265万元。后来他又通过竞争上岗担任了红豆西服厂厂长、红豆大胎厂厂长，现在他已经成长为红豆杉生物药业公司的负责人。

二是亏损必须下台。红豆集团的厂长、经理，只要亏损，不但要下台，而且要降级、要赔偿。赔偿的比例按照15%进行计算，即亏损100万元要赔偿15万元。但是如果赢利的话也可以按比例进行分红。这样，既给了厂长、经理们适当的压力，又给了他们充足的动力，使他们能充分发挥主观能动性，把企业做得更好。红豆集团认为，市场经济中的企业必须追求利润最大化，企业亏损了，必须有人对此负责。如果要为亏损找理由可能有很多，但并不能解决实际问题，反而会推卸责任。因此只要亏损，企业领导人就必须下台。

三是下台者仍有咸鱼翻身的机会。对于由于经营亏损而下台者，红豆集团并没有抛弃他们，而是让他们进入经理室担任经理，参与研究企业发展问题，同时总结经验教训，提升自己，在知识储备和能力得到提升之后可以重新参加竞争上岗。

四是竞聘看业绩和经历。红豆集团所有的岗位都通过竞争来获得。红豆会在集团公示栏中贴出竞争上岗的告示，红豆2.2万名员工只要符合相应条件都可以参加竞聘。竞选的时候，只要讲两条：一是业绩，二是经历。业绩代表能力，经历代表资历。所以，只要把能力和经历一摆，评委就能知道竞聘者能否胜任这一岗位。竞聘演讲之后就是投票，以得票最高者当选。

五是红豆集团党委书记、总裁不投票。在竞聘中，红豆集团党委书记、总裁虽然是评委之一，但在投票过程中却是不投票的。红豆集团通过这种方式向员工传递一种信息——与领导关系的熟悉程度并不是提升的关键，只有努力把自己的工作做好，做到优秀就有机会提升。

六是所有高管包括总裁都是竞争上岗的。红豆集团的竞争上岗并非一纸空文，而是真抓实干，任何人都不能搞特殊。红豆集团党委领导班子成员也是通过"公推差额直选"选出来的，目前已实行了三届。

从"赛马而非相马"，再从赛马到制度选人，红豆集团从上到下形成了这样一种制度文化：在竞争中锻炼人才，在竞争中选拔人才，在竞争中启用人才，在竞争中发展人才；敢于争先的上位置，不甘落后的保位置，安于现状的让位置。

什么是民主？周海江说："制度选人就是民主。"实行"制度选人、竞争上岗"就是要改"关系学"为"业绩学"，营造"多琢磨事""少琢磨人"的奋发向上的文化氛围。周海江在对新员工培训时讲，"如果红豆2.2万名员工，整天都在研究领导在想什么，在研究和领导的关系，那么红豆必然要走向死亡；如果2.2万员工每天都在研究如何提升自己的能力，白天多干活，晚上多学习，把工作做好，一有竞争上岗机会，就能获得更大的发展舞台。这就叫做改关系导向为绩效导向，要求员工不要去钻研庸俗的'关系学'，而是研究'能力学'、'业绩学'，努力提升个人的能力和业绩。如此这般，企业不兴旺都不行。这样，事业的主动权就掌握在员工自己手中，只要努力、肯干，就有机会上升。这种导向模式将保证红豆的发展越来越好"。由于制度选人必须要过能力关、过民主关，要靠业绩说话、靠民主说话，因此，红豆集团的用人原则是："德才兼备者重用，无德无才者不用，有德无才者可用可不用，有才无德者绝不能用"。

红豆集团制度选人、竞争上岗的用人机制的形成不是偶然的。

首先，开放股权的"内部股份制"是红豆集团制度选人的制度性基础。没有开放股权的"内部股份制",红豆集团不可能形成干部能上能下的企业文化氛围。目前,红豆集团有500个股东,其中很多高级管理人员都拥有企业的股份,集团下面的每个工厂也都有明晰的股份产权制度,约50%的股份都由工厂管理层共同持有。亏损的厂长宁愿自己下台,也不愿意企业亏损,有能力者就有机会通过竞争上岗走向领导岗位。

其次,这与红豆集团在创业过程中形成的"一方水土用八方人"的用人思想和竞争意识密切相关。在读大学的时候,周海江当过舍长、楼长、系团总支负责人,这些职位都是通过选举甚至竞选的方式获得的,因此,竞争观念很早就深入他的骨髓之中。为了不断补充生产和管理方面的干部,在周海江的建议下,集团在20世纪90年代曾成立过"毛遂自荐办公室",这是选拔人才最早的制度尝试。

最后,这与周耀庭"赛马而非相马"的思想有关。在创业初期,红豆提倡人人都坐"两条腿"凳子,因为"两条腿"坐不稳,所以,所有人都有危机意识、竞争意识,只有努力工作,才能不被淘汰。强调危机意识,强调拼搏精神,让睡觉的人回家,让无能的人下岗,让无能的领导下来当普通工人,百万年薪聘请总经理,不断突破原有的思维模式,在危机意识中奋进。

人人都有上升通道

在红豆集团,几乎每个星期都会推出竞争上岗的职位。岗位从科长、车间主任、销售经理到厂长、公司总经理等,参加竞争者可以来自集团内部的任何一个岗位,从而使所有员工都清晰地看到自己的上升空间,最大限度地发挥聪明才智。近3年来,已有150多名外来工由蓝领成为白领。

红豆集团在人才管理上,区分了三个层次:高级人才、优秀人才和一线员工。每个层次的人才都有自己的上升通道。对于高层次人

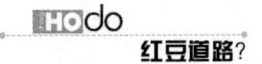

才，红豆采取给股权、给产权的方式，留住高层人才，增加员工的凝聚力和向心力；对于优秀人才，红豆实行制度选人，竞争上岗，破除晋升天花板，开放上升通道；对于一线员工，给予竞聘班组长及车间主管的机会，并开展评选星级员工的活动，对于三星级员工予以免费上大学，接受高等教育的机会，实行带薪参加管理培训班（参见表2-1）。

表2-1 不同职系员工的发展通道

员工发展通道	
职系	适用人员
管理通道	科长/主任—部门经理—厂长经理/部长—总监—总经理—总裁
技术通道	技术员—助理工程师—工程师—高级工程师
星级员工制度	一星级职工——二星级职工——三星级职工——基层管理人员

在红豆，只要努力工作，一线员工也能清晰地看到自己的上升空间。

2010年7月31日，红豆集团来自各个产业的33名一线三星级员工放下手边的工作，坐进宽敞明亮的教室，开始了为期一年半的大学生活，上学期间工资照发。学习的内容包括，生产管理的专业知识和电脑、人际沟通等基础知识。需要指出的是，三星级员工还可以通过竞争上岗进入"管理通道"。红豆在追求利润最大化的同时，十分尊重员工劳动，努力为员工创造公平发展的良好机会（参看图2-2）。由于转型升级的需要，红豆集团要求进入科室的员工必须是本科对口专业，所以，为了不断给员工希望，就免费送集团三星级员工上大学，目的就是给他们创造进入科室和进入管理层的机会，这就是红豆集团能够持续发展、保持旺盛生命力的根本原因。

在红豆，许许多多的普通员工通过竞争上岗走上管理岗位，实现了个人发展。潘家祥，2004年大学毕业后进入红豆任车间主任助理工作，2009年通过竞争上岗当上了集团商标厂副厂长，后来，竞争上岗又让他走上了股份公司衬衫厂厂长的岗位。

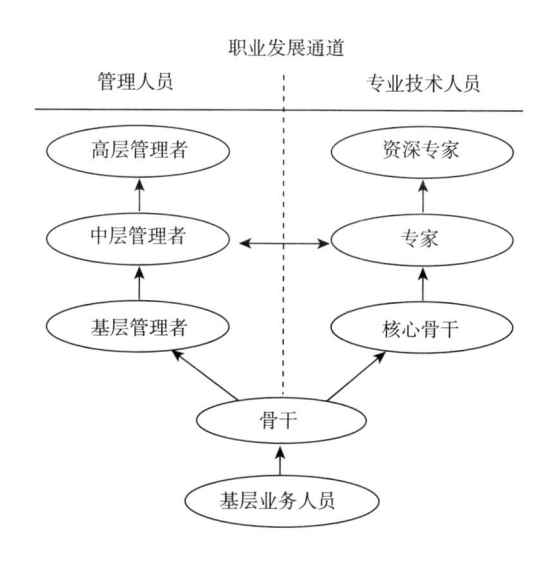

```
                    职业发展通道
         管理人员      │    专业技术人员
       ┌─────────┐   │   ┌─────────┐
       │ 高层管理者 │   │   │ 资深专家 │
       └────▲────┘   │   └────▲────┘
            │        │        │
       ┌────┴────┐   │   ┌────┴────┐
       │ 中层管理者 │◄──┼──►│  专家   │
       └────▲────┘   │   └────▲────┘
            │        │        │
       ┌────┴────┐   │   ┌────┴────┐
       │ 基层管理者 │   │   │ 核心骨干 │
       └────▲────┘   │   └────▲────┘
             \       │       /
              \      │      /
             ┌─────────┐
             │   骨干   │
             └────▲────┘
                  │
             ┌─────────┐
             │基层业务人员│
             └─────────┘
```

图 2-2　员工职业发展通道

来自安徽潜山县的徐学文十多年前到红豆女装厂做业务员，由于工作越做越出色，不仅多次被评为优秀员工、岗位标兵，而且通过竞争上岗，职务从副科长晋升为毛毯厂厂长。"创业在红豆，只要奋斗就有前途!"走上厂长岗位那天，徐学文流下了激动的泪水。

基业常青在于用人，制度选人使红豆集团发展后继有人。通过制度选人、竞争上岗，红豆在企业内部营造了良好的用人生态环境，进一步激发了年轻干部奋发向上、积极进取的工作热情，一大批优秀青年人才脱颖而出，在关键岗位上担负起重任，为公司的跨越式发展贡献着聪明才智。

三 红豆杉：生态发展

曾经哭泣的红豆杉，让红豆人揪心。如今的红豆杉不再哭泣，因为红豆人的保护，濒临灭绝的红豆杉茁壮成长、造福人类。15年前，红豆人在港下镇栽下第一颗红豆杉种子，15年后，红豆杉种植园一眼望不到边；15年前，港下镇许多土地被撂荒，15年后，这里郁郁葱葱，成为超级"氧吧"；15年前，红豆集团红豆杉产业从零开始，15年后，红豆集团红豆杉业务已形成庞大的产业链；15年前，一支紫杉醇针剂要2000元，15年后降到300元左右……这就是红豆集团与红豆杉的故事，这个故事的主题是爱与和谐。因为有爱，红豆杉不再哭泣；因为有爱，红豆杉才能与人和谐发展。

这就是红豆杉，一个生态发展的企业样本。

产业链上的"四朵金花"

红豆杉火了！来红豆集团红豆杉专卖店购买盆景、树苗的人排起了长队；到无锡红豆杉生态园吸氧、旅游的人多起来了。从红豆杉种植到紫杉醇提取，从红豆杉盆景到生态旅游康复产业，红豆集团硬是从零开始，一步一步把红豆杉产业越做越大，越做越强。

红豆杉全身都是"宝"。它的木材是优质红木，可做高档家具，果实可做保健品，树皮、根茎是提炼紫杉醇最好的原料，所以又被称为"黄金树"。红豆集团从种植红豆杉开始，目前已初步形成规模化种植、抗癌原料紫杉醇提炼、盆景及苗木外销、观光康复等四大生态健康产业链，红豆的目标是成为红豆杉综合开发利用的全球领跑者。

其一是红豆杉种植产业。1992年12月，美国食品与药物管理局

（FDA）正式批准紫杉醇用于临床生产。自此之后，红豆杉身价倍增，变成奇货可居。每提取1千克紫杉醇约需要消耗10多吨红豆杉枝叶。世界上癌症的年发病人数在1000万以上，如按0.006%～0.06%提取紫杉醇，年需消耗红豆杉树皮700～1000吨。然而野生红豆杉生长周期长，因此，只有大规模人工种植红豆杉才有可能将紫杉醇列入产业化生产。红豆集团经过多年努力终于掌握了快繁技术，使大面积人工种植红豆杉成为现实。红豆集团及时将该技术申请为国家发明专利，2005年，"红豆杉快繁技术和产业化"被列为国家星火计划项目。

目前红豆集团已在无锡建成3万亩红豆杉生态园区，现已培育一年生及以上的红豆杉3500万株，每年育红豆杉苗600多万株，成为国内最大的红豆杉实生苗繁育基地。2008年，经国家林业局批准，红豆集团红豆杉种植基地被列为国家林业"科技示范区"。

红豆集团红豆杉生态园

红豆道路？

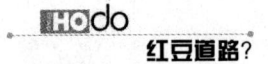

2009年9月21日，美国财政部执行秘书长David Loevinger一行，在中国财政部部长助理朱光耀等领导的陪同下参观了红豆杉高科技产业园。David Loevinger一行对红豆集团拥有3万多亩的红豆杉规模赞叹不已，表示希望美国的企业能够有机会和红豆集团在该项目上合作。

研究表明，大面积种植红豆杉不仅使紫杉醇提取产业化，而且还有利于利用人类生产生活产生的有机物，净化空气、土地及水质，有利于保持农业用地的传统洁净作用，使人类的发展和环境的保护达到和谐统一。因此，红豆杉产业被誉为健康产业、朝阳产业，发展前途无可限量。

国家林业局副局长赵学敏说："对红豆杉进行人工栽培，建立人工培植基地是解决好保护与利用的矛盾、实现可持续利用的行之有效的途径。"

其二是红豆杉盆景。2008年9月20日，一辆满载红豆杉的卡车从红豆集团出发，十几个小时后这辆卡车开进了中南海。从此，红豆杉盆景摆放在中南海国家领导人、国家机关工作人员的办公室、会议室。红豆杉为什么能走进中南海？这里面有个故事。

2007年，已经有10年红豆杉培育经验的红豆集团，逐渐发现自家养护的红豆杉林的空气特别清新，可能有净化空气的作用。细心的红豆人就请来江苏省环境监测中心的工作人员进行检测，结果显示，红豆杉盆景对空气中的二氧化硫、二氧化氮、一氧化碳的净化效率分别是31.8%、49.0%、22.2%，总挥发性有机物的净化效率更是达到65.1%。

2008年1月，红豆集团总裁周海江在向温家宝总理汇报工作时，提到了红豆杉能够吸收空气中的二氧化硫、二氧化氮等有害气体，温总理非常感兴趣。国务院办公厅专门派工作人员到红豆集团考察红豆杉。2008年9月，由国家环境分析测试中心的检验员在一个1立方米的含苯密封容器内放入了两棵红豆杉盆景，两小时后，容器内苯、甲苯、二甲苯的残留量分别下降到了 67.2%、64.4%、62.3%，72 小时后下降到了 16.5%、13.2%、13.5%，甲醛的残留量在 24 小时后就下降到了 9.01%。权威检测数据表明，红豆杉在净化空气方面的确有特殊功效。在多次考察后，国务院办公厅决定引种红豆杉，这是中南海几十年里首次大规模引种的一种植物，中南海还为此专门辟出 3~4 亩地种植红豆杉。

红豆杉走进中南海引发巨大的宣传效应。经过上海世博局多方考察，2010 年，红豆集团红豆杉亮相上海世博会。红豆牌红豆杉作为珍稀物种，与国宝《清明上河图》一起在中国馆"希望大地"主题的"同一屋檐下"展出，供全球 100 多个国家和地区的民众参观。世博会结束后，红豆杉随中国馆得以永久保留。2011 年，红豆杉走进深圳大运会。

借这股东风，红豆集团以品牌为导向，迅速将红豆杉推广到全国。为了进一步提升产品形象，红豆集团向全国宣布 50 万元征集红豆杉广告语。舍得花 50 万元买一句广告语的企业，即便在今天也不多见。2009 年 3 月 22 日，红豆集团豪掷 50 万元人民币向全国广撒"英雄帖"，为了给旗下产品——红豆杉征集一句广告语，字数限制在 15 字以内。最终，在成千上万的广告词中，"红豆杉 健康伞"这 6 个字力拔头筹夺得 50 万元大奖。红豆集团这样做是不是在作秀？不管别人怎么说，为了红豆杉事业的发展，红豆集团认为，6 个字，50 万元，值！

2009 年 8 月开始，仿佛一夜之间，"红豆杉，健康馆"出现在全国主要大城市的街头巷尾，此举开创了红豆杉品牌化经营的道路。如今，在北京、上海、南京等一线城市，办公室、家庭摆放红豆杉盆景成为一种潮流。红豆杉走进千家万户后，被人们誉为"家庭绿色银行"。因为它能美化、绿化家庭环境，还能净化空气，起到防癌作用。

红豆杉健康馆

  河南郑州的袁老板是第一批开设红豆牌红豆杉盆景专卖店的经销商。如今，他已经持续发展了多个加盟店。通过盆景销售，他已经赚了人生好几桶金。据红豆杉生物公司顾经理介绍，目前，红豆杉盆景年销售量在150万盆左右。

  中国林业科学院博士孙启武说："红豆集团在红豆杉综合开发利用方面，作出了新的尝试，把红豆杉作为盆景开发利用，这是一项非常好的举措。"2011年，在"中国经济发展论坛"上，红豆集团红豆杉生物科技有限公司荣获"2011中国最具发展潜力企业"，成为江苏省唯一获此殊荣的企业，也是参评企业中唯一获奖的盆景、绿化企业。

  其三是紫杉醇提炼。有人说紫杉醇是"黄金树"，也有人说紫杉醇是"造币机"。的确，红豆杉之所以珍贵是能够从中提取紫杉醇。紫杉醇是当今世界公认的广普、强活性的抗癌药物，但因紫杉醇的提炼成本高，所以价格一直居高不下。因此，谁掌握了紫杉醇的提取技术就好比掌握了一台"造币机"，财富自然滚滚而来。全球每年消耗1500~2500千克紫杉醇。巨大的需求和有限的产能使得紫杉醇奇货可居。高纯度紫杉醇价格昂贵，目前98%纯度的紫杉醇国际市场价格为每千克40万~60万美元，我国纯度为70%的紫杉醇售价为160万~

180万元/千克，是黄金价格的几倍。

2004年5月，红豆集团与江苏红豆杉生物科技公司共同出资成立红豆杉药业有限公司。2005年11月，红豆杉药业公司按GMP标准建成28800平方米标准厂房，总投资8000万元。2006年12月9日，红豆集团自主创新研究成功的"人工种植南方红豆杉全株采集提取紫杉醇新技术"，通过了省级科技成果鉴定，鉴定委员会的专家一致认为此项技术简化了工艺流程，降低成本30%，紫杉醇总提取率达到85%以上，达到了国内领先、国际先进水平。负责这项技术鉴定的都是国内行业顶级专家，包括中国药科大学中药学院副院长、教授、博士生导师梁敬钰，中国军事医学科学院6所室主任、教授、博士生导师梅兴国等七位专家。

2007年，红豆集团投资1.7亿元的紫杉醇提炼厂投产仪式暨针剂厂奠基仪式举行。这标志着红豆集团在拥有全球最大的红豆杉实生苗基地之后，站在了世界高科技生物制药领域的前沿。9月，红豆杉药业公司正式批量化试生产。其中生产的紫杉醇原料药（紫杉醇含量不低于99.5%）完全符合中国药典标准和美国药典标准，并能满足客户的特殊要求。复旦大学环境科学与工程系主任、教授陈建民说："从红豆杉中提取的紫杉醇是近30年来天然抗癌药物领域最重大的发现，为广大癌症患者带来了福音。"

2012年6月，红豆集团红豆杉药业公司获得了美国FDA生产紫杉醇的DMF注册号（注册号为25759）。这为紫杉醇原料药进入美国高端市场迈出了扎实的一步。目前，红豆集团已具备每年提取500千克紫杉醇的生产能力，如果全部达产的话，紫杉醇药业将实现60亿元的产值。

实现利润最大化是企业的目的。不过，红豆集团当初进军红豆杉产业的目的之一是通过自主研发掌握紫杉醇提取技术，进而降低紫杉醇的价格，使更多的癌症患者能够用得上、用得起。周海江说："国际市场上 1 千克紫杉醇可制成针剂 3.3 万支，一支最高要卖 1000 元，而红豆集团通过自主创新，最终可使每支降至 330 元，我们要使紫杉醇价格每三年降一半，造福广大癌症患者。"

红豆杉药业的发展规划是建成世界上最大的紫杉醇和紫杉烷类物质供货基地之一，按照 cGMP（现行药品生产管理规范）进行生产管理，实现规模化、标准化；建成系列抗肿瘤药物和新型制剂开发及生产基地，填补国内空白，参与国内、国际市场竞争，提高民族医药工业水平；建成红豆杉康复疗养园，通过规划，占地 500 亩的康复疗养中心将落户园区，其中设立普通修养区和高档疗养区。癌症患者可以在这里观赏红豆杉，呼吸纯净的高氧空气，感受宁静、安详的自然境界，同时可享受到健身、康复疗养等服务。

根据我国权威部门的预测，到 2015 年，中国生物制药的规模可能要突破 800 亿～1000 亿美元，增速在 10% 以上。巨大的市场潜力，使红豆杉制药发展前景广大。周海江告诉我们，目前，红豆集团正在积极整合红豆杉相关资源准备上市，通过资本市场做大做强紫杉醇药业，造福更多的癌症患者。

其四是旅游健康产业。"西有灵山梵宫，东有红豆氧宫"，这是无锡人旅游的必到之处。"氧宫"是无锡人对红豆集团高科技红豆杉生态园的昵称。红豆杉有 24 小时放氧的特性，红豆集团红豆杉科技产业园形成了一个巨大的氧吧，吸引了无数人前来参观、旅游、度假、休闲。红豆杉观光园是红豆杉高新产业园的核心部分，面积有 3000 亩。红豆杉观光园结合养生健康、绿色生态、休闲娱乐为一体，形成自己独特的、不可复制的优势。生态旅游是近些年来兴起的新兴产业，生态旅游以其生态、健康、经济、可持续性得到人们的广泛关注。

2011 年 9 月，红豆集团红豆杉高科技产业园以其景观资源独特性、地域文化独特性、美感体验、和谐魅力、文化积淀、公众认可度六个方面赢得了专家学者的较高评价，被评为"四星级江苏最美的地方"。

红豆杉：绿了家乡　富了农民

有没有一种既有利于生态系统恢复与重建，又能带动农户增收致富，推动当地农业经济发展的好项目？这种"鱼和熊掌兼得"的事情在红豆集团所在地无锡市锡山区港下镇早已变成现实。

2006年，红豆集团的红豆杉项目被列入国家星火计划。国家星火计划就是依靠科技进步，带动农民致富。

无锡地处长三角经济带，是中国经济最发达的地区之一。改革开放初，这里乡镇企业发达，因此，当地农民大都就近进厂做工，从而造成一些土地荒芜现象。红豆集团种植红豆杉之初就是利用了当地的一些荒芜土地。

从2000年开始，红豆集团整合当地的土地资源，积极引导农民参与红豆杉种植。当时，东港镇周围的10个村（湖塘桥、勤新村、三联、港东、新港、港南、陈市、张缪舍、黄土塘、东青河）都将红豆杉作为"一村一品"的重点种植品种。红豆采取的是租用农民土地，并通过吸纳中老年农民进行种植，按月结算工资的形式，带动种植面积的增加和对农村的反哺。农民改种红豆杉后，每年每亩地的收入大大高于以前传统农业的收入。

早在租地之初，红豆集团就根据当地农业部门规定，对租用土地的农民进行了合理补贴，目前有1000多名老年农民参与种植。

红豆集团没有采用"公司+农户"的惯用模式，他们宁可自己多投入一点，也要确保参与种植的农民得利。红豆集团常务副总裁周鸣江告诉我们："至少有两种办法能把成本降下来，实现利润最大化。其一，红豆可以在无锡以外更廉价的土地上种植红豆杉。其二，可以采用订单的方式，直接向农民收购提炼紫杉醇的原料。第一个方法不能带动本地农民致富，第二个则由于订单农业固有的缺陷，无法规避

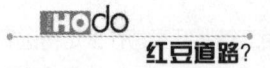

市场风险，容易引发纠纷。经过再三权衡之后，红豆杉项目最终没有选择降低成本这条路，而是选择放弃部分利润，以每亩多投入两三千元成本的巨大代价来保证农民利益。"

红豆杉生物一公司的徐信保为我们算了一笔账：农民种粮每亩地的纯收入在500元左右，而种植红豆杉，农民每年亩均纯收入就达到了1000元。还有一部分农村剩余劳动力参与种植及田间管理，每月可获得工资收入近1000多元。更多的农民则到红豆工厂工作，成为现代化的工人，每个月的平均收入超过3000元。种植红豆杉已经成为当地农民的又一个重要收入来源。让当地农民参与红豆杉种植，红豆集团探索出了绿色发展、生态富民的独特的产业发展之路。

生态产业：人与自然的和谐发展

随着人们对红豆杉认识的不断提升和研究的不断深入，红豆杉的开发和利用前景越来越广阔。红豆集团不仅开发了红豆杉苗木、盆景，还有红豆杉健康枕产品。

作为纺织服装的龙头企业，红豆集团已成功开发出红豆杉面料、保健内衣等产品。

在2012年的中国服装博览会上，由红豆居家推出的一款红豆杉保健内衣吸引了众人眼球。这种红豆杉纤维功能性针织制品是目前国内抑菌保健性能领先的针织内衣面料，有着一般面料无法达到的特殊效果。所制成的内衣具有保湿、抗菌、消炎、保健功能。

"新型面料的研发将红豆杉的防癌抗癌特性应用到纺织品上，提高了针织内衣的附加值，大大满足了人们追求高品质生活的需要，将科技创新渗入日常服装，融入人们的家居生活。"周海江说。

原国家林业局局长贾治邦在红豆集团红豆杉基地参观考察时说："红豆杉产业发展潜力大，这个产业的意义在于延长了地球和人类的健康生命。"

从经济效益上看，红豆杉可以带动农民致富，改善农业产业结构。美林银行中国区负责人在红豆集团红豆杉基地考察时曾经说：这是个"绿色银行"，一百年后，这个基地的价值将无可估量。从社会效益看，红豆杉可以治病，造福人类。中国医学科学院教授方起程在参观红豆杉基地时说："在美国很多城市的住宅小区和公共建筑物都种了红豆杉，这样一种植物很值得在我们国内推广种植，不仅可以改善环境，而且可以美化城市。"

红豆杉的确火了！15年来的坚持换来了今天的产业繁荣。与其说是红豆杉撑起绿色产业，不如说是红豆集团坚持不懈走生态发展之路的结果。企业要想持续、健康发展，就必须走绿色发展、生态发展、循环发展的科学发展之路。红豆杉的种植和开发，体现了人与自然、企业与自然的和谐发展。

人类文明的发展经历了原始文明、农业文明和工业文明三个阶段。工业文明创造了巨大的物质财富，促进了人类社会的进步与发展，但也遇到了前所未有的生态危机。生态文明是继农业文明、工业文明之后人类文明的最高形态，是当今人类共同的价值追求。传统工业文明因其牺牲资源和环境为代价，发展道路已经走到尽头。人类发展站在一个新的十字路口，可持续发展成为人类唯一可以选择的道路。什么是可持续发展？"在满足当代人需要的同时，不能侵犯后代人的生存和发展权力"。这一定义简单地说就是不能"吃子孙饭，断子孙路"。发展生态产业，走可持续发展的道路，红豆集团打造红豆杉生态产业链带给人们诸多思考：

首先，发展生态产业要敬畏自然，与自然平等相待。无论是农业文明还是工业文明，传统文明之所以衰败，根本的问题在于人类以统治者、征服者的姿态出现在自然面前。生态文明建设的核心是统筹人与自然的和谐发展，建设生态文明要遵循可持续发展的原则。

其次，发展生态产业要有爱心。红豆集团开发利用红豆杉产业的

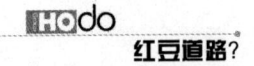

初衷就是为了拯救"哭泣的红豆杉",为了更多的癌症患者能够用得起紫杉醇。爱心,推动人与自然的和谐;爱心,推动企业与社会的和谐。

历史的经验表明,当人类与自然处于平等、互利、和谐关系的时候,自然也能为人类提供良好的生存和发展环境。走绿色生态发展之路,奏人与自然和谐的乐章,这就是红豆集团红豆杉产业发展给我们的启示。

● 专栏:红豆杉的价值

国家一级保护植物:红豆杉是世界上公认的濒临灭绝的天然珍稀抗癌植物,在地球上已有250万年的历史。1996年联合国教科文组织将其列入世界珍稀濒危植物;1999年,红豆杉被列为国家一级珍稀濒危野生植物保护范围,同大熊猫处于同等保护级别。目前中国发现树龄最长的红豆杉是3000年。

珍贵的天然抗癌植物:红豆杉在我国医学中早有记载:《本草纲目》记有红豆杉治疗霍乱、伤寒、排毒等;现代《中药大辞典》、《本草推陈》、《东北药植志》等医药书中还有进一步的记载。红豆杉叶内含紫杉碱二萜化合物、紫杉宁、紫杉宁A、紫杉宁H、紫杉宁K、紫杉宁L、金松黄酮、坡那留酮A、蜕皮留酮、挥发油等;茎皮含紫杉酚,具有抗白血病及肿瘤作用;枝含紫杉碱,心含紫杉素,紫杉16有降血糖的作用。叶、枝入药都有通经、利尿、抑制糖尿病及治疗心脏病之效用。红豆杉包含紫杉醇、紫杉酚等成分,具有广谱抗癌作用,是新型的抗癌药物,紫杉醇通过与微量蛋白结合,促进聚合,抑制癌细胞有丝分裂,有效阻止癌细胞增殖。1992年2月29日,美国国家食品与药物管理局(FAD)正式批准其作为抗癌药物上市,成为全球最热的抗癌新药,也是癌症病人最后一线希望。提取物紫杉醇具有独特的抗癌机理,1千克紫杉醇价值200万元,可供500位癌症患者使用。

昼夜增氧：红豆杉能够全天 24 小时吸入二氧化碳，吐出氧气，而其他植物只能在白天吸入二氧化碳，放出氧气，晚上则吸入氧气，放出二氧化碳，在居室里与人争氧，所以红豆杉与其他植物相比，最大的优势是适合在室内摆放，起到增氧效果。因此无论在办公室、居室，还是小区、宾馆饭店、公园等场所，都适合并有必要摆放红豆杉健康树。

驱蚊避虫：最难能可贵的是红豆杉具有驱蚊避虫的本领，它向外挥发气味分子——香茅醛，气温越高，挥发香茅醛分子越多，驱蚊效果越好。

红豆杉享有"长寿树"和"贵族盆景"美誉：红豆杉属于杉科，耐寒，四季常青，翠绿秀雅，寿命很长，人们称之为"长寿树"。在纽约联合国总部门前，美国的白宫花园内，英国白金汉宫广场上以及许多国家首脑的办公场所，都可以看到红豆杉靓丽的身姿，所以有"帝国圣树"的美称。

红豆杉的园林绿化价值：红豆杉树形美丽，枝叶清秀，造型隽永，四季常绿，通过人工处理可形成圆形、伞形、塔形等多种艺术形状，是一种深受人们喜爱的观赏植物，城市绿化的名贵珍稀物种，在民间素有"风水神树"之称。可广泛应用于水土保护和园艺观赏林，是新世纪改善生态环境、建设秀美山川的优良树种。中国林科院、国家林业局门口都有红豆杉的倩影，被誉为"园艺王子"。

红豆杉能有效吸收有害气体，它释放出来的气体可杀菌、净化空气、防癌、预防感冒及老年心血管疾病；对刚刚装修的新居而言，红豆杉能消除氡气等有害气体并防止放射性元素对人体的伤害，起到提高室内空气质量和保护人体健康的作用，据研究表明，当室内每平方米达到 400 个叶片时，红豆杉可有效缓解乳腺炎及乳腺增生引起的疼痛；对烟民而言，能有效地消除"二手烟"对自己和家人的危害；长

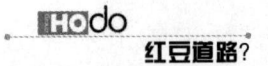

期与电脑为伍的人员，室内放置一定树龄的红豆杉也可在一定程度有效地消除电脑辐射带来的危害。

红豆杉的观赏价值：红豆杉树姿优美，树干紫红通直，种子成熟时呈红色，假皮鲜艳夺目，同时，它分泌释放的各种生物碱气体能净化空气，有疗养保健的作用，是上等的园林观赏树种。红豆杉木质坚韧、纹理细直、色泽淡红，有独特的盆景观赏价值，应用矮化技术处理的东北红豆杉盆景造型古朴典雅，枝叶紧凑而不密集，舒展而不松散、红茎、红枝、绿叶、红豆使其具有观茎、观枝、观叶、观果的多重观赏价值。红豆杉是集药用、观赏、防癌保健为一体的经济价值极高的树种，世界各国都将其视为"国宝"。

四 文化制胜：驱动品牌

随着经济的发展和社会的进步，文化在企业竞争中的地位和价值也越来越明显，企业文化成为企业核心竞争力。哈佛大学教授约翰·科特和詹姆斯·赫斯克特，依据哈佛商学院对美国22个行业中精选出来的207家公司的调查研究结果，得出两个重要结论：第一，企业文化对企业的长期经营业绩具有重大作用；第二，企业文化在下一个10年内很可能成为决定企业兴衰的关键。这个结论说明一个问题：在未来的企业竞争中，企业文化将占据主导地位，文化制胜！

如果说红豆与其他民营企业有什么不同的话，那就是企业文化。红豆文化是红豆集团最大的资本，也是红豆集团最大的特色。首先，红豆从中国传统文化中得到灵感，创造了红豆这个品牌；其次，红豆从传统文化中不断汲取养分滋润品牌成长，红豆品牌从单一品牌发展成为多元品牌；再次，红豆把党建作为引领企业先进文化的源泉，形成独具特色的党建文化。

"文化为本，创新为魂""品牌的一半是技术，一半是文化"，红豆集团创始人周耀庭虽然出身农民，但他对文化的认识却非同寻常。著名作家冯骥才说："把红豆作为载体，宣传中国传统文化，红豆的这种做法才叫企业文化，是升华到最高层次的企业文化。"

红豆集团是如何从传统文化中汲取养分，打造红豆企业文化呢？

"用红豆抵抗玫瑰"

一个企业坚持12年不间断地举办各种文化活动，为的是复活一个传统的节日——"七夕节"。这样的事情听起来都有点不可思议，但

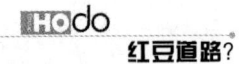

是红豆集团却坚持做到了。12年的坚持需要何等的决心和毅力，12年的投入要花费多少人力、物力和财力。红豆为什么这么执著于这件事？台湾诗人余光中一语道破其中的奥秘——"用红豆抵抗玫瑰"。红豆集团坚持12年打造"七夕·红豆相思节"，其实背后演绎的就是一种文化的较量：继承和弘扬中华民族的优秀传统文化，是红豆人的使命。

"七夕·红豆相思节"

　　服装与文化有着天然的联系，消费者购买服装产品，不只是选择了服装的款式和面料，同时也选择了服装的文化品位。作为一家传统的服装企业，红豆集团选择蕴涵丰富民族文化的"红豆"作为企业产品商标、企业名称，显示出创业者高人一筹的商业智慧。"红豆"品牌的灵感来自红豆树，从红豆树到王维的《相思》诗，"红豆"蕴涵丰富的传统文化信息。"红"，红红火火、吉祥如意；"豆"，蓬勃向上，生命力强。因此，红豆品牌一经推向市场就受到消费者的欢迎。

从传统文化中找到品牌灵感的红豆集团并没有就此停步，而是在思考如何更好地继承和弘扬传统文化，特别是在西方文化不断冲击的背景下，让年轻的一代人在接受传统文化的同时，喜爱红豆品牌。"七夕"——牛郎织女鹊桥相会的日子，这一传统的东方情人节，由于在外来文化的冲击下，逐渐被人淡忘了。红豆举办"七夕节"的目的就是为了唤醒国人的记忆，弘扬传统文化。

从2001年开始，红豆集团举办"七夕·红豆相思节"系列活动，着力将七夕节打造成中国人自己的情人节，通过多种形式向全世界华人倡导过中国人自己的情人节，用实际行动保护、传承、振兴中华民族的传统文化。2001年6月28日，由贺敬之、柯岩、高洪波等著名诗人，赵本夫、黄蓓佳等知名作家共30余人参加的红豆相思节笔会，拉开了首届红豆相思节的序幕。会上，诗人、作家们对红豆集团倡导"相思节"给予了高度评价。同年8月25日（农历七月初七），人们迎来了浪漫的七夕。红豆集团与中央电视台联合举办"七夕红豆夜"主题晚会将"七夕·红豆相思节"推向高潮。2002年，在第二届"七夕·红豆相思节"上，台湾著名诗人余光中盛赞红豆举办七夕节是"用红豆抵抗玫瑰"。

红豆的这一举动引起社会广泛拥护和赞誉，但也有些人感叹恢复一个传统节日何其艰巨，这本来应该是国家的事情，有些人不理解，说红豆是"作秀""炒作"。红豆集团董事局主席周耀庭则说，红豆集团就是要用愚公移山的精神，用五个五年计划来弘扬这个传统节日。

12年来，红豆始终坚持弘扬传统文化这条主线，通过诗歌朗诵会、情人节民俗论坛、20万元大奖寻找"当代王维"、感动中国的爱情故事征集、晚会等多种形式的活动，通过中央电视台、台湾东森电视台、江苏卫视、东方卫视等主流强势媒体的传播，把红豆文化做得有声有色。周耀庭拿出当年创业的热情，亲自参与每个活动，不厌其烦地向大家介绍七夕的历史、解释恢复七夕的重要意义等。

我国台湾著名诗人余光中为第二届"七夕·红豆相思节"题字:《一粒红豆,千年因缘》。

"七夕·红豆相思节"在社会上引起了巨大反响,得到了社会各界人士的支持与关心。著名诗人贺敬之挥毫写下"七月初七日,红豆相思节";著名画家、作家冯骥才对红豆弘扬民族文化,拯救传统节日所作的贡献给予了高度评价。红豆集团执著地挖掘中华民族的优秀文化,使红豆的品牌文化又有了一个质的提升,融进了浓浓的民族优秀传统文化中。

2002年6月,"七夕·红豆相思节"案例在中国策划大会上获得"中国企业策划案例特别金奖",全国人大常委会副委员长布赫亲自为红豆集团董事局主席周耀庭颁发了这一奖项。2004年,作为全国人大代表,周耀庭向全国"两会"提交了《关于把七夕、端午等传统节日列为国定假日议案》,周耀庭的提案如今基本变成现实。端午节已经成为国家法定节日，而七夕也成为"我们的节日"。

2006年，"七夕"被列入国务院公布的第一批国家非物质文化遗产保护名单。2010年7月2日，中宣部、全国文明办、教育部、民政部、商务部、文化部等七部委就联合发文《关于深化"我们的节日"主题活动方案》的通知，对如何进一步深化春节、元宵、清明、端午、中秋、七夕、重阳等七个民族传统节日进行详细部署，七夕已上升为国家的节日。这可以说是红豆集团和众多有识之士12年孜孜不倦努力的成果。2011年，红豆集团凭其在企业文化建设上取得的突出成绩，荣获"2010~2011年度全国企业文化优秀案例"奖。这是继获"最具文化价值品牌"和"2006年中国纺织十大文化品牌"之后，红豆集团企业文化建设获得的又一殊荣。

红豆企业文化不仅培育了红豆品牌的成长，也是红豆几十年来保持活力和旺盛生命力的源泉。周海江说："红豆一定会通过继续举办'七夕·红豆相思节'等活动来提升品牌文化含量，努力将红豆打造成为'中国第一文化品牌'。"

"品牌的一半是文化"

有一位我国台湾的教授来红豆集团参观，看见红豆车间墙壁上写着"品牌的一半是文化"。这位教授非常不解地问周海江这是什么意思？周海江回答："品牌的一半是技术，一半是文化。"

什么是文化？周海江打了一个比方，我们到路边的小饭店吃一碟青菜可能是5块钱，同样一碟青菜到五星级宾馆可能就是50元。5块钱吃的是产品，50元消费的就是品牌文化。

企业文化千差万别，红豆集团的品牌文化独树一帜。首先，红豆集团从传统文化中汲取养分，以"红豆"命名产品。红豆是有形的情，情是无形的红豆，"情"是红豆文化的核心。对外，"红豆"向消费者、社会公众表达出一份美好情感；对内，则表现为企业对职工的关心和职工对企业的热爱，并使之升华出"诚信、创新、奉献、卓越"的"红豆"精神。红豆还是精神和物质的统一，"红"是喜气与成功，代表精神；"豆"是种子，代表物质。其次，红豆集团不是简单地高举民族文化这面旗帜，而是在创新的基础上将传统民族文化发扬光大。红豆集团十二年如一日，矢志不渝地打造"红豆·七夕相思节"，获得巨大成功。再次，红豆文化不仅用民族传统文化的土壤浇灌品牌之花，而且以党建引领企业文化发展。红豆文化对品牌的支撑是三维的，这种文化内涵既支撑红豆品牌的广度，也支撑红豆品牌的深度。"传统、民族、主流"构成红豆文化三个基本要素。传统文化，是红豆品牌传播"大众化"的基石。"情"是中国传统文化的基本内涵，从《诗经》到王维的《红豆》；"情"是贯穿中国传统文化的一条主线，这条主线绵延几千年不绝。它有着最广泛的群众基础和社会根基，"情"文化已经根植于我们社会的每一个角落；民族文化是红豆品牌传播"自主性"的基础。自主品牌必须建立在民族文化的基础上，"越是民族的，越是世界的"。正如红豆集团总裁周海江所言："我们要用民族文化沃土来培育自主品牌，使中国品牌走向世界。红豆正在这方面做着不懈努力。"主流文化则构成红豆品牌传播"高端化"的载体。

　　文化是品牌的土壤，品牌是文化的果实。红豆坚持引领中国消费群体的主流生活方式。红豆认为，新中国成立以来，正是社会的主流群体，坚定拥护党的路线、方针、政策，辛勤劳动、顽强拼搏，让中华民族生机勃发，赢得了全世界的尊重。

　　由此可见，文化对红豆品牌的支撑有着以下鲜明特点。第一，红豆文化不是空洞的，而是有深刻内涵的。这种内涵根植于优秀的民族传统文化并从中汲取养分。第二，红豆文化不是外来的，而是本土的。红豆文化诞生于历史悠久、文化积淀深厚的苏南大地。第三，红豆文化不是边缘的，而是主流的。红豆文化价值观符合社会主流价值观，红豆品牌正是在这样的文化土壤培育下，成为享誉国内外的民族自主品牌，也正是源于这样的文化背景，红豆才理直气壮地喊出要"打造中国第一文化品牌"。

不断发掘传统文化的内涵，勇于创新，这是红豆企业文化始终保持活力的奥秘所在。

其一是努力提升企业文化的含金量。红豆源于一个美丽的传说。随着企业的不断发展，红豆并没有停留在那块诗意的文化商标上，而是不断提升品牌的文化含量。为此，通过打造"七夕节"，红豆集团把企业文化定位为"情文化"；同时紧抓企业党建不放松，以党的核心价值观引领企业文化，形成了独具特色的红豆企业文化：在管理上，红豆集团突出人本管理，强调以人为本，把人的因素放在企业发展的中心位置，时刻把调动人的积极性放在主导地位。红豆提出"制度选人、竞争上岗"，强调给每位员工一个平等的机会；关心员工生活、学习，注重提升员工的素质和技能。在人才上，红豆提出"赛马而非相马"的人才观。创新是红豆文化的精髓，多年来，红豆在产品、技术、制度、人才等方面不断创新，才使得红豆始终保持一种旺盛的活力；从红豆衫到红豆杉，从红豆房地产到千里马轮胎，创新使红豆实现了从产品的多元化到品牌的多元化。党建文化是红豆的一大特色。红豆党建文化就是以党的核心价值观引领红豆建设先进企业文化，把党的政治优势转化为企业发展优势，在实践中，形成"一核心，三优势"的红豆党建文化特色。

其二是倡导"感恩"文化。对红豆集团而言，感恩是一种情怀，也是一种文化，只有将感恩之情真正融入企业文化，才会变成企业的自觉行为。红豆集团始终把"共同富裕，产业报国"作为企业的宗旨。并以实际行动践行这一宗旨，红豆的责任担当是一以贯之的，已经成为企业文化的内核，并表现在企业的具体行为上，成为企业的自觉行为。多年来，红豆集团累计向社会捐款捐物超过3亿元。

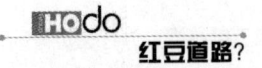

红豆文化基因解码

一个企业的成功不是偶然的,好的企业基因是关键。企业基因是什么,就是企业文化。

红豆文化的独特魅力从何而来?它的文化基因又是什么?DNA双螺旋结构解开了"生命之谜",顺着这个思路,这里我们也试图破解红豆文化的基因密码。红豆文化也类似于这种双螺旋结构基因:一线是优秀传统文化;另一线是党建文化。

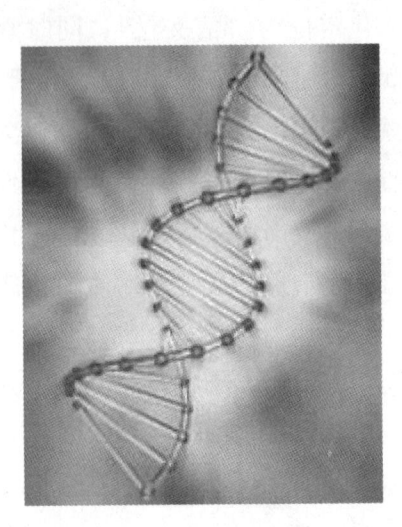

优秀传统文化与党建文化构成了红豆文化基因的"双螺旋结构"

红豆文化源于中国传统文化,但是并不局限于传统文化,而是结合时代特点、与时俱进、不断创新。党建文化既是红豆文化的一大特色,也是红豆文化的领航者。周海江说:"红豆企业文化,如果不谈党建文化是不全面的,党的核心价值观是先进企业文化的源泉。"

在红豆集团,中国传统文化与党建文化通过长时期的碰撞、融合,最后演化出红豆文化的独特性、先进性和可持续性。红豆文化的独特性,指红豆源于中国传统文化演化出以"情"为核心内容的企业文化;先进性,指红豆以党建文化引领企业文化发展;持续性是指红豆以社会责任为特征的经济民主。红豆文化的独特性、先进性和可持续性既是红豆文化的表现特征，也是解开红豆文化的一把钥匙。

举两个事例来说明。

一是"红豆不能分"，说这话的是红豆集团董事局主席周耀庭。1993年，红豆企业改制的时候，许多人都主张把红豆集团分了。为什么？因为当时以集体经济著称的"苏南模式"正遭遇巨大挑战。当时，以温州为代表的个体私营经济发展迅猛，"温州模式"受到许多地方的追捧。一些人认为，集体经济不行了，只有搞个体私营经济才有前途。对此，周耀庭坚决反对。他说，在经济发达的苏南地区搞个私经济是一种倒退。企业还是规模化、集团化好。一个企业就好比一个人。如果把企业分了就好比把这个人的头、四肢、躯干都卸了，这是以牺牲规模为代价的。如果把红豆分了就只能调动几个人的积极性，而保留红豆就保留了规模、保留了竞争力，也维护了大家的利益。事实证明，周耀庭当年"不能把红豆分了"的决策是多么正确。红豆没有被分掉，这反映了红豆的企业文化。正如周耀庭所说，如果把红豆分了，只是几个人富了，这与红豆"共同富裕"的主张背道而驰，这也是红豆人不能接受的。

第二件事与周海江有关。有一年，在南京举行的世界华商大会上，全国政协副主席霍英东的发言给周海江留下了深刻印象。霍英东说，全世界的华商不论在世界哪个角落都能茁壮成长，生存发展，这是为什么？因为我们有勤劳、诚信等民族传统美德的熏陶。这些美德其实也是做人的基本道理。这些"道理"从哪儿开始？从家开始，具体表现为：父义、母慈、兄友、弟恭、子孝。这就是"五常"，就是基本的做人道理。一个人，只有学会了做人，才能出来做事。如果在家里都不孝顺、不友善，那么这个人在社会上是做不成大事的。

周海江说，霍英东的发言对他影响很大。因此，红豆有一条"制度选人"的明文规定，还有一个不成文的规定，不孝顺父母的人不予重用。理由是，一个对父母都不肯负责任的人，怎么能对其他人负责任呢。

梳理红豆文化的脉络，我们发现锡商文化对红豆集团的文化影响巨大。所谓锡商文化指的是无锡城市工商业文化。无锡被称为"中国民族资本工商业的摇篮"，在中国近代工业史上有着举足轻重的地位。自民国初年起，在当时的无锡古运河沿岸先后形成了棉纺织、面粉、缫丝三大工业产业。1895 年，杨宗濂、杨宗翰兄弟在无锡创办业勤纱厂，这是中国近代史上第一家纱厂；1902 年，荣宗敬、荣德生兄弟在无锡创办保兴面粉厂；1904 年，周舜卿在无锡创办缫丝厂……随后，一批又一批民族工商业在无锡兴起、发展壮大。从近代的民族工商业崛起，到改革开放苏南乡镇企业的蓬勃发展，"实业报国、务实重工、尚德诚信、开拓开放、精明善变"的锡商精神一直延续传承。1986 年，邓小平接见以荣毅仁为代表的荣家亲属回国观光团时说："从历史上讲，你们荣家在发展我国民族工业上是有功的，对中华民族作出了贡献。"①

以荣宗敬、荣德生兄弟为代表的近代锡商所形成的敢为人先的创新精神、实业报国的历史责任、务实重工的价值观念、精明灵活的经营谋略对无锡这座城市的发展、进步，甚至是整个苏南地区的发展有着重要的推动作用。

锡商有着强烈的爱国情怀和社会责任感。从近代开始，锡商始终抱定实业救国的坚定信念，以富国利民为己任。他们始终坚持维护国家的最高利益和民族的整体利益不动摇。近代锡商兴办工商业的目的是为了"实业救国"。他们致富一方，造福一方，具有强烈的社会责任感。抗日战争期间，日商觊觎荣氏纱厂，由汪伪实业部派员与荣德

---

① 《邓小平文选》第三卷，《争取整个中华民族大团结》，人民出版社，1993，第 161 页。

生商谈，要他将申新一厂、八厂卖给日本丰田纱厂，遭到严词拒绝。为了不替日本人做事，荣宗敬去了香港，荣德生则隐居山林。

锡商乐善好施，热心公益事业，为民造福。荣德生一辈子特别热心办学，为无锡地方修路架桥，建设图书馆。荣德生捐资建立了公益、竞化等9所小学，后来又出资建立了公益工商中学和江南大学。在六十大寿时，荣德生先生把自己所收到亲友所送的礼物全部捐出，用以修建横跨在五里湖上的宝界桥，当时这座桥梁被称为"江南第一大桥"。

周海江说，锡商文化是"义和利"的高度对立统一；是"谦让和争先"的高度对立统一；是"诚信和灵活"的高度对立统一。锡商文化的三个"对立统一"已经深深地融入红豆企业文化，成为红豆文化发展的不懈动力和思想源泉。在近代锡商精神的深深影响下，红豆集团把"共同富裕、产业报国"作为企业的使命和宗旨，提出"诚信、创新、奉献、卓越"的红豆核心价值观。在这种精神的指引下，红豆集团形成了以"情"为核心的，和谐互助、积极向上的企业文化。

如果就红豆本身来谈红豆文化，就无法看到红豆文化所展示的象征意义。作为传统文化的传承者，红豆矢志打造民族文化品牌，作为中国特色现代企业制度的探索者，红豆发展模式和发展道路可圈可点。

20世纪80年代末，美籍日裔学者福山提出"历史终结论"。然而，2008年国际金融危机爆发后，特别是中国的平稳快速发展并以一个负责任的大国形象出现在国际历史舞台时，福山不得不承认，历史并没有终结，而是以另外一种方式前进。

中国之所以能够以一个负责任的大国形象出现在国际舞台是因为中国经济保持了30多年的高速增长，国力日益强大。30多年来，中国政治稳定、经济发展，从宏观上来说归功于中国改革开放的政策，从微观上来说体现在民营企业的发展和民营经济的壮大。民营企业从

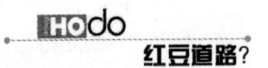

野蛮生长发展成为中国经济重要的组成部分,这其中的艰辛探索和创新实践难以言表。改革开放30多年的历史证明:没有民营企业的发展,就不可能有中国经济的强大;没有民营经济的发展,也就不可能有社会的长治久安。

周海江说:"我们探索建立具有中国特色的现代企业制度,并非为了独树一帜、生造玄妙的理论,而是基于现实考量提出的具有实践意义的理论。"

在50多年的时间里,红豆越过无数坎坷,始终呈现出蓬勃向上的发展态势。文化传承与制度创新的完美结合,打造了红豆品牌,构成了红豆品牌文化的核心竞争力。这种竞争力驱使红豆集团成为行业发展的龙头,这种竞争力驱使红豆从中国制造向中国创造转变;这种竞争力正是红豆历时55年发展长盛不衰的奥秘。

从中国传统文化中汲取养分,以党建引领文化发展,红豆文化这种"双螺旋结构"基因成为推动红豆平稳快速发展的不竭动力和源泉。在这种深厚的文化土壤培育下,红豆集团没有理由不走得更远。

"天行健,君子当自强不息;地势坤,君子以厚德载物。""自强不息"强调的是积极进取的精神;"厚德载物"体现了兼收并蓄的气度。以红豆集团为代表的中国优秀民营企业一定能够发扬"自强不息"、"厚德载物"的中华民族精神,以自己的实际行动为中华民族的伟大复兴书写出浓墨重彩的辉煌一笔!

五　经济民主：基业常青

进入 21 世纪，经济民主成为人类社会进步的一个标志性符号。传统的企业组织模式是金字塔形结构，而经济民主则要求企业组织结构扁平化。从 20 世纪 70 年代开始，在能源危机、信息技术革命、经济全球化以及可持续发展等多重因素作用下，企业面临的市场环境发生了根本性变化，市场出现了个性化、多样化和快速变化的新特征。特别是互联网的出现，使得"商业民主化"时代提前到来。这些变化催生了企业经济民主，并呈现出快速发展的特征：企业经济民主从被动向主动转变，从简单模仿走向实践创新。民主管理、利润分享和社会责任成为企业可持续发展的基本前提。民主管理体现的是一种民主权利，实质上就是权利分享；利润分享包含但不仅限于利润，体现的是一种经济权利；社会责任是企业对消费者、社会和自然应尽的责任和义务。这三者相辅相成，共同推动企业发展。

经济民主时代即将来临，这是一个全新的时代，中国民营企业准备好了吗？

"我的工厂我做主"

"层层叠叠的山峦间一轮红日冉冉升起，果实累累的葡萄架下翠鸟欢啼，或舒或卷的碧绿荷叶粉白莲花亭亭玉立……楷书《爱莲说》《青鸟衔葡萄》……这幅长 7.2 米、高 2.6 米的诗画，不是陈列在某个画廊里，而是画在红豆集团旗下的千里马全钢载重子午线轮胎二厂压出车间职工休息处的一面墙上，出自该车间新员工虞学军之手。充满江南特色的巨幅壁画让装备着巨型设备的车间灵动起来，同时又形成强烈的反差。

　　炼胶车间员工休息室门头悬挂着'同梦沁园'的黑底描金牌子，一排排长条凳、简单装饰的电烙画木条、吸烟区随意摆放的树桩凳……无不散发着质朴文化的味道。隔壁，炼胶车间工人万小仓正埋头在杉木上雕刻对联：'精益生产效率最大化，标准作业不良零达成'。万小仓一边用自制的工具细心凿出字形，一边和记者聊着，脸上每一道皱纹里都满溢着自豪自信的笑意，'工厂是我们自己的家园，领导又让我们自己来美化，自己设计，自己制作，材料包够，多好。'

　　千里马全钢二厂所有员工休息室、文化墙、展板、公共活动场所，都由各车间员工自行装饰、布置。只要报个计划，然后大家讨论选定方案，就可以动手干了。休息室的名字、诗画选材等，也都从员工的海量建议中挑选产生。"①

　　"我的工厂我做主"，上述这篇报道是红豆集团员工参与企业民主管理的一个缩影。员工民主管理是红豆集团的一大特色。在实践中，红豆集团推行"民主管理"取得良好成效，也得到了行业内外的广泛赞誉。红豆集团的企业民主管理主要体现在以下两个方面：

　　一是完善民主管理的组织架构，让员工充分行使民主权利。红豆集团于2002年6月27日组建了工会委员会，副总经理顾建清任工会主席，周海燕任经费审查委员会主任，同时兼女职工委员会主任，层层落实，条线管理。工会专门设立了调解委员会领导班子，认真处理职工的来信来访，使劳动争议、纠纷得到了公正、合理的解决；专门设立的宣传、资料管理等小组，定期更换宣传内容；成立专门的卫生小组，对各公司办公楼、食堂、外地员工宿舍、厕所等地方进行卫生抽查，食堂人员每年定期体检上岗，做到集团上下无死角。

　　红豆集团定期召开职工代表大会，由专职部门部署职工教育培训

---

① 袁达珍、杜颖梅：《我的工厂我做主》，2011年12月7日《江苏经济报》。

任务，年初安排培训计划，分批分期落实，切实把提升职工队伍素质像落实经济工作一样，抓实抓到位。

2002年6月10日，红豆集团召开了第二届职工代表大会第一次会议，经过与会代表共同努力，认真审议并一致批准通过了《企业工资集体合同》。工会代表全体职工通过协商和厂方签订了工资集体合同，确定了符合红豆集团实际的工资分配制度，合理的工资标准，方便的工资结算方式，符合集团经济承受能力和职工要求的职工福利待遇及工资增长率。这份合同的签订更好地调动和激发了职工的积极性，保障了劳动者的权益，保证了企业劳资关系的和谐、稳定，更好地促进了企业的健康稳定发展。红豆集团工会还深化内部人事制度改革，不断加强自身建设，逐步做到人员能进能出、干部能上能下，根据付出与奉献分配收入、奖惩分明。同时，红豆集团工会还在各公司、工厂、食堂、基建工地等地方设立了28只监事会信箱，让全体职工都有机会向集团提出合理化建议，真正成为企业的主人。

二是开辟员工民主管理的新渠道。"302宿舍的水龙头坏了，请尽快修理""请组长以后派活态度好一点"……在红豆集团西服厂"回音壁"上，类似的职工留言每天都有好几条。按照规定，对"回音壁"上的职工留言，厂领导须在第一时间给予回复。对反映的问题，能解决立即解决，暂时不能解决的须说明情况。

小小的"回音壁"折射出红豆集团民主管理的点点滴滴。红豆"回音壁"的最大特点是，无论工作还是生活，员工有任何意见、问题，甚至牢骚，都可以写在回音壁的留言板上，可以署名，也可以匿名，想说什么就说什么，畅所欲言，无须任何顾虑。如果因"留言"而受到不公正待遇，员工可以写信到总裁信箱，直接向企业高层反映。总裁信箱里的每一封信，周海江都亲自拆阅，对员工反映的问题，周海江都会亲自过问，直到问题解决。

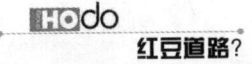

折射出红豆民主管理的"回音壁"

　　红豆设立的"回音壁"不但得到员工的积极响应和热烈欢迎,也受到各级领导和有关专家的高度评价。2009年10月16日,中央学习实践活动第三巡回组组长徐荣凯一行在江苏省领导的陪同下,对红豆集团学习实践科学发展观活动进行指导考察。当考察组一行来到红豆西服大楼,在服装生产车间,徐荣凯在一块"回音壁"前驻足良久,听了厂里领导的介绍后,徐荣凯连连点头:"这不仅是一块留言板,更是一块服务板、和谐板。"2009年12月4日上午,江苏省委副书记、组织部长王国生对红豆集团学习实践科学发展观、贯彻落实十七届四中全会精神进行调研考察时,对红豆设立"回音壁"也给予了积极评价:"这个做法好,充分体现了以人为本,红豆学习实践活动真正落到了实处。"

　　2010年3月20日,由人民网、中国共产党新闻网、学习实践网主办的"非公企业如何践行科学发展观"座谈会在人民大会堂召开。

中央党校党建教研部教授高新民在座谈会上对红豆"回音壁"给予高度评价，她说，红豆"回音壁"是企业民主的一个创新。

高新民说，所谓企业民主，就是让员工参与到管理过程中去，调动他们的积极性。红豆的"回音壁"制度有效地调动了职工参与到企业中的积极性，这就是企业民主，是真正意义上的企业民主。这一做法实际上就是把民主融入企业管理。红豆在企业民主上的积极探索具有非常重要的指导意义，做了一个很好的工作，是企业民主管理的一个创新。

红豆集团总裁周海江说："红豆之所以设立'回音壁'，就是要提供一个渠道，给员工充分表达的权利，将人性化管理真正贯穿于细节、落到实处。"

在红豆，员工的合理化建议还能得到企业的奖励，目前员工拿到的最高奖金为1万多元。通过合理化建议，员工的气消了，收入增加了；企业的关系和谐了，效益上去了，员工和企业获得了双赢。

民主管理在于分享权利。权利分享原则体现在职工代表能够参与管理决策，工人及其代表依一定的比例参与企业管理或参与决策机构，同雇主一起，对企业的经济、人事、福利和社会责任行使共同决策权。董事会往往是由股份的多少来决定投票的结果，而经济民主要求企业的一些重大决策不是按照一股一票来决定的。这样是不是容易出现矛盾呢？股东的权益是否会受到侵害？实际不然，投资决策权当然由股东大会和董事会决定，除此之外，企业的其他重大决策事项都由职工代表参与决定。最终决定权是一人一票，而不是按股份的多少来决定票数的多少。这就是说在现代企业中"新三会"（董事会、股东大会、监事会）与"老三会"（党委会、工会、职工代表大会）必须和谐相处，共同推进企业发展。

红豆道路？

"红豆是个挣钱的好地方"

"'红豆是个挣钱的好地方'，这是29岁的郝玉梅的心里话。来自安徽省宿州市一个乡村的郝玉梅，从2005年开始在红豆集团外贸车间工作，今年身为车间组长的她月工资已经达到4500元。她的老公也在红豆集团上班，夫妻俩攒了一笔钱买了房子，年底就能拿钥匙。'明年小孩就能从老家带到无锡来上学，终于有了安稳的感觉。'"[1]

郝玉梅是红豆众多一线员工的代表。2011年春节一上班，一线员工就收到集团发的新春加薪"大礼包"：熟练工年收入要超过4万元，随后集团在5月又一次上调工资，自2010年以来，集团已6次上调工资，平均幅度超过60%。收入的持续增加稳定了人心、凝聚了人心，因此当很多地方出现"用工荒"时，红豆出现了"老工人基本返岗，新工人还扎堆进厂"的喜人局面。

"要让员工收入跑赢CPI"，说这话的是红豆集团总裁周海江。在物价猛涨、通货膨胀高企的年代，周海江没有食言，他的确让员工的收入增速超越了CPI的增速。

从2007年开始，红豆集团员工每年一到两次涨工资，每次平均幅度在15%左右，即使在金融危机肆虐的2008年、2009年，集团不仅不裁员、不减薪，还为员工涨了工资，幅度依然在15%左右。

红豆集团每年都涨工资，而且通过文件把员工工资增长以制度的形式固定下来。红豆员工的工资增长幅度不仅跑赢了CPI，工资增幅和工资水平还领跑同行业。据不完全统计，红豆集团一线员工的月收入已经超过了长三角地区大学应届本科毕业生的人均工资。

红豆集团总裁周海江说："你为多少人创造财富，就会有多少人

---

[1] 秋枫：《五大关键词折射2011年红豆发展轨迹》，2012年2月3日《中国服饰报》。

为你创造财富。"

"要让红豆的每一位员工分享到企业发展的成果",这也是常挂在红豆集团总裁周海江嘴边的一句话。

加薪的结果,虽然会减少企业的利润,但红豆集团认为,企业是所有员工的,员工应该更多地分享企业的发展成果,员工高兴了,满意了,就会更热爱企业,工作干劲就会更足,员工队伍也就会更稳定,企业的发展就会更持续。显然,红豆不仅仅提高员工的工资收入,更重要的是,红豆股份制实实在在地使股东(员工)分享到利润,让普通员工能够分享企业的发展成果。

"利润分享"这个概念首先是由美国著名经济学家马丁·L.威茨曼在其著作《分享经济》一书中提出。威茨曼因提出"用分享制代替工资制"而名噪一时,被当时的评论界称为"自凯恩斯理论之后最卓越的经济思想家"。在《分享经济》一书中,威茨曼首先将雇员的报酬制度分为工资制度和分享制度两种模式。与此对应,资本主义经济就分为工资经济和分享经济。分享经济分享什么?当然是分享利润。分享制度是"工人的工资与某种能够恰当反映厂商经营的指数(譬如厂商的收入或利润)相联系"[①],在这里,威茨曼提出了员工应该分享企业利润,这种离经叛道的观点开创了企业经济民主的思想理论源泉。

利润不再是资本的专利,利润分享是现代企业经营者必须具备的经营理念,因为企业财富是企业全体职工共同创造的结果。首先,企业不仅要为劳动者提供好的劳动条件和环境,给予有吸引力的劳动报酬和生活福利,还要对骨干职工和长期服务于企业的职工以股份奖励,让职工有归属感,激发职工的主动性和创造力。其次,必须将利润回报社会。利润分享显然不局限于企业员工,作为企业公民,履行社会责任实际上是将一部分利润回报社会。

[①] 马丁·L.威茨曼:《分享经济》,中国经济出版社,1986,第2页。

权益保障制度化

民主管理体现的是一种民主权利。民主管理是劳动力资本化的必然要求。股份制为劳动力资本化创造了条件,"人力资本论"应运而生。把劳动力作为资本,有利于形成劳资双方共同投入、共同管理、互利双赢的局面,把企业建设成为利益共同体。

红豆集团的经济民主具有以下三个特色:

一是员工权益是管理层与员工通过民主协商的方式来实现的。在红豆工会的职责中非常明确地提出:"建立完善职工工资集体协商机制,代表职工与企业进行平等协商、签订集体合同、签订职工工资专项集团协议等,积极维护职工的合法权益""负责民主管理、民主监督、民主参与等工作,并组织实施""深入基层调查研究、指导工作,帮助解决员工反映的热点问题,组织开展送温暖工程",等等。这些条款都集中指向一个方面——职工权益的保障。

民营企业要在构建和谐社会中积极主动地承担社会责任,发挥自己的独特作用。红豆集团提出了打造"绿色品格"的企业发展理念。周海江说:"'绿色品格'的内涵就是关注环境、关爱社会、关心员工,做一个卓越的企业公民。"

二是将员工权益责任以制度的形式确立下来。红豆集团是全国第一家通过CSC9000T认证的民营企业。CSC9000T侧重于将企业承担的内部责任系统化,形成一个由众多详细考核指标组成的体系。以往红豆集团不断改善员工的生产与生活条件、鼓励员工发挥创造才能等,是以点带面逐一进行的,而参照CSC9000T进行改善,对于红豆来说,意味着内部责任承担的系统化完善。当然,这对红豆的社会责任管理水平也是一次挑战。

三是通过党建引导和督促企业履行社会责任,保障员工权益。红豆集团党建工作标准明确了企业履行社会责任(建设绿色企业)的工作流程。在这一流程中，企业内部社会责任明确了红豆员工的 8 项权益：第一，安排好员工生活，实现"包吃包住"；第二，为员工缴纳社会保险金；第三，丰富员工业余文化生活；第四，关心特困职工，建立"红豆爱心慈善基金"；第五，不断提高职工工资待遇；第六，建立职工代表大会制度，畅开民主渠道；第七，建立劳动争议调解委员会；第八，建立劳动（法律）保护监督委员会。

经济民主的实践

红豆集团的经济民主是一种内生式的企业民主。这种内生的动力有两个来源：一是生产方式的进步，公有制新的实现形式在微观领域为红豆经济民主创造了条件，具体地说就是开放股权的股份制是红豆经济民主的制度基础；二是红豆集团的价值观和文化为其经济民主的实现提供了精神动力。

首先，"员工所有、不等所有"的企业股权结构是其制度基础。

在红豆，只要愿意，人人都有机会参股。红豆集团总裁周海江说，"红豆股权是开放的"。在红豆集团，对于业绩突出的员工，红豆集团不仅给予一般物质奖励，而且给股权给产权，让员工带上"金手铐"。所谓"金手铐"是企业面向高管的一种激励工具，是企业利用股票期权、奖金红利等预期收入手段留住企业高层管理者等人才的手段，一般都有时间等限制，期间辞职离开则无法兑现。

在红豆集团不仅有"金手铐"（针对管理层）还有"金阶梯"（针对一般工人的职业成长）。红豆一线员工实行星级制，分为一星级、二星级、三星级，评上星级员工不仅有补贴，三星级员工还有机会担任车间质检员、班组长等管理职务，还可以免费上红豆大学。

"金手铐"也好，"金阶梯"也好，其目的只有一个：就是实现公司与员工共同分享企业成长的果实。

周海江常说："财散人聚。"意思是说，把财散给别人，那么人们自然会聚集在你周围。

"财散人聚、财聚人散"的思想观念，是红豆集团股权开放的思想基础。由众多持股人所组成的红豆，实现了财产权利的分散化，换句话说，"产权分立"不仅指向自由，而且同时指向了民主。

其次，企业的核心价值观为经济民主的实现提供了精神动力。

红豆企业民主发展的动力源于企业的核心价值观所引导的企业文化。"共同富裕、产业报国"的理念推动红豆集团经济民主的创新发展。红豆集团认为，员工是企业财富的真正创造者，员工应该更多地分享企业发展的成果。20世纪90年代，红豆实行股份制改革，开放股权的股份制使得一大批红豆高管和技术骨干成为股东。红豆集团除了分配股权给高管之外，对于表现好、业绩突出的中层管理人员给予产权激励。这些激励措施，使得红豆高管对红豆产生了由衷的归属感和主人翁精神。普通员工能不能成为股东呢？在红豆是完全可能的。红豆集团股权开放后，每年都要进行扩股，凡是在红豆作出非凡业绩和有重大贡献的人，都可以成为股东。作为集团的股东，不仅每年有较高的红利收入，还会享受到企业的赠股。这进一步增加了员工的归属感，形成了凝聚力，利益共同体促使红豆集团平稳地行驶在市场经济的海洋中。

企业经济民主，已经成为现代企业走向未来的一张绿色通行证。没有这张通行证，企业在未来的市场竞争中，将被自己而不是被竞争对手击垮。因为，堡垒最容易从内部攻破。从这个意义上说，经济民主不仅是一种民主的形式，还是企业生存的手段、方法和目标。如同资金、技术和市场一样，经济民主成为企业生存、发展、壮大须臾不可离开的要素，犹如鱼与水的关系。作为企业经济民主的先行者，红豆集团今天所做的一切无疑具有榜样意义。

经济民主和政治民主犹如一个硬币的两面，是社会生活中不可或缺的，如果缺失任何一面，社会都将跛足前行。

六　社会责任：第三大生命力

周海江说："红豆集团有三大生命力：创新是企业自身发展的生命力，这是企业第一生命力；品牌是企业在市场上的生命力，这是企业第二生命力；社会责任是企业在社会上的生命力，这是企业第三生命力。"

2005年，周海江登上了美国《福布斯》杂志的封面，成为有史以来中国大陆服装界企业家登上该杂志封面的第一人。在众多的企业家中，为什么周海江能够入选呢？原因其实很简单，中国加入世界贸易组织后，作为全球最权威的财经杂志，《福布斯》非常关注中国纺织服装业的发展对世界服装业的影响。因此，《福布斯》对中国纺织服装企业进行了考察，结果发现红豆集团在关爱员工、回馈社会等社会责任方面作得比较好，在企业成长方面具有代表性，所以周海江就被选为中国纺织企业界的代表，登上了《福布斯》杂志的封面。显然，《福布斯》关注的不仅仅是周海江杰出的领导能力，更重要的是红豆在企业社会责任方面作出的努力代表了中国民营企业未来发展的一个方向。

"我们当然不是说，高瞻远瞩公司对利润或股东的长期财富没有兴趣。不错，它们追求利润，可是它们同样也追求更广泛、更有意义的理想。"[①] 美国斯坦福大学教授吉姆·柯林斯和杰里·波勒斯用6年时间选取了18家卓越不凡、长盛不衰的公司深入研究，他们得出的结论之一是，这些基业常青的公司除了追求利润之外，还是履行社会责

---

① 吉姆·柯林斯、杰里·波勒斯：《基业长青》，中信出版社，2010，第61页。

任的榜样。

2005 年美国《福布斯》杂志封面上的周海江

红豆集团董事局主席周耀庭说:"主动承担社会责任是企业应尽的义务,如果割裂企业与社会的脐带关系,企业将一事无成。"

周海江说:"我认为企业不能只追求利润最大化,而应追求社会价值的最大化。"

"我们承诺一个都不裁"

"我们承诺一个都不裁。"2008 年 12 月 28 日,中共十七大代表、江苏省人大常委、红豆集团党委书记、总裁周海江掷地有声地向社会表示。事实上,红豆集团不仅不裁员,还想方设法为政府解决就业难题。此前,红豆已经联合雨润和苏宁等 10 家江苏民营企业,向社会发出倡议,呼吁各企业不要裁员,改减员增效为稳员增效。

2008 年以来,国际金融危机对中国纺织服装行业冲击最大。中国是纺织服装出口大国，金融危机发生后，外需锐减，纺织服装企业出口遭遇很大困难。面对这种情况，有些企业不得不裁员、减产、停工，还有些企业无法承受"危机之重"，不得不宣布破产倒闭，由此造成大量人员失业。红豆集团不仅没有裁掉一名员工，还计划新招3000多人，充实到市场网络和技术研发部门。不裁员、不减薪，这是红豆集团对社会的庄严承诺。周海江说到做到，2008年以来，红豆员工不仅没有减少，反而增加了。

2011年2月25日，160名来自舟曲的务工者正式到红豆工作。在为160名舟曲务工者举行的欢迎仪式上，周海江说："红豆是一个积极履行社会责任的企业，是一个充满温情的大家庭，所有员工都是我们的兄弟姐妹。希望大家能够安心工作，红豆将为舟曲来的员工付出更多的关心，为你们提供更多的机会，使你们的收入不断提高。"

2009年6月30日，中国青年创业就业基金会成立仪式在人民大会堂举行。中国青年创业就业基金会的成立不仅为企业承担社会责任提供了载体，更为服务青年创业就业打造了基础平台。中共中央政治局委员、全国人大常委会副委员长王兆国出席成立仪式，并为基金原始发起人颁发捐赠证书。全国23家行业标志性、代表性企业成为基金会原始成员，红豆集团是全国服装行业唯一一家参与基金会的原始企业，捐资1000万元。

多年前，红豆集团与无锡市团市委签订青年就业创业见习协议，为青年提供就业、创业机会。现在每年有300~400名大学生到红豆见习，留在红豆工作的大约占63%。红豆集团还是江南大学董事单位，一直是江南大学学生的见习基地，特别是江南大学服装学院。经过见习后，不少优秀青年成为红豆的员工。为了支持青年就业创业，红豆集团下属阿福小额贷款公司还设立了"农村青年创业贷款项目"，帮助青年创业者。

红豆集团成立之初仅十几个人，随着企业不断发展壮大，创造了更多就业岗位吸纳就业,截至目前,为社会提供就业岗位2.2万个,促进了当地就业与社会和谐发展。2012年,红豆集团通过社会招聘、校园招聘等为社会新增就业岗位3100多个。

红豆集团在就业方面所作出的努力和贡献,得到政府的认可和社会的尊重。2012年8月,红豆集团凭借多年来认真履行社会责任,在人才引进、促进就业等方面作出的重要贡献,获得"江苏省就业先进企业"称号。

幸福红豆,和谐家

幸福企业就是能够满足员工不断增长的物质和精神需求的企业。幸福企业所倡导和追求的企业文化是幸福文化,幸福文化是幸福企业的根本特征。幸福文化的主题是幸福,精髓是"以人为本"。"建设幸福红豆"是红豆企业管理的终极目标。周海江将建设幸福红豆归纳为三句话:让企业员工生活上有保障,事业上有希望,情绪上有释放。在红豆集团,企业就像一个温暖的大家庭,在这里,每个员工都能享受到集体的温暖,感受到家庭的幸福。

其一,生活上有保障。随着企业的发展,红豆集团不断提高员工的收入,提升福利待遇,让员工得到实惠。集团每年都要多次召开会议,研究商讨提高员工待遇事宜,并将讨论稿分发给员工,广泛征求意见,使员工薪酬与企业效益同步增长。

在红豆网络信息科工作的小李特别有体会。她两年前毕业于安徽师范大学,现在她的月工资扣除社保、失业保险、医疗保险后,实际到手的能够达到3000多元,这还不算她平时的稿费收入。对于一线员工,周海江不止一次提出,让每一位一线员工的月工资不低于3000元。为了提高员工的积极性,公司基本每年都会根据当年物价及企业发展情况修订工价。目前,生产一线员工平均月薪达到3000元,高的可达5000元,熟练工年收入超过4万元,许多员工收入比三年前提高了 1 倍，远高于邻近企业的薪酬水平。仅此一项，集团全年增加支出近 2 亿元。

在员工福利方面，红豆对一线员工实行"包吃包住"，仅"包吃"一项，企业每年就要支出 8000 多万元。集团还为员工建造了 13 幢 4.6 万平方米、可容纳万名外来员工的职工公寓楼，有单身房、夫妻房，配有电视、空调、宽带，有可容纳 3000 人进餐的餐饮中心，所有农民工夫妻都住上了夫妻房。为了方便农民工就医，红豆集团还建造了三层医务楼，配备了相应的医疗设备，红豆员工看病只收医疗的成本费。此举不仅解决了员工看病难的问题，也为他们节约了看病支出。集团经常开展歌咏比赛、联欢晚会等文娱活动，春节假期员工返乡还有大巴接送，党委和公司领导在车前迎送，浓浓的红豆情是红豆集团没有"民工荒"的奥秘。

其二，事业上有希望。周海江说："让员工感受到工作的希望，感受到生存的价值和生命的尊严，是企业的责任。"红豆集团在追求利润最大化的同时，十分尊重和善待员工，为员工创造公平发展的良好机会，提高员工对工作的参与度与归属感。公司几乎每星期都会推出竞争上岗的职位，岗位从科长、车间主任、销售经理到厂长、公司总经理等，参加竞争者可以来自集团内部的任何一个岗位，从而使所有员工都能清晰地看到自己的上升空间，最大限度地发挥聪明才智。

只要在红豆努力工作，表现卓越，就可以评为星级员工。一星、二星都予以补贴，而成为三星级员工，则可以获得免费上大学的机会，继续深造，获得更大的发展平台，使他们感到事业有希望。学成之后，就能进入科室，做质量管理、经营管理，成为一名管理者。

如果还不满足，想当老板行不行？答案是肯定的。红豆的股权也是开放的，对于符合条件的员工，在集团扩股的时候同样可以吸纳为股东。总之，在红豆，发展空间是没有天花板的，事业发展是有希望的。只要努力学习、勤奋工作，有能力，有业绩，就一定可以实现更大的发展，实现人生的最大价值。

其三，情绪有释放。红豆充分了解员工心理动态，积极解决员工反映的问题，及时为他们排忧解难，使他们能身心愉悦地工作。为此，红豆设立了总裁信箱和"回音壁"，以便及时了解员工诉求。总裁信箱的设立不仅提高了企业管理的效率，同时也为企业带来了效益。员工通过总裁信箱提出了大量的合理化建议。截至2012年8月，红豆集团收到员工合理化建议5800条，采纳了其中的1597条。

周海江有一个"火山理论"。他说，员工的情绪就是火山下面的岩浆，能量巨大，宜疏不宜堵。如果对这种情绪视而不见甚至极力压制，火山终究会喷发，把管理者掀翻在地。生产管理者应该有企业民主的意识，既要允许"上面骂下面"，也要允许"下面骂上面"。

"生活上有保障，事业上有希望，情绪上有释放"，周海江对员工的关爱体现在这三句话上，其实就是从物质方面和精神方面满足员工不断增长的物质需要和精神需要。

红豆集团员工参加植树节活动

根据马斯洛的需求层次理论，人的需求分为五种，像阶梯一样从低到高，按层次逐级递升，分别为：生理上的需求，安全上的需求，情感和归属的需求，尊重的需求以及自我实现的需求。马斯洛关于人的需求理论被公认为是人性发展和追求的基本规律，遵循这一规律，就能激发人的主动性、创造性和归属感、认同感。"生活上有保障"满足了红豆员工生理上的需求和安全上的需求；"事业上有希望"满足了红豆员工情感和归属的需求；"情绪上有释放"满足了红豆员工被尊重的需求。这些基本需求得到满足后，员工的自我实现的需求自然也就容易得到满足。物质、情感和精神上的满足，让红豆员工产生了认同感。他们说，红豆就像一个大家庭，温暖而友爱，谁不想为"家"作点贡献呢。

由"经济人"向"社会人"转变

所谓"经济人"，就是指企业追求经济利益最大化。而"社会人"是指企业的社会属性。通过社会化，使企业适应社会环境、参与社会生活、学习社会规范、履行社会责任。目前，中国的民营企业正处在由"经济人"向"社会人"转变的过程中，履行社会责任是企业成为"社会人"的重要标志。

2008年，中国企业家调查系统发布的《中国企业家队伍成长与发展十五年调查综合报告》，总结了企业不履行社会责任的四大突出表现：污染环境、不讲诚信、损害利益相关者的权益、不参与社会公益活动。显然，民营企业亟待补上社会责任这一课。

2008年，红豆集团下属公司江苏红豆实业股份有限公司（以下简称红豆股份）向社会公布了首份《红豆股份2008年企业社会责任报告》，这也是中国第一批向社会公布企业社会责任报告的服装企业。报告从社会责任管理、价值链构建、员工发展、绿色生产、社会公益、前景展望六个方面展现了公司作为民营企业坚持以振兴民族工业、创造民族品牌为己任，为国家建设和社会发展作出的重要贡献。"红豆股份坚持不懈地履行'共同富裕、产业报国'的社会责任使命，为建设和谐社会付出我们最大的努力,这是红豆股份对投资者、客户、员工等各利益相关方的最有力承诺。"①

2012年7月,继《红豆股份2008年企业社会责任报告》发布后,红豆股份向全社会发布了《2011社会责任报告》(以下简称《报告》)作为红豆集团下属子公司,在"共同富裕、产业报国"的理念指导下,红豆股份积极回馈社会,主动承担相应的社会责任,实现由"经济人"向"社会人"的转变。

《报告》阐述了红豆股份在责任管理、发展企业、加强党建、提升员工、保护环境、参与公益、展望千亿等七个方面的理念、制度、绩效和承诺。《报告》有两大亮点:一是红豆党建,二是红豆参与公益,回报社会。

红豆股份发布社会责任报告是红豆集团履行社会责任的一种表现。研究表明,目前,民营企业主动发布社会责任报告的尚在少数。据中国社会科学院发布的《中国企业社会责任研究报告(2011)》显示,2011年发布企业社会责任报告的民营企业只占24.4%(见图2-3)。

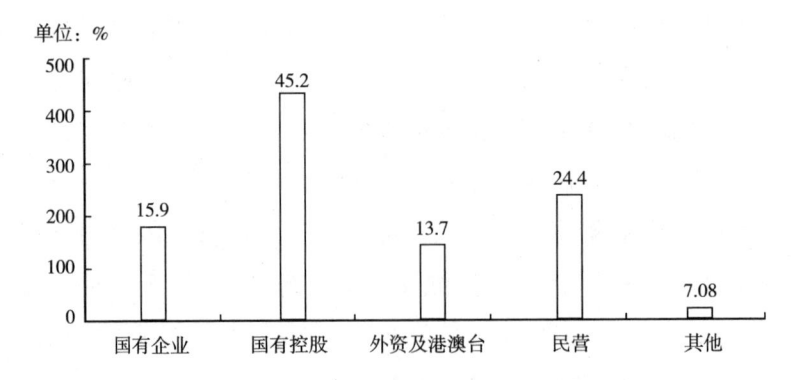

图2-3 我国企业发布社会责任报告情况

资料来源:《WTO经济导刊》2011年第12期。

---

① 摘自《红豆股份2008年度企业社会责任报告》。

上述数据表明，民营企业的社会责任刚刚起步，亟待加强。中国社会科学院刘迎秋教授认为："我国的社会制度是以工农联盟为基础的人民民主专政的社会主义制度。实现工农等劳动者的基本利益，是我国的基本政策取向和法制要求。这就决定了民营经济的各种具体存在形态特别是民营企业，必须把保证企业劳动者基本利益的实现作为生产经营活动的一个基本目标。一旦某个企业无视企业职工的基本利益要求，甚至通过损害企业职工基本利益的方式谋求利润，它就一定会受到基本经济制度和法律制度的管制以至惩罚。"[①]

随着中国市场向全球企业的日益开放，在这个充分竞争的全球最大的市场，消费者、环境和社会等都对企业的生存与发展提出了更高的要求。积极履行社会责任的企业将优先获得商机，经济民主的企业才有竞争力。因社会责任缺失被淘汰的企业已有先例，三鹿集团就是前车之鉴。从今以后，如果还不认真思考社会责任的民营企业注定是要被淘汰的。

第一家通过 CSC9000T 的民企

红豆集团是第一家通过 CSC9000T 认证的民营企业。CSC9000T 即中国纺织企业社会责任管理体系（China Social Compliance 9000 for Textile & Apparel Industry），这是中国首份行业社会责任体系标准。该管理体系基于策划—实施—检查—改进（PDCA）的运行模式，是一个持续改进的过程。CSC9000T 由中国纺织工业协会于 2005 年制定。

CSC9000T 是中国纺织企业公认的社会责任行为准则，它提出了对企业社会责任管理体系的总要求，指导企业建立自己的社会责任目标和指标。帮助企业在细则的基础上建立社会责任管理体系，实现对行为准则的承诺，达到改善社会责任管理、切实保障所有员工利益、激

---

① 刘迎秋：《如何认识民营企业的本质属性》，2011 年 5 月 11 日《人民日报》。

励员工发展的目的，从而增强企业人力资源的竞争力。该标准对管理体系、劳动合同、童工、强迫或强制劳动、工作时间、薪酬和福利、工会组织和集体谈判权、歧视、骚扰与虐待、职业健康与安全共十个要素进行考核和评估，涉及面广，考核指标详尽细致。例如，职业健康与安全就包含多个方面：紧急情况预案、工作环境、宿舍环境、餐饮条件、安全生产培训、交通安全等多个方面。具体到办公区域是否有足够的照明、生产区域是否使用通风设备、是否督促员工使用保护设备、是否有足够的洁净的员工厕所等。

2006年5月24~26日，作为中国首批十家企业社会责任试点企业中的第一家——红豆集团接受了中国纺织工业协会社会责任建设推广办公室领导的专家小组进行的初始评估。8月5~7日，红豆集团全面开始了具有针对性的培训，针对初始评估中提出的有关问题，接受由中国纺织工业协会派出的专家进行专项课题培训。12月12日，红豆集团股份公司代表参加了中国纺织工业协会在北京举办的"2006年中国纺织服装行业责任年会"并代表中国纺织服装企业在会上宣传了《中国纺织服装企业社会责任宣言》。

2007年1月5日，红豆集团全面推出了CSC9000T社会责任管理体系文件，这标志着红豆集团社会责任管理体系文件基本完成。1月12日，CSC9000T社会责任管理体系在红豆集团开始全面实施，同时红豆集团开始积极准备复评工作。4月9~10日，中国纺织工业协会社会责任建设推广委员会会同评估专家，针对红豆集团的社会责任管理体系的推广工作、对红豆集团有限公司西服一厂、二厂进行了复评。红豆集团在首批十家试点企业中率先完成了复评工作。复评工作结束后，红豆集团成为全国第一家完成了CSC9000T社会责任管理体系复评的企业。经过两年的不懈努力，红豆终于成为第一家通过CSC9000T认证体系的企业。通过CSC9000T认证体系，对于红豆来说，是50多年发展历程中的一个里程碑；对于民营经济而言，红豆的这一步标志着中国民营企业在承担社会责任方面迈出了历史性的一大步。这对红豆集团而言，既是一种荣誉，同时也是一个新的挑战，因为 CSC9000T 社会责任管理体系要求的是持续改进，需要红豆集团站在一个更高的台阶上，对自己提出更高的要求。

正是因为注重社会责任，2007 年 4 月，红豆成为国内首家通过"CSC900T 企业社会责任"认证的企业；2008 年 1 月，红豆荣获"领袖气质——2007CCTV 年度雇主调查"最具分享精神雇主特别奖。

北川来信

2012 年 1 月 18 日，红豆集团党委书记、总裁周海江的办公桌上放着一封邮政特快专递，这是一封寄自四川省北川七一职业中学的感谢信。

尊敬的周海江叔叔及红豆集团的全体叔叔阿姨：

您们好！

冬季已至，羌乡早已寒气袭人，可我们却怀着温暖的心情给您们写信，表达全体同学对您们的无限崇敬和感谢之情。

"5·12"汶川地震，让我们不堪回首，一瞬间房屋倒塌，亲人离去，幸存者们如在地狱中游离，我们的家园变成了废墟……我们不想更多地回首那苦难的经历。

两年多过去了，您们和我们一起并肩抗震救灾、恢复重建，家乡一天天地发生着变化。现在，我们已经入住了新的校园。眼前的一切，让我们难以置信。宽敞明亮的教室，色彩斑斓的标准运动场，功能齐全的住宿楼，匠心独具的绿化空间……虽然已经身在其中，但还是感觉如在梦里，因为我们的校园太美丽啦！我们深深地知道，这一切都是全国共产党员用他们的爱心，为我们营造的新学习环境。……

我们都知道红豆集团，因为您们传承了中国深厚的文化传统；因为您们致富不忘回馈社会；因为您们，才使得太多太多的孩子能够重返校园。

红豆生南国，春来发几枝？愿君多采撷，此物最相思。

有了红豆，才有了"七一红豆奖学金"，感谢周叔叔及红豆集团所有员工，愿好人一生平安！

衷心祝愿您们，身体健康，家庭和和美美，事业蒸蒸日上！

北川羌族自治县

共青团北川七一职中委员会

2010 年 11 月 18 日

写感谢信的是北川职中的 30 多名学生，这些学生都是受到"七一红豆奖学金"资助的学生。这既是北川七一中学全体师生的感恩信，也是全体师生的共同心声。

"七一红豆奖学金"，是 2010 年 10 月 29 日由中央组织部组织的 94 位全国党员代表到四川实地查看"特殊党费"使用管理情况。作为江苏省推荐的党员代表，红豆集团党委书记、总裁周海江深入灾区查看后，对特殊党费的使用情况非常满意，也深深地被灾区人民自强不息、昂扬向上的精神所感动，决定个人再向汶川县七一映秀中学、都江堰市七一聚源中学、北川县七一职业中学各捐赠 100 万元，设立"七一红豆奖学金"，帮助品学兼优、家庭贫困的学生完成学业。看到同学们的来信，周海江感到无比欣慰。他给北川中学的同学们回信，鼓励他们好好学习，报效社会、报效国家。

长期以来，红豆集团一直积极参加社会捐助。1990 年，红豆集团出资 15 万元，为荡上村小学建教学楼。1995 年 1 月，红豆出资 10 万元为身患白血病的北京服装学院的宋颜圆了办时装展览的梦，同时出资 5 万元为宋颜做了骨髓移植手术。1998 年，红豆出资 40 多万元，先后在河海大学常州分校、江苏省重点中学天一中学以及苏州大学艺术学院设立助学金，以资助优秀贫困生的学习和生活。1998年8月20日，红豆集团向湖北、湖南、江西等洪水重灾区捐赠服装价值200多万元，员工个人捐赠衣物35000件。2002年又出资600万元资助港下镇政府用于港陈公路的拓宽工程。2004年，红豆员工自发向印度洋海啸灾区捐款28万多元。

2005年7月，红豆集团向巴中革命老区捐款23.6万元，还通过共青团中央向全国贫困大学生捐款200万元。2007年4月，红豆在锡山区"情暖万家"活动中，向困难群体认捐2500万元。

2008年5月12日下午，四川汶川强震发生后，红豆集团党委书记、总裁周海江在第一时间召开相关会议，讨论如何向灾区伸出援助之手。会议决定立即向灾区捐款100万元，向家在四川汶川的两名红豆员工——红豆大胎厂陈祖超和杨绪兵每人给予1万元慰问金和部分衣物；5月18日，红豆集团党委干部又积极主动地向党组织交纳支援灾区的"特殊党费"121万元，红豆集团个人捐款达到31万元。当周海江在电视新闻上看到，灾区指挥中心发布的紧缺物资有衣物等生活用品，而且电视上一些灾区人民由于缺少衣物，生活非常不方便。一直想为灾区多做些事情的周海江立刻决定，向灾区人民捐赠红豆服装。5月24日，红豆在原有支援四川地震灾区254万元的基础上，再通过无锡市慈善总会向灾区捐赠310万元红豆服装，以表达红豆情系灾区，帮助灾区人民渡过难关、重建家园的心愿。这也是红豆第四次向灾区献爱心，红豆支援四川地震灾区达566.193万元，并在四川绵竹建立了"红豆集团缝纫培训基地"，对灾区劳动者开展定向培训。

2010年舟曲发生特大泥石流灾害后，周海江非常关心灾区百姓的生活，在他个人向灾区捐款100万元后，周海江还作为企业代表随无锡市对口援助代表团赴舟曲县开展劳动力转移和人力资源培训等对口援助工作。2011年2月25日，160名来自舟曲的务工者正式到红豆工作。欢迎仪式前，周海江还为舟曲150名新员工发放了安家慰问金。

2011年，在建党90周年之际，红豆集团向井冈山捐赠999棵红豆牌红豆杉。

2011年8月25日，以"无偿献血，血浓情更浓"为主题的血检和验血活动在东港举行，红豆干部员工踊跃参加。这是红豆集团连续第十一年举行无偿献血活动，在红豆总裁周海江的带头下，红豆集团成为无锡市一次性义务献血最多的民营企业。

2011年10月13日，红豆集团向"公安民警大病特困基金"捐赠50万元。11月10日，红豆集团向"纺织之光科技教育基金会"捐赠300万元。

2007年红豆成立了红豆慈善基金会，立志要帮助更多需要帮助的人。而在此之前红豆与《中国老年报》举办过国际老人节。长期以来，红豆集团致力于许多社会公益事业。据不完全统计，多年来，红豆集团共捐出3亿元用于公益事业。

"创造财富是企业的责任，用好财富也是企业的责任"，红豆用行动诠释着这句话。

做环境友好使者

红豆集团党委书记、总裁周海江说："如果说一个企业只是追求利润的最大化，获得了5000万元利润，而周围的环境被破坏了，那么对于社会来讲，损失就是几千万元，几个亿，甚至是更多！"一个企业如果不注重环境保护，不注重和谐发展，在当代社会必然是无法持续发展的。

改革开放30多年来，民营企业飞速发展，企业财富迅速聚集，吸引了世界的目光。但不少企业的发展是以牺牲环境为代价的。红豆集团的持续高速增长，走的却是一条从根本上转变经济增长方式，不断地转型升级，推进技术创新、节约资源、保护环境的发展道路。

红豆集团的成功,为民营企业在环境保护方面树立了一个榜样,红豆的社会责任对如何贯彻科学发展观做出了最好的诠释。

首先,红豆集团高度关注资源消耗。为了减少资源消耗,红豆集团加快调整产品结构,不断优化产品结构,单位产值所消耗的能源逐年下降,处于较低的消耗水平。为了节省土地资源,红豆较早地实现了园区集约发展模式。

其次,对环境保护高度重视。在红豆的四大产业中,纺织服装和橡胶轮胎属传统产业,从行业角度看,服装和轮胎的环境治理都大有文章可做。红豆投资1.4亿元建成的热电厂,煤耗降低,热效率大幅提高,企业成本效益显著。红豆热电厂每天给全集团供热气1200吨左右,印染厂、服装厂、集团内所有企业都利用热气能源,集团内的餐厅、浴室等基础设施也都利用这种环保能源。与此同时,红豆加大技改力度,落实节能减排。梭织印染投资1400万元成功转型针织印染,通过采用气流染色工艺,每吨布节约染料助剂900元、水10吨、汽2吨,改造后成本同比下降20%,降低了污染和能耗,提高了效益。

虽然有污染的企业只占集团很小的一部分,但红豆集团还是于2003年投资3000万元建立了日处理能力达1万吨的污水处理厂,通过强化管理,保证24小时运行达标,并为周边企业提供污水处理。每天上班,红豆集团党委书记、总裁周海江看的20多张报表中,一定有一张是红豆污水处理厂排放水的COD(主要污染物化学需氧量)检测报告,而每天的报告显示该厂排放水的COD一直控制在60mg/L左右,大大低于国家的标准100mg/L。

2007年,无锡爆发太湖蓝藻事件,大面积水域遭遇污染。红豆集团没有丝毫惊慌,因为10年前,红豆集团就主动采取措施治理废水。即便如此,周海江还是高度重视,他多次在节能减排会议上,要求100多家下属企业必须达标排放。为了全面推进节能减排工作,集团层面成立了以党委书记周海江为组长的科技创新领导小组和节能减排

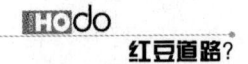

领导小组，并在集团内成立了环保志愿小组，由 20 名大学生组成，对集团内环保工作进行监督。

红豆集团一方面强制污水处理厂达到"零排放"，另一方面制定"奖罚措施"。浪费用水按实际水价进行罚款并公布上墙，起到警示的作用，而节约用水则给予奖励，红豆集团大胎厂通过加强管理，对设备冷却水、蒸汽冷却水进行合理回收再利用，每个月可节约 8 万吨水。

其次，发展红豆杉生态绿色产业。前文对此已经介绍，值得一提的是，为了让儿童从小树立环保观念，同时使红豆杉造福更多人群，红豆集团已启动了"红豆杉关心下一代走进校园"活动。红豆集团把红豆杉赠送给了无锡东港两所小学，目的是为了让孩子们了解红豆杉，爱护红豆杉，树立环保观念。2010 年 12 月 29 日，红豆集团江苏红豆杉科技有限公司决定向全国的部分小学赠送 5 万盆红豆杉，以此鼓励孩子从小树立环保意识，提高对低碳社会的认识，更好地关爱环境。

"红豆越发展，东港人越幸福"

"红豆稳，东港稳；红豆越发展，东港人越幸福。"这是无锡市锡山区东港镇党委书记在接受记者采访时说的。东港镇是红豆集团所在地，20 世纪 80 年代末，东港镇还是在无锡当地出了名的"穷窝子"。红豆集团发展起来后没有忘记家乡，更没有忘记地方政府曾给予的帮助，通过产业的发展为当地经济提供了巨大支持。红豆集团不仅贡献了占地方财政总收入近一半的税金，解决了当地乃至邻近省份的农村富余劳动力的就业问题，还带领了一方农民走向了共同富裕。多年来，红豆集团投入了 2800 多万元资助东港镇建设和无锡市内外的 8 个村、10 个厂发展。如今，东港镇的经济实力在无锡市已名列前茅。

东港镇有 60% 的家庭有成员在红豆上班，30% 的家庭全家人都是红豆员工，红豆的发展带动了东港镇周边地区的纺织、服装、运输、餐饮、零售等行业的发展。通过红豆杉项目，当地农民收入有了显著增长。红豆通过对社会主义新农村建设的产业支撑，优化了当地产业结构，促进农村人口持续增收，夯实了当地新农村建设的经济基础。在东港镇，随着每年以平均48%的增长速度发展，红豆在致富一方、安置就业、稳定社会、交纳税收、保证供给等方面承担的社会责任和发挥的社会作用更为明显。

2009年2月，在CCTV2008年度三农人物推介活动组委会、中央电视台《聚焦三农》栏目承办的"情系三农 和谐新农村"高峰论坛上，红豆集团被组委会授予情系"三农"新农村建设"杰出贡献奖"。这是红豆集团继周耀庭和周海江荣膺中国农村新闻人物后获得的有关"三农"的又一重要荣誉。

诚信纳税是企业履行社会责任的表现，红豆自诞生之日起，始终把诚信纳税看做是企业应尽的义务和责任。1999年以来，红豆集团累计实现利税116.44亿元（见表2-2）。

表2-2 红豆集团历年销售及利税情况

单位：万元

年份	销售	利税
2011	3517139	204559
2010	2818600	173344
2009	2232759	136461
2008	2071400	127527
2007	1811535	105439
2006	1430329	103643
2005	1173014	80862
2004	791262	68908
2003	607806	54602
2002	504258	42225

续表

年份	销售	利税
2001	324268	31826
2000	226001	20347
1999	200980	17881

周海江说:"一个企业只有更好地回报社会,才能吸纳更多社会资源的支持。只有这样,才能实现企业与社会的良性互动。"

周海江认为,企业社会责任必须明确三个定位:第一,正确确立企业的社会定位:缴纳更多税收,安置更多就业,带动区域发展。第二,正确确立企业的发展定位:节约资源,注重环保,对消费者负责。第三,正确确立企业的内部定位:让骨干拥有股权,营造公平用人环境,关爱一线员工;营造和谐的内部环境。在这三个定位中,企业内部定位是基础,企业发展定位是动力,企业社会定位是保障,三者相辅相成,共同发展才能实现企业社会价值最大化。

什么是企业内部定位?红豆集团党委书记、总裁周海江说:"企业内部定位就是建立企业的可持续的和谐。这种和谐不是表面的、暂时的,而是持续的。一个企业只有搞好内部定位才能建立一个和谐的内部环境,促进企业长久的发展。"

什么是企业发展定位?周海江说:"要做到这一点就必须对消费者高度负责,对资源消耗高度关注,对环境保护高度重视。"环境是我们共同的生存空间。发展过程中必须注重环境保护。在排放中注重环评标准,不以牺牲环境作为发展的代价,坚决贯彻科学发展观。那么如何处理企业发展与环境保护的关系?周海江提出必须在转型发展中探寻未来可持续发展的路径。红豆集团为此开发了红豆杉生态产业链。

什么是企业的社会定位?周海江认为,企业的社会定位主要体现在吸纳更多的社会劳动力；上缴更多的税金和提供更多的社会资助；不断增加员工报酬；带动企业周边地区的经济发展，共同构建区域经济的和谐发展。周海江说："企业不应仅仅局限于满足社会和消费者的正当需求及欲望并获得利润，更要使整个经营过程与消费者和全社会的长远利益相符合、相一致。正确处理企业自身利益与消费者的正当需求和全社会整体利益之间的关系，做到双赢乃至多赢。因此，社会责任才是企业追求的终极目标。"民营经济是适应市场经济的发展而产生的，这样的社会属性决定了企业必须承担应有的社会责任，为构建和谐社会作出应有的贡献。

2010年11月27日，由中国社工协会企业公民委员会与中央电视台等共同主办的"2010第六届中国企业公民论坛暨优秀企业公民颁奖盛典"在人民大会堂开幕。会上，红豆集团荣获"2010中国优秀企业公民"，同时获得此项殊荣的企业还有雅士利、浦发银行、绿地集团、诺基亚等国内知名企业和跨国公司。这个奖既是对红豆集团多年主动履行社会责任的褒奖，也是对红豆集团的一种鞭策和鼓励。

美国著名学者约翰·奈斯比特在《中国大趋势》一书中提出了"中国新社会的八大支柱"理论。其中的支柱之二："自上而下"与"自下而上"的结合。奈斯比特认为，支撑中国新社会长治久安最重要、最微妙也是最关键的支柱就是自上而下与自下而上的力量的平衡。

民营企业无疑是这样一股自下而上的中坚力量。改革开放30多年来的实践证明，没有民营企业的发展，就没有国家的稳定和社会的和谐；没有民营经济的大发展，就没有中国经济的大发展。在未来的道路上，这股力量依然是中国经济增长、社会繁荣稳定的中坚力量！

在此，我们衷心祝愿，以红豆集团为代表的中国民营企业走得更好，走得更远！

第二篇

红豆为什么重党建？

因为红豆
依靠党的政策挖掘发展机遇，
依靠党的"中国特色"理论奠定制度基础，
依靠党与民企"双培养"储备骨干人才，
依靠党的核心价值观营造和谐文化，
依靠党的修养要求提升领导素质。

第三章　信長入京の後

作为一家大型民营企业，红豆集团一直注重企业党建工作，探索了一整套党建工作经验和工作方法。

红豆集团的企业党建广受关注。管理专家、经济学家和党建专家纷纷到红豆集团考察调研；许多民营企业、大批国有大中型企业都派员到红豆"取经"；前来红豆集团参观学习的人就更多了，有专职的党务工作者、企事业单位的领导、学校的老师和学生等。红豆党建引起高层的关注，在高层会议上，出现了红豆人汇报的身影，高层领导对红豆也作出了重要批示。

不过，对于民营企业的党建工作，不同的人有着不同的看法。

组织部门会说："必须的，这是巩固我党执政基础的需要。"

观察家们会说："红豆集团这么重视党建，想干什么？"

甚至有些企业家们也许会说："这种事嘛，太认真的话，就是'不务正业'了，毕竟企业要以生产经营为主。"

那么，红豆党建有什么独到之处？红豆为什么重视党建？在红豆55年的发展历程中，党建究竟起到什么作用？要想知道问题的答案，还是让我们从5年前《美国之音》等新闻媒体记者向周海江的提问说起。

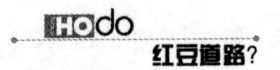

一　舌战外媒：民企为什么要党建？

时间：2007年10月19日晚

地点：北京梅地亚新闻中心

采访者：美国之音、日本经济新闻、香港信报等50多家海内外媒体记者

被采访者：红豆集团党委书记、总裁周海江

采访背景：中共十七大新闻中心特意安排一位民营企业家代表接受采访

　　这是一场不同寻常的记者见面会。采访者有备而来，海外媒体的记者提出的问题尖锐而富有挑战性；被采访者周海江口若悬河，应答自如。我们没有找到当年记者见面会的原始记录，我们根据媒体报道和被采访者的回忆，再现了当年周海江舌战中外记者的精彩对话：

　　记者问：中国共产党是"无产阶级先锋队"，您怎么看也不像"无产阶级先锋队"，您这个民营企业家怎么会在党内？您在党内代表谁的利益？

　　周海江答：我们党以前称自己是"无产阶级先锋队"，是因为工人阶级与无产阶级以前是画等号的，但现在党章里叫"工人阶级先锋队"。现在，工人阶级并不是无产者，工人阶级是有资产的，只是多与少的关系。我是一名党员，也是工人阶级的一部分；当然我还有一个身份，是企业股东。发展民营企业是党的号召，我把企业搞好，也是在执行党的方针政策。在红豆集团，我是大股东，但并不是所有股权归我一人所有，许多企业骨干都有股份，这样在利益关系上，他们既是打工者又是企业所有者。另外，我在企业既是总裁，又是党委书记，对于员工的权益、福利都努力关心到位。有一次中午吃饭的时候，我去车间看到很多外来工人都在吃馒头，我就问为什么不去吃饭，他们回答说在这里吃饭贵，我要把钱节约下来寄给家里，补贴家用。看到这一情景，我很快决定在所有工厂推出"包吃包住"政策，对所有职工免费提供工作餐，而且还免费住宿，这样我们企业虽然每年要多开支3500多万元，但增强了员工的向心力。所以说，虽然从表面看我在红豆的身份比较多，既是总裁又是党委书记，又是股东，但实际上作为一名党员民营企业家，是在维护工人阶级利益。这个工人阶级是广义的，包括普通工人，也包括白领阶层。

记者问：我们西方国家的企业没有中国这样的党组织，发展得也很好，你们民营企业为什么一定要建立党组织？

周海江答：如你所说，西方的企业没有党组织，却崛起了一大批如微软、苹果、波音这样的世界著名企业。但是你要知道，西方企业搞市场经济已有了几百年甚至更长的历史，企业的运行机制比较成熟。我们中国的企业真正走上市场经济轨道才30多年。因此，我们必须加快追赶。速度越快，摩擦力就越大。要实现快速追赶，一要增加动力机制，二要方向不偏，三要克服摩擦力。我觉得在企业建立党组织，是加快企业发展的助推器和根本保证。这也是中国企业快速崛起的一大根本原因。以我们红豆集团为例，这些年来，我们一方面积极学习借鉴西方创造的现代企业制度，形成董事会、监事会、经理层的三权制衡，规范企业行为，激发员工动力，迅速缩短了与国际先进企业的差距。另一方面，我们通过建立党组织，解决企业常常出现的机遇难找、人才缺乏、人心不齐的问题。我们在实践中越来越体会到，企业发展的机遇就在党的方针政策之中，企业发展的人才就是要通过党的组织优势来培育，企业发展的凝聚力就是要通过党的思想政治工作来实现。所以，建立企业党组织，是企业的内在需要，是企业快速、稳定、持续发展的根本保证。

记者问：在你们企业，是听企业老板的，还是听党委书记的？

周海江答：红豆集团建立了现代企业制度，企业的运行按照现代企业制度规则，也就是由董事会、监理会、经理层各负其责、相互制衡，党组织从不干预企业的运行。党组织在企业是政治核心，及时传达学习和贯彻落实党的方针政策，从思想理念上影响企业的决策和行动，发挥好党组织的堡垒作用和广大党员的模范带头作用，保证企业在政治上与党和国家高度统一，保证企业健康科学发展。

记者问：您的身份既是共产党员，又是民营企业老总，共产主义是消灭私有制的，您就是将来被消灭的对象，您害怕被消灭吗？

周海江答：实现共产主义、消灭私有制是党的最高理想，需要经过长期的努力。而在今后非常长的时期里，共产党人的共同理想是建设中国特色的社会主义。十七大的报告中这样讲到，要有几代人、十几代人、甚至几十代人为中国特色社会主义共同理想而奋斗。现阶段，党的基本路线是"以经济建设为中心"，党的目标是"小康社会"，那么小康社会的实现，和谐社会的建设，科学发展观的落实，民营企业是党依靠的非常重要的一支力量，而不是被消灭的对象。如果到了共产主义实现的那一天，私有制被消灭，我作为民营企业家，非但不会害怕，反而会高兴，因为那是所有共产党人为之奋斗的理想。

记者问：作为民营企业家，您为什么要坚信共产党？

周海江答：我没有理由不坚信共产党。一方面，共产党一路走过90多年，带领国家和人民取得了一系列其他任何政党都无法比拟的伟大成就。虽然风云变幻，但中国共产党长期形成的执政为民、实事求是、中国特色社会主义、以经济建设为中心等一系列核心理念一直没有改变，推进了中华民族伟大复兴，保障了中国长期稳定发展。从企业层面看，当今世界没有哪一个政党会像中国共产党那样，一心一意帮助企业发展。从红豆集团看，更是通过转化党的政治优势，弥补了企业的决策、人才、和谐、持续、信念等方面的缺陷，实现了高速健康发展。

记者问：您怎么看待企业的家族化？

周海江答：红豆集团走到今天，是祖孙三代带有某种巧合的接力创业的结果，并不是有意识的家族传承。1957年的时候，三个弹棉花的小手工业者走到了一起，创立了一家小加工厂，成为红豆集团的前身，其中一位就是我的爷爷。当时是合作社，是集体组织，我爷爷只是其中一员，他没有权力把合作社传承给下一代。到了1982年，我爷爷早已过世了，当时这个加工厂已濒临倒闭，我父亲是根据乡党委的安排，从村支部书记岗位来接手这个小厂。当时，这些企业统称为乡镇企业，属于集体经济，厂长也没有权力把工厂传承给下一代。我在1988年来到这个企业，当时的企业正处于早期创业阶段，生存风险很大，我根本谈不上考虑来传承什么家业，当时的所有资产都是属于乡政府的。我当时从大学教员岗位来到这个乡镇小厂，是考虑到我父亲经营的这个企业非常缺少大学生，我应该为父亲分忧。我是来创业的，不是来传承家业的。到了后来，红豆集团实行了股份制改造，由集体经济变成了股份制民营企业，父亲和我以及其他500多位骨干才成为企业的股东，拥有了一部分企业资产。虽然如此，我们在用人上，并不一概排除家族人才，中国人常说"举贤不避亲"、"打仗要靠亲兄弟，上阵要靠父子兵"。在企业的初创阶段，用家族人、用本地人，风险成本相对比较低。随着企业的扩张和现代制度的推行，企业必须走出家族化的桎梏，一是股权"社会化"，二是用人"四海化"。

红豆集团的用人，全面推行制度选人、公开平等、竞争上岗、业绩导向，目前集团的中高层管理人才，有一半以上是外地人才。所以，红豆集团虽然离不开我们祖孙三代的创业接力，但并不是家族化企业。

记者问：您作为一名共产党员，以后会不会服从党的安排弃商从政？

周海江答：我比较喜欢我现在的职业，我是从国家干部队伍中走出来的，1987年我是江苏省第一个辞去公职的大学生。我们党的工作重心是经济建设，我希望把企业的事做好。我觉得我们国家优秀的行政官员比较多，而企业家的队伍还需要加强。

记者问：您怎样理解资本主义与社会主义本质上的区别？

周海江答：我想区别很多。我们走的是中国特色社会主义，是把市场经济和社会主义与中国实际相结合的产物，中国共产党明确提出要"共同富裕"。"共同富裕"应该是中国特色社会主义与资本主义的本质区别。

"民营企业要不要党建"、"党与民企是什么样的关系"，这些问题客观来说不好回答，但是周海江胸有成竹、自信满满，他坦诚而睿智的回答赢得了与会者的阵阵掌声。显然，这不仅是一场高水平的记者见面会，而且也是一场激烈的思想碰撞。

之所以安排周海江回答中外记者的提问，是因为红豆集团是民营企业党建的典型。谈起红豆集团党建，周海江既自信又自豪。红豆集团的党建之路是如何走过来的呢？

● 专栏：周海江个人简介

周海江，江苏无锡人，生于1966年。1987年毕业于深圳大学经济管理专业，在校加入中国共产党。大学毕业后，分配进河海大学任教员。1987年底辞去大学教员职务，来到故乡的红豆集团工作。他从推销员、厂秘书做起，先后担任车间主任、副厂长和分公司总经理等职。2004年，他通过"海选"担任红豆集团总裁至今；从2007年起，他通过"公推直选"担任红豆集团党委书记至今。他被中央统战部等单位评为"优秀中国特色社会主义事业建设者"，被团中央和全国青联授予"中国青年五四奖章"，被中华全国总工会评为全国劳动模范称号。他光荣当选为党的十七大、十八大代表、中国服装协会副会长、全国工商联常委、中华全国青年联合会常委、江苏省人大常委、无锡市工商联主席。

周海江曾多次向胡锦涛、江泽民、习近平、贺国强、李源潮等党和国家领导同志汇报工作，近年先后五次参加了温家宝总理主持召开的经济工作座谈会，并发表了自己的意见和建议。

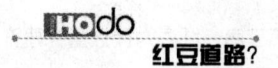

二　创业接力：三代党员的追求

　　精彩的问答，字里行间透出红豆集团领导人周海江对党的信念和感情。毫无疑问，周海江是坚定信念跟党走的民营企业家。

　　其实，这不是偶然的。追溯一下红豆集团创业发展历程，就会发现一个有趣的现象：红豆集团的三代创业人，都是中国共产党党员。从第一代创始人周林森到现任集团董事局主席周耀庭；从周耀庭到现任集团总裁周海江，红豆集团的三代创业者始终对党怀有一种特殊的感情，这种感情倾注了红豆集团三代创业者的心血；这种感情孕育红豆诞生、呵护红豆发展、培育红豆成长。

　　红豆集团的第一代创业人周林森，原先是一个弹棉花的农民。1957年，他和其他两位弹棉花的农民一起，响应国家发展小手业合作社的号召，办起了棉花加工厂。由于表现积极，他于1959年入党，成为港下针织厂里第一个党员。跟党走的信念，在企业成立之初就深深地扎下了根。周林森是个翻身农民，他亲身体验了旧社会的苦和新社会的甜，亲眼目睹了共产党为了广大劳苦大众争取自由平等所作出的努力和牺牲，所以他是抱着感恩的心态响应党和国家的号召而创立合作社的。周林森入党后，时刻以党员标准要求自己，一心扑在工作上。为方便工作，他把家搬到工厂，以厂为家，起早摸黑，勤劳无私地为厂里工作。这个在同事眼里任劳任怨的共产党员，最后积劳成疾，于1964年病逝，去世时年仅54岁。

　　第二代创业者周耀庭，生长在艰难的岁月。他在农村这个大有作为的广阔天地表现积极，1971年入党，后来成了村支部书记。改革开放后，他为了带领农民致富，走出单纯种粮的局限，在自家摸索种西瓜、养拉毛兔、养地鳖虫的方法,成为村上最早的"万元户"。1982年,当针织厂濒临倒闭之际,他凭着对父辈当年创业的特殊感情,义不容辞地从村支部书记岗位退下来接手"奄奄一息"的企业。凭着共产党员的坚定信念和敢做敢为的改革创新精神,周耀庭在短期内迅速使红豆扭亏为盈并步入快速发展之路。周耀庭说,我是一个地地道道的农民,祖祖辈辈面朝黄土背朝天,心中的理想就是带领家乡父老乡亲脱贫致富。我亲眼目睹了新中国成立后,特别是改革开放以来各行各业的变化。在企业最困难的时候,我们充分发挥共产党员的先锋模范作用和党组织的战斗堡垒作用,解决了一个又一个难题,攻克了一个又一个难关。

现任总裁周海江,是处在改革开放最前沿的深圳大学的首届毕业生,在校入党。他也是红豆集团引进的第一个党员大学生。当时,处于快速发展而不稳定的红豆集团急需人才,却无法从正规渠道获得大学生。1987年年底,在父亲的劝说下,刚毕业到河海大学任教的周海江毅然辞去教职投身红豆。共产党员的胸怀和责任,促使周海江放弃"金饭碗",投身乡镇企业施展才华。

一家三代党员,代代接力创业,以红色情怀成就了红豆集团快速崛起的奇迹。

感情源自恩情。周耀庭说:"在党的政策眼里看前景。"从创业之初到现在,红豆集团始终把学习研究党的方针政策作为企业发展的第一课。"多年来,红豆集团的每一个重大决策,每迈出一大步,都是在认真学习党的方针政策中获得灵感,实现了快人一步的发展。"周海江深有感触地说。的确,在红豆集团50多年的历程中,每一个发展的重大关头,都是党的政策指明了方向;在企业发展的困难时刻,又是党组织发挥了政治核心作用和战斗堡垒作用,使企业化险为夷,步入健康快速的发展轨道。

"我是集团老总、党委书记,但首先是一名共产党员。"周海江的名片上，印有许多头衔，"党委书记"的头衔总是放在第一位的。周海江有一个理论：太阳系中的九大行星为什么能够有条不紊地围绕着太阳运行？那是因为太阳有巨大的凝聚力。一个企业就如天体一般，党组织是太阳，党员职工是星星，星星既追赶着太阳，又在自己的位置上发光发热。源于这样的理念，周海江不仅在红豆大力推行党建工作，还提出了"红色品格"和"绿色品格"的理论。"红色品格"就是注重党建，守法经营，产业报国。而"绿色品格"就是打造绿色企业，积极履行企业的社会责任。

周海江的红色情怀使红豆集团的党建工作始终走在全国民营企业的前列，他的锐意创新使红豆的党建工作在实践中不断创新发展，成为民企的楷模：1997年，红豆集团率先成立党委，成为无锡市第一个成立党委的民营企业；2006年，红豆集团又成为第一家"公推直选"党委书记的民营企业；2011年，红豆集团出版《红豆集团党建工作标准》，这是全国第一个民营企业党建标准；2011年，红豆集团成为全国第一家通过党建质量认证的民营企业。2012年，曾经当选为党的十七大代表的周海江再次当选党的十八大代表，是江苏省70名党代表中唯一一位民营企业代表。

当选党的十八大代表，无论对周海江，还是对红豆集团2万多名员工、1000多名党员来说都是莫大的光荣。周海江说："作为来自基层一线的党员，能够当选为党的十八大代表，感到非常荣幸和高兴。作为民营企业的代表，要以实际行动创先争优，以优异成绩迎接党的十八大召开。"当选党的十八大代表不久，红豆集团党委重新调整发展思路，进一步推进企业把党的政治优势转化成企业的发展优势，加快转型升级，着力突破民营规模企业普遍存在的人力资源瓶颈、土地资源瓶颈、环境资源瓶颈的束缚，力争在未来三到五年内，使集团规模从2011年的351亿元跃升到1000亿元，实现企业新的跨越式发展。

回眸红豆集团三代创业人，他们在不断推进企业发展的同时，也不断加强党建工作。企业发展，伴随着党建发展。党建强，不断促进着企业强。1959年12月，勤劳俭朴、吃苦耐劳、乐于助人的红豆第一代创业者周林森光荣入党，使这家由小型合作社演变过来的小工厂从此有了共产党员，有了党的组织。随后，党员队伍不断扩大。1992年，红豆集团成立时，已有59名党员，这在当时无锡的乡镇企业里并不多见。1997年，红豆集团公司党委成立，党员人数迅速增加。2004年红豆党委成立红豆党校。2009年，红豆集团在柬埔寨建立中国民企第一个境外党支部，实现了党组织建设从集团总部到产销一线的全面覆盖。2012年，红豆党员人数已有1269名，红豆集团党委下设党（总）支部103个。

多年来，红豆集团不断创新党建工作，逐步形成了"一核心、三优势"的党建特色（"一核心"就是把企业党委作为政治核心，确保企业在政治上与党和国家的方针政策保持一致；"三优势"就是把党的政治优势转化为企业发展的机遇优势、人才优势与和谐优势）；探寻了一条富有中国特色的民企发展道路，即"现代企业制度＋企业党建＋社会责任"的具有中国特色的现代企业制度；逐步形成了"一融合、双培养、三引领"的"红豆党建工作法"（"一融合"就是通过"交叉任职"、双向互动实现"党企融合"；"双培养"就是把党员培养成企业人才、把企业人才培养成党员；"三引领"就是以党建工作引领先进企业文化、引领构建和谐企业、引领履行社会责任）；总结出了"铸就红色品格，打造绿色企业，建设幸福红豆"的红豆发展经验。

红豆在党建方面的创新和实践得到各级党委机关和高层领导同志的肯定。2011年7月，红豆集团党委荣获"全国先进基层党组织"称号，8月荣获全国非公有制企业"双强百佳党组织"称号，9月被评为"建党90周年全国企业党建工作先进单位"。

2007年10月19日，周海江在十七大江苏代表团会议上，专题汇

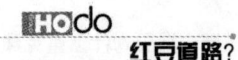

报了红豆"一核心、三优势"的党建经验，得到参加会议的胡锦涛总书记的肯定。2012年3月21日，周海江代表民营企业在全国非公有制经济党建工作会上介绍了红豆集团的"一融合、双培养、三引领"的党建工作法，受到中共中央政治局常委、中央书记处书记、国家副主席习近平的接见。随后，江苏省和无锡市的民营企业党建工作推进创新现场会相继在红豆集团召开。2012年8月2日，全国纺织行业民营企业党建工作观摩现场会在红豆召开，中国纺织工业联合会特别下发了《关于学习推广红豆集团党建工作经验及开展向周海江同志学习的决定》。

全国纺织行业民营企业党建工作现场观摩交流会在红豆集团召开

"听党话、跟党走、报党恩"，周氏三代的红色情怀将一颗小小"红豆"，培育成为参天大树。党建让红豆在市场经济的大海中历经风浪却始终能够沿着正确的航道前行！

三　党建如何推动红豆发展？

民营企业要不要党建？不同的企业有不同的看法。有的企业认为，无所谓，有没有都行；有的企业认为，这个可以有，但是担心党建干扰企业正常运行；有的企业则认为非常必要，须臾不能离开。其实，认为有必要搞党建的企业也是千差万别。有的是"替代式"——以党代政；有的是"任务式"——出于完成政治任务需要；有的则是"融入式"——将党建与企业发展融为一体，企业发展、党建加强，党建越加强、企业越发展。红豆集团的党建始于实用，不是任务，重在融入。因为有用，所以需要，所以必须融合。

正如周海江所说："红豆集团的党建工作，是从解决企业实际问题出发而展开的。"

1998年亚洲金融危机，外贸形势恶化、企业成本上升，民营企业发展遭遇巨大挑战。

红豆集团党委会召开联席会，分析宏观形势，帮助各相关企业研究相应对策。很快，一条条行之有效的政策出炉：调整外贸政策，不搞企业间相互担保；企业的铺底销售改为现款结算，从而保住了企业资金流的正常运行。党委的正确研判，促使红豆集团在那一轮危机中把不利影响降到了最低限度。

2007年以来，国内宏观调控收紧、人民币升值、企业劳动力成本和原材料成本迅速上升，民企发展遇到了新的难题。红豆集团召开了由党委委员、支部书记和部长总经理参加的联席会议，在深入分析经济形势后，集团做出决定，红豆的外贸不签订长期订单、结汇上尽量避免美元结算，并逐步压缩集团外贸比重，同时不断提高外贸产品附

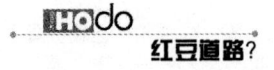

加值以应对外贸新问题,从而使红豆集团避开了外贸形势带来的不利影响。

2008年,一场席卷全球的国际金融危机从美国向世界蔓延,美国次贷危机、欧洲债务危机愈演愈烈,西方世界惊呼"末日"来临。中国纺织服装外贸深受影响。红豆集团党委扩大会果断提出,企业要加快实现"三大转型"和"两个提升"战略,党委举行了"转型升级促发展,我为党旗添光彩"主题活动,通过召开动员大会、举办征文活动、演讲比赛极大地提高了全体党员对"转型升级"的认识。各企业切实实现由生产经营型向创造运营型转变、由资产经营型向产融结合型转变、由国内企业向跨国企业转变的"三大转型"和产业升级、竞争力升级的"两个提升",从而使红豆集团在苏南民营企业中较早走出了国际金融危机的影响,并实现了稳定快速增长。

民营企业在发展过程中,往往存在决策不准、人才难寻、人心不齐、难以持续、信念动摇等问题。这些问题,通过党建工作就能迎刃而解。党的方针政策,是企业的决策导向和发展机遇;党组织是企业的人才库;党的思想政治工作,是稳定人心、激励员工的有力武器;中国特色的社会主义制度,是企业实现持续健康发展的根本保证;党的理想信念,是企业当家人永葆先锋力量的坚强基石。具体来说,就是"五个转化":即把党的政策优势转化民企发展的机遇优势,把党的组织优势转化为民企发展的人才优势,把党的政治优势转化为民企发展的和谐优势,把党的制度优势转化为民企发展的制度优势,把党的信仰优势转为企业领导人的素质优势。

2007年12月11日,中央政治局委员、中央组织部部长李源潮同志对红豆集团党建工作做出批示:"在民营企业中把党的政治优势转化为企业的发展优势经验很好",充分肯定了红豆集团把党的政治优势转化为企业发展的机遇优势的做法。

把党的政策优势转化为红豆发展的机遇优势

俗话说:"上有政策,下有对策。"对于党和国家的方针政策,不同的企业经营者,理解的角度是不一样的,得出的结论和决策往往也不同。特别是对一些限制性政策,一些企业经营者往往会在"吃透政策"后采取所谓的"对策"钻空子,或者绕道走。

红豆集团是如何看待党的政策呢?首先,红豆集团把党和国家的方针政策视为企业发展的最大机遇;其次,在学习研究的基础上,结合企业发展的实际作出规划决策。面对国家的限制性政策,红豆集团视其为"红灯",坚决停步。红豆集团最擅长的是走"鼓励性政策"的"绿灯"。周海江说,做企业跟开车是一个道理:走绿灯、行大道,才能保证企业稳定快速发展。早些年,国家提出发展低碳经济,限制污染企业。一些小企业出于眼前利益,不把心思花在治污转型上,而是想方设法钻空子偷排,结果错失了转型机遇,最终不得不关厂歇业。而红豆集团却审时度势,顺势而为,及时关掉了印染厂、轮毂厂等污染企业,转而大力发展红豆杉生态产业,企业不仅成功转型,而且开创了一片"蓝海",获得了更大的发展空间。

红豆人认为,政策红利是民营企业发展的最大机遇,谁抓住了这个机遇,谁就能够获得发展。民营企业把党的方针政策领会好了、贯彻好了,就可以少走弯路。为什么可以少走弯路?因为党的方针政策具有前瞻性、全局性和导向性。红豆集团50多年的发展历程充分证明了这一点。

1957年,三个弹棉花的农民,响应国家"小手工业者组织起来"的号召,组建起了生产合作社,开创了红豆集团发展的先机;

1983年,红豆集团抓住改革开放机遇,使濒临倒闭的小厂扭亏为盈,开启了企业发展的春天;

1992年,红豆集团抓住邓小平南方谈话的机遇,成立了企业集团，壮大了企业发展的综合实力；

2001年，红豆集团抓住资本市场发展机遇，实现了股票上市，在资本市场上一展身手；

2007年，红豆集团抓住国家"走出去"战略，在柬埔寨西哈努克港建立了11平方公里的经济特区，拓展了跨国发展的新空间；

新时期，红豆集团抓住科学发展观带来的新机遇，大力发展红豆杉绿色产业，为企业可持续发展找到了新的路径。

红豆发展实践表明，在每一个发展的重要节点上，红豆集团无一不是通过抓住党和国家政策来实现自身的突破式发展。这充分证明，党的方针政策确实是红豆集团的发展机遇，把握、领会好党的方针政策，企业就能获得一个个发展机遇，一步步走向更大的发展平台。

不少民营企业认为，党建不就是看看文件、读读报吗？其实不然，在实际操作上，把党的方针政策转化为企业发展的机遇优势并不简单，需要解决两个问题：一是如何建立及时有效的转化机制？二是如何做到不干涉董事会、监事会、经营层的正常经营活动？

红豆集团的做法就是"一融合"即"党企融合"。一是建立"交叉任职"制度提升党建工作融合度。在不干预现代企业制度正常运行的前提下，全面推行党委班子和经营管理层"交叉任职"，党委委员全部进入董事会、监事会、经理层，董事会成员全部是党委委员，监事会主席兼任纪委书记，人力资源部长兼任组织部长，品牌文化部长兼任宣传部长，形成具有红豆特色的组织体系，推动党建工作与生产经营管理融合共进。二是健全双向互动机制提升企业决策力。建立党组织与经营管理层双向互动机制，把党组织的决定融入企业决策之中。集团党委通过党委会学习、每周一晨报会、党委扩大会和总经理、部长联席会议机制，及时传达党的方针政策，化作企业的经营理念。

2012年8月7日下午，红豆集团党委扩大会在红豆集团会议室召开。出席会议的有集团党委委员、集团公司和二级公司老总、集团中层以上干部。会议传达学习了胡锦涛总书记7月23日在省部级主要领导干部专题研讨班上的重要讲话，学习了胡锦涛7月31日在中央政治局会议上对当前经济工作所发表的讲话精神。通过学习，大家对宏观政治经济社会形势有了更清醒的认识，进一步坚定了信心。更重要的是，大家对中央提出的"促发展、稳增长"有了深刻领会。周海江分析说，国家要"促发展、稳增长"就必然会出台一系列激励政策，我们红豆集团要积极响应，分享政策红利，在"促发展、稳增长"中多作贡献。要抓住"稳增长"的政策机遇，变成红豆集团的红豆杉公司、通用轮胎公司的股票上市机遇；变成红豆集团利用3A级信用单位发行中长期债券的机遇；变成红豆集团利用原材料成本下跌加快上新项目的机遇；变成红豆集团加速收购兼并其他企业的机遇。随后，各公司老总们兴致勃勃地谈了各自的体会和设想，一场党的政策方针学习会由此演变成了企业乘势发展的讨论会和推进会。

把党的制度优势转化为红豆发展的制度优势

如果说企业在创立之初，"生存活下来"是主要矛盾的话，那么，企业在具有一定规模以后，如何持续稳定发展、成为百年企业，就是企业面临的主要矛盾。

要解决这一问题，就必须通过企业制度来保证。诚然，在企业制度层面，西方创造的现代企业制度是必须学习的。和中国许多企业一样，红豆集团多年来一直在学习和借鉴西方创造的现代企业制度，以尽快缩短与国际先进企业的差距。但是，周海江发现，西方创造的现代企业制度也有其局限性，有其"天花板"：它虽然较好地解决了企业内部所有者、经营者、劳动者等各方的利益关系，让西方企业兴旺发达了几百年，但它不能保证企业与国家、社会的利益一致性问题。美国的安然公司破产、华尔街金融风暴、日本东京电力的核泄漏事故

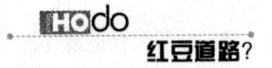

等，就是现代企业制度下产生的瞒报欺诈、危害公众的例证，最终也导致了企业本身破产或倒闭，造成了国家、民族和社会的灾难。

如何来设计一种比西方现代企业制度更优越的企业制度呢？红豆从实践中发现，"现代企业制度＋企业党建＋社会责任"，就能实现企业内部各方利益与国家利益、社会利益的一致性。"现代企业制度"能规范企业行为，激发内在动力；"企业党建"能协调社会各方利益，保证科学发展；"社会责任"能优化发展环境，促进稳定和谐。

这一模式，其实也是中国特色社会主义制度在民营企业的具体化实践。中国特色社会主义的"特色"所在，就是把西方的市场经济机制引入社会主义体系。中国特色社会主义探索之初，国际、国内的许多专家学者都觉得"社会主义"与"市场经济"是不可调和的，是不可能取得成功的。然而，在邓小平同志的"不争论"、"摸着石头过河"的理论引导下，中国共产党人顶着各种压力开始了坚持不懈的探索，用实践证明了中国特色的社会主义道路，不仅完全行得通，而且取得了伟大成就。这种制度，不仅适合中国国情，而且比起资本主义制度具有更优越、更强大的生命力。

而今，中国特色社会主义的道路、理论体系和制度，在国家层面取得了巨大成功。然而，如何在企业层面得以实践和验证？红豆集团提出的"现代企业制度＋企业党建＋社会责任"的发展模式就是对中国特色社会主义制度的生动实践和验证。

围绕建立现代企业制度，红豆集团先后实行了"一品多厂""小厂大公司""母子公司三级运行""内部买卖关系""内部股份制""卓越绩效管理模式""层层竞争上岗"等一系列现代企业机制。与此同时，实施了规模化、现代化、国际化、信息化、学校化的"五化战略"；制定了"集团相对多元化，二级公司高度专业化""打造千亿红豆"的产业发展战略。多年来，红豆集团还致力打造富有民族文化内涵的"红豆"品牌。"红豆"被认定为首批中国驰名商标，也是服装界唯一"国家商标战略示范企业"。

围绕企业党建，红豆集团坚持铸造企业"红色品格"。率先成立了党委、党校、纪委，创办了《红豆报》、红豆党建网、红豆电视台，编制出版了中国民营企业首部《企业党建标准》，逐步形成了"从党的方针政策中寻找发展机遇，以党的思想政治工作凝聚人心，从党员骨干中选拔培养人才，以党纪国法规范企业行为"的"红色品格"。

在履行社会责任上，红豆集团坚持把积极安置就业、交缴税收、帮助弱势、保护环境、保护消费者权益、维护员工利益、弘扬优秀文化等，作为企业的应尽职责和自觉行动。2007年，红豆集团在国内民营企业中首家率先通过CSC9000T企业社会责任认证。

正是依靠这种具有中国特色的现代企业制度，保证了红豆集团多年来的持续高速发展。实践表明，这种"中国特色现代企业制度"比起西方创造的现代企业制度，更具科学性和持续性，更能适应中国国情。我们有理由相信，"中国特色的现代企业制度"一定能让红豆集团走得更好，走得更远。

把党的组织优势转化为红豆发展的人才优势

红豆人一直记得，红豆集团董事长周耀庭早年在乡村干部大会上那次让人发笑的表态发言。1987年，红豆发展迅速，销售额突破了2000万元，在乡党委书记的授意下，周耀庭表态说，"三年后企业要实现一个亿"。他的发言，非但没有赢得台下的掌声，相反，却引来一阵怀疑的哄笑。面对全场的哄笑，周耀庭十分不解。他事后问乡财政所所长老杨："大家为什么会笑我？"老杨说："我们乡镇企业能够做到两三千万就很不错了，到顶了。"周耀庭不服了："为什么不能做到一个亿？"老杨说："你看看你的厂，不说别的，一个大学生都没有，因为国家根本不可能把大学生分配到乡镇企业。没有人才，怎么可能做到亿元厂？"周耀庭一时无语。老杨说得对，企业要做大，没

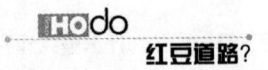

有人才怎么行？

为了红豆引进人才，实现大学生零的突破，周耀庭最先动了自己的大儿子周海江的念头。周海江那时刚从深圳大学经济管理专业毕业，分配到河海大学执教，捧的是人人羡慕的大学教员"金饭碗"。出于对父亲的尊重，出于所学能派上更大用场的考虑，周海江终于下决心告别大学执教岗位来到故乡的乡镇企业。

不过，引进自己儿子进厂，对周耀庭来说，成本太高，高得出乎他的意料。因为丢掉了"金饭碗"，父子俩受到了家人和亲友的一致责怪，周海江大学时相识的女朋友也因此转身不理周海江；因为违背了组织程序，乡党委对周耀庭有了"看法"；因为周耀庭让自己儿子回来，厂里的副职干部感到升职少了希望，转而产生消极情绪。不过，周耀庭为了企业发展，从来就是不计成本和压力的。早在1982年刚上任的时候，他为了救活这个即将倒闭的厂，一下子请了13个上海老师傅，在自己月薪只有30元、企业基本没有利润的情况下，他却坚持给那些老师傅每人月薪500元！那时的他，所付出的成本和承受的压力，同样是常人无法做到的。

周海江的到来使红豆集团总算有了大学生人才。后来，随着人才市场的变化，红豆集团有了越来越多的大学生，甚至还拥有了一批海归人才和外国专家。

人才对企业来说永远是嫌少不怕多的。如何从机制上保证企业的人才源源不断？红豆集团党委发现，党建工作对企业的人才建设具有独特作用。

因为，党组织在培养人才、使用人才、凝聚人才方面有着独特方法，党组织就是企业最大的人才库。在具体做法上，红豆集团实施的是"双培养"机制。

一是把党员培养成企业人才。坚持把党员培养成企业骨干、推荐党员骨干成为经营管理人才，形成提拔一名党员、树立一面旗帜、带动一群职工的生动局面。生产车间操作工郭军伟在党组织培养下光荣入党，并于2008年获得全国纺织行业技能竞赛制版冠军，荣获"全国五一劳动奖章""全国纺织行业技术能手"称号。在他的带动下，职工技能迅速提升，涌现出更多的党员能手和经营骨干。"我是党员，跟我上"成为红豆集团一道亮丽的风景线。

二是把企业人才培养成党员。集团党委实施"百才工程"，建立院士工作站、博士后工作站，先后引进博士、高级工程师等海内外高级人才100多名。在一线职工中开展星级职工评比，评为三星以上的职工可以推荐免费上大学，3000多名外来务工青年在红豆圆了"大学梦"。很多人提出员工入党申请。同时，红豆集团党委还注重加大在企业人才中发展党员的工作力度。目前，公司股东代表95%是党员，各子公司总经理100%是党员，100多家分厂厂长95%是党员。

周海江说："党员当家最放心。党员当家最起码可以维护好三个利益：第一是维护好企业员工的利益，协调各方关系；第二，维护好国家、社会的利益；第三，在维护前面两个利益的同时，维护好股东的利益。因为，前两个利益维护好了企业自然就发展了，企业发展了，就是对股东利益的最大维护。"

● 专栏："双培养"机制带来人才优势

1. 郭军伟——从一线员工到"全国五一劳动奖章"

郭军伟，中国共产党党员，现任红豆股份衬衫一厂技术科科长。他不善言语，进厂之初只想当一个好裁缝就满足了。他经过公司的专业培训和对制板技术不断钻研，掌握了精湛的制板技术。2008年11月，在中国纺织工业协会、中国就业培训技术指导中心和中国财贸轻纺烟草工会全国委员会主办的全国纺织行业职业技能竞赛服装制作工（制板）竞赛中，面对全国30个省市的100名决赛选手，郭军伟以精湛、熟练的制板技术脱颖而出,摘得桂冠。出色的工作表现和负责的态度使他获得了"全国制板竞赛冠军""全国纺织行业技术能手"称号、"最佳样板设计奖""最佳样板创作奖"和"全国五一劳动奖章"等多项荣誉。经过党组织培养,他成为中国共产党党员,并在车间设立了"党员示范岗",带动了一批技术骨干成长。

2. 秦军——从农民到全国技术能手

红豆集团党组织坚持在一线员工中培养、发展党员,并将这些一线党员培养成企业各行业技术能手。2004年11月的"全国服装(西裤)制作工职业技能大赛"在西安举行。红豆集团一线员工秦军,以娴熟、细腻的缝纫技艺,用59分钟就完成了一条西裤的制作,勇夺亚军,获"全国技术能手"称号,他是江苏省唯一获此殊荣的参赛者。按制作工艺,制作一条西裤需要108道工序流程,然而,善于思考的秦军在工作实践中逐步摸索总结出如何提高做西裤的效率。通过反复练习、不断总结,秦军成功地把西裤制作的流程缩短,终于以59分钟就可完成一条西裤的制作。秦军从农民到工人,又从工人到党员,并成为全国技术能手。

3. 卞亚波——从普通党员到质量管理精英

2004年2月,卞亚波和他的同学共10人经过应聘来红豆集团工作。他虽然体质较弱,但学习用心,很快掌握了各工序的操作要领。公司党总支领导发现了他的钻研能力,调他担任工艺员。2005年10月,他在小胎厂建立了自己的理化实验室,他根据自己的经验编制了《实验员手册》,规范整个试验流程,对原材料入厂进行监督和测量,实施了有效的质量控制。原材料检验岗位的特殊性,让卞亚波遇到了无数次"骚扰"——很多供应商来套关系、说情、请客,还有送消费卡的。卞亚波坦言,类似的事太多,自己不接受是因为自己觉得做事要凭良心,不是自己的就不应该拿。就这样,他以过硬的素质严把产品的质量关,并加入了党组织。卞亚波从一名普通大学生,通过不断磨炼，成为一名党员，先后被评为"优秀工程师""优秀技术员""优秀管理员"，而今已是公司的质量检验科科长。

把党的政治优势转化为红豆发展的文化优势

很长时间以来，民营企业当家人最怕过年。因为一过年，不少老员工从此就不再来了。新年一过，企业又得重新招聘员工，重新培训员工，正常生产和产品质量常常因此波动。年复一年，企业付出了一次次高昂的招聘费和培养费。如何稳定员工队伍，一直是许多民营企业面临的重大难题。党的政治思想工作，在解决这一难题上，体现了明显优势。红豆集团充分利用党的思想政治工作和密切联系群众方法来教育人、激励人、团结人，以党建工作引领企业文化建设、构建和谐企业和履行社会责任，从而不断增强企业的凝聚力，保证员工队伍稳定，年流失率控制在3%左右。

其一是党建引领先进企业文化。党的核心价值观是形成优秀企业文化的源泉。红豆集团把"共同富裕、产业报国"确立为企业发展宗旨，以"诚信、创新、奉献、卓越"为企业精神，以建设"幸福红豆"为目标，形成团结凝聚职工群众的强大精神力量。红豆集团把"情"文化作为红豆文化主基调，首倡并持续12年打造"七夕·红豆相思节"，倡导中国人过自己的七夕情人节，以"中国的红豆抵抗西方的玫瑰"，该节已被列入第一批国家非物质文化遗产名录，并被中宣部等单位评为"我们的节日"。

具体来说，红豆集团的企业文化归结为四个层次，最核心的是精神文化，精神文化的外围是制度文化，制度文化的外围是物质文化，在物质文化的外围是行为文化。

首先是精神文化，它指的就是企业最核心的价值观、理念。红豆的核心价值观，即红豆的企业宗旨：共同富裕，产业报国。这种核心理念，明确规定了红豆的发展目的不是为了个人富裕，也不是为了少数人富裕，而是为了所有员工共同富裕。另一方面，也明确规定了红豆的发展是依赖于产业发展、依赖于实业做大，而发展和做大的目标是为了报效国家、民族复兴。"共同富裕"不仅指企业员工不断走向富裕，还要带动周边村、企业和群众致富。"共同富裕"不是搞平均主义，是通过给股份、给岗位、提高报酬等不同的方式来带领广大员工致富。"产业报国"是从企业的社会作用来看，要在安置就业、缴纳税收、保证供给等方面为社会作出贡献。特别是要发挥大企业在致富一方、稳定社会方面的作用。红豆的企业精神是"诚信、创新、奉献、卓越"。诚信是立业之本，是企业的良心，也是企业成功的首要法宝。一个不讲诚信、不守信用的企业，在现代法治社会不可能长期存在。创新是一个企业发展的灵魂，没有创新就没有活力。只有奉献，社会的物质财富和精神财富才会不断增加，社会才会不断进步。只有索取，没有奉献，就没有人类社会的今天。奉献者收获的是一种幸福，是他人的尊敬与爱戴。追求奉献还是索取，是人生价值高低的试金石。卓越是指企业和个人能够不断改进，突破自我，超越对手，达到杰出的过程和结果。追求卓越，是一种科学发展的态度，是一种永不满足、永争第一的豪情，是一种为社会、为企业、为员工负责的高度责任感和使命感。

其次是制度文化，这是精神文化的基础和载体，并对企业精神文化起反作用。一定的企业制度的建立，又影响人们选择新的价值观念，成为新的精神文化的基础。制度文化不同于制度文字。制度文字就是把制度写在纸上，贴在墙上；制度文化是把这些文字制定在员工的心坎上，化为员工的自觉行为。红豆集团认为，企业最核心的制度是产权制度，红豆的产权制度体现的是"散财聚人"的理念。红豆企业有500多名股东，其中有50名大股东。对高层人才，企业采取了给股份、给产权的办法，使其与企业经营实绩融为一体；对待广大优秀人才，企业努力营造公平科学的选人用人机制，以能力赢得岗位，以岗位获得高薪；对待广大基层员工，不断提高待遇和收入，从而实现共同富裕。除了产权制度外，用人制度也是制度文化的重点。红豆在人才提拔、奖金考核的时候，都以工作绩效为导向，破除关系导向，在竞争上岗活动中，总裁周海江从来都是只参加不投票，他以此告诉竞聘人，不要顾虑与总裁的关系，只要能力强、业绩好，就有机会晋升。周海江经常讲，如果红豆2万名员工都在研究如何来与总裁搞好关系，那么企业必败无疑；如果2万人都在研究如何提高业绩，企业必然兴旺发达。

再次是物质文化，这是一种以物质形态为主要研究对象的表层企业文化，主要指企业为员工提供的生活、工作环境、福利等。它是企业制度文化的情感体现，因为只有通过物质文化，制度文化才不会是冷冰冰的制度文字。多年来，红豆集团不断推进企业的制度化、民主化进程，实施情感化管理，努力创造一个"公平公正、诚信友爱、充满活力、奋发向上"的企业环境，充分调动员工的积极性、主动性、创造性。

最后是行为文化，这是指企业、企业员工在生产经营、学习娱乐中产生的活动文化，它包括了领导的行为、员工的行为、企业的行为。企业的行为是什么，就是社会责任。

红豆的企业文化归结为一个"情"字。红豆是有形的情，情是无形的红豆，红豆的企业文化就是情文化，对内表现在管理以人为本、关爱员工，对外表现在提高品牌的扩张力。建设积极先进的企业文化，是企业做大做强的必要前提，也是红豆品牌走向国际的重要保证。

其二是党建引领构建和谐企业。1994年，无锡发生了闻名全国的邓斌非法集资大案。邓斌非法集资高达32亿元，涉及12个省、市的368个出资单位和31名个人，造成经济损失12亿多元。红豆集团所在地港下镇的12家大企业中有8家企业受到邓斌非法集资案的牵连，被迫关门。当时，银行急速收贷，企业环境恶化，红豆集团不可避免也受到影响。集团内人心浮动，有的人不辞而别，有的股东要求变现。危机时刻，红豆集团的党员干部们挺身而出，党组织发挥了战斗堡垒作用。在党组织的带领下，红豆集团从容应对，一方面紧急调度资金，满足部分人的变现需求，以稳定人心、攻破谣言；另一方面，各级党组织和党员不分昼夜对员工开展耐心细致的思想政治工作，让大家坚信企业未来，不盲目跟风离厂、变现。很快，人心得到稳定，生产秩序得到维护，企业挺过了难关。当年，红豆的生产经营不仅没受影响，销售同比还增长了30%。

构建和谐社会是党在新时期的工作方针。红豆集团围绕构建和谐企业目标，最大限度地让员工分享企业发展成果，力求使广大员工"生活有保障、情绪有释放、事业有希望"，不断提高员工的和谐度和幸福感。

其三是党建引领履行社会责任。在中国，无论是国企还是民企，企业从本质上来说，都是属于社会的，都是中国特色社会主义制度的经济体。企业占用了广泛的社会资源，理应承担更多的社会责任。周海江说："创造财富则是企业责任，用好财富也是企业责任。创造财富是企业的能力，用好财富则是企业的品位。"甘肃舟曲发生特大泥石流灾害后，红豆为500多名灾区同胞提供就业机会。在汶川地震、台湾海啸等救灾活动中，红豆集团和广大员工先后捐款捐物2000多万元，党委书记周海江向聚源、映秀、北川三所中学捐款300万元，设立"七一红豆奖学金"。多年来，红豆集团先后为各类社会公益事业捐款捐物3亿多元。红豆集团把社会责任确定为三个方面：

一是社会定位，承担更多的社会责任。包括①吸纳更多的社会劳动力。目前吸纳各类劳动力十多万人，红豆集团周边的六成家庭有红豆员工。②上缴更多的税金和提供更多的社会资助。红豆集团一直是地区纳税最高的企业，在2012年上半年宏观经济增速下行的情况下，红豆集团仍比上年同期增缴税收29%。③不断增加报酬,加速员工进入全面小康的步伐。员工收入实现了"三年倍增计划",平均高出周边企业一成以上。④带动企业周边地区的经济发展,共同构建区域经济的和谐发展。多年来,红豆集团先后出资1800多万元,帮助周边的8个村、10个厂发展。

二是发展定位,树立良好的企业形象。包括①对消费者高度负责,讲诚信,不欺骗,防假冒,尽力维护消费者利益;②对资源消耗高度关注,最大限度地减少资源消耗,发展低碳经济;③对环境保护高度重视,坚决关停污染项目,转型升级,发展没有污染、保护环境的产业项目。

三是内部定位,营造和谐内部环境。重在实现企业的可持续的和谐,也就是说:这种和谐不是表面的、暂时的,而是发自内心的、持久的、可持续的。具体来说,就是要努力营造和谐精神家园;让员工生活有保障;建立良好的选拔人才制度,让员工事业有希望;建构通畅的上下沟通渠道,让员工情绪有释放。

"一融合、双培养、三引领",这就是红豆的党建工作法。

把党的信仰优势转化为红豆领导的素质优势

在许多人看来,民营企业是让人欢喜让人忧的。一方面,民营企业在国家经济中的比重越来越大,在安置就业上的作用越来越大,在社会稳定中的贡献越来越大;另一方面,由于少数民营企业当家人的行为不检点、不自律,社会对这些人的为富不仁、生活奢侈、庸俗腐败、缺少抱负表示担忧和反感。

如何让上百名在经营管理岗位独当一面的党员干部,不断提高素质,保持良好形象?红豆集团党委认为,关键是要加强对民营企业当家人的理想信念教育,用党的信仰力量来提升党员干部的素养,增强党员干部的纯洁性。特别是面对复杂多变的全球政治经济形势,面对矛盾凸显的国内经济社会环境，面对竞争激烈的企业生存局面，企业当家人必须坚定党的理想、坚守党的信仰，坚定信念跟党走，才能担当好企业领导的重任。周海江在红豆集团明确提出，党员干部必须要养好"四股气"，即"底气"、"正气"、"大气"、"元气"。

"底气"要通过不断学习、终身学习来获得，坚持"越忙越要学习"。多年来，集团党委书记周海江带头做学习型领导，先后脱产参加了中央党校、美国马里兰大学、中欧工商管理学院的进修班，完成了复旦大学研究生班学业，目前正在攻读中国社会科学院博士。与此同时，整个集团上下养成了良好的学习风气和习惯，建立了晨报会、联席会、红豆大学、红豆报、红豆网等学习平台，不断拓宽大家的眼界和视野。集团还实行了中层干部年度学习计分制考核，全年达不到规定学分的，将被取消加薪和晋升资格。

"正气"是要通过不断加强个人修养来获得，作为民企当家人，要特别过好"三个关"：一是"用人关"，坚持任人唯贤、竞争上岗、制度选人，用绩效导向取代关系导向，给所有员工以公平、公正、公开的晋升机会。目前，在集团中层以上岗位的外来人员比例已超过了一半。二是过好"奢侈关"。时刻牢记"两个务必"，生活简朴，勤俭节约，精打细算，不讲排场，不摆阔气，以奢侈为耻，坚持公私分明，凡是个人消费坚决不在企业支出。三是过好"庸俗关"。在对内对外交往中，坚持党性原则，自觉遵纪守法，不搞金钱交易，抵制庸俗关系，弘扬廉洁文化，防止贿赂事件。特别是与上级的交往中，坚持跟政策、跟组织、跟原则，而不是跟着某个领导走，从而保证企业风清气正、健康运行。

"大气"是要胸襟宽广，放眼全局，树立远大抱负，打造民族品牌，实现产业报国。坚决不做"守财奴"，坚持共同富裕，自觉履行社会责任。努力建设幸福红豆，让职工"生活有保障、事业有希望、情绪有释放"，慷慨参与各项公益慈善事业。多年来，周海江个人不仅在公益事业中捐款 600 多万元，还积极参加献血活动，带动广大党员干部养成乐于奉献的好风尚。

江苏省非公有制企业党建工作创新推进会在红豆集团召开

"元气"就是要有共产党人的基本素养，坚定信仰、坚持原则、坚守职责、勇于担当，不为任何风险所惧、不为任何干扰所惑。要切实履职，坚持党要管党。在近几年开展的先进性教育、科学发展观学习实践活动、创先争优活动中，集团党委书记对每项活动都亲自挂帅抓落实，努力实现党建工作的"全面覆盖"、"有效覆盖"，并把红豆的党建工作与百余家协作单位进行统建共建，带动协作单位共同做好党建工作，共同实现企业的健康发展。

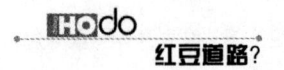

四 红豆党建：从"有形覆盖"到"有效覆盖"

民企党建有一个普遍现象：有形覆盖快，但有效覆盖不够。红豆集团党委书记周海江认为，党建不能停留在"有形覆盖"阶段，只有做到"有效覆盖"，才不会使党建工作流于形式，才能真正做到党企融合，促进发展。

红豆集团如何实现党建工作从"有形覆盖"到"有效覆盖"呢？

"有形覆盖"是党建工作的基础，只有实现党组织和党的工作全面覆盖，才能保证党组织有效发挥作用。针对以往存在的"多单位联合党支部"开展活动难、管理不到位的被动局面，红豆集团党委及时调整党组织管理体系，将二级公司升格建立党总支，三级企业全面单独建立党支部。2007年，当红豆集团在柬埔寨的经济园区正式启动之际，集团党委就及时在园区建立了党支部，成为中国民企的第一个境外党支部，保证在异国他乡工作的党员能正常开展组织生活。目前，红豆集团党委已建立党（总）支部103个，拥有党员1269名，近年来平均每年新发展党员100多名。

完善选举制度是发展党内民主的重要标志。2005年，率先在江苏省民营企业中试行党委班子"公推差额直选"工作，通过党员自我推荐、党员群众联名推荐、党组织推荐产生候选人，然后由全体党员直接选举产生集团党委领导班子。公推直选，既增强了党委成员的危机感和责任感，也增加了党委班子的群众基础和工作基础，得到了党员和职工的普遍拥护。为巩固公推直选的成果，集团党委还全面推行党组织成员与经营班子交叉任职，比如组织部长兼任人力资源部部长，宣传部长兼任品牌文化部部长等,提高了党建工作效率。

中国民企第一个境外党支部

为确保党建工作取得实效,红豆集团党委创新了一系列工作机制,有效发挥了党建在促进企业科学发展中的积极作用。

一是畅通沟通机制。红豆坚持和不断完善"合理化建议""书记、总裁信箱""回音壁"制度。每一名员工,只要对企业的领导或者是经营管理方面有建议和意见,都可以通过这三条渠道反映出来。管理者本着有则改之、无则加勉的原则,尽职尽力地解决员工的困难,排解员工的不满情绪,努力营造和谐奋进的工作环境和生活环境。有一次,集团党委书记、总裁周海江收到通用公司员工来信,反映宿舍拥挤不堪。他当即到企业了解实情,发现宿舍配套建设跟不上企业快速扩张要求,于是,他和集团管理层连夜研究,拿出了单独为通用公司员工新造两幢宿舍大楼的方案,从根本上改善了员工住宿条件。

二是创设公平机制。提高员工的幸福指数,关键在于创设一个公

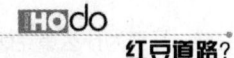

平的环境，使大家感到事业发展有希望。红豆从领导班子到普通干部，按照公开、公平、公正的原则，一律实行竞争上岗。只要业绩好，能力强，得票高，就能在竞选中获胜。为了体现公正透明，每次竞争上岗活动，都是当场唱票，当场宣布结果。

　　三是统筹共建机制。为了大力推进基层党组织建设，红豆创造性地与108家外协单位进行了党组织统筹共建活动，并把党建工作质量与外协合作质量挂钩，实现了党建工作平台共享和向外延伸，形成了庞大的党建工作群，实现了相互促进、相互提升。与此同时，红豆集团还与中石化管道储运公司、无锡海关、无锡国税局、无锡出入境检验检疫局等相关机关党委签订了"深化统筹共建，结对创先争优"协议，实现了党建的双向交流，取长补短，共同提高。

红豆集团与百家企业统筹共建签约仪式

　　四是评优统一机制。红豆认为，在企业中衡量优秀的标准只有一个，那就是在满足基本素质的前提下，生产、经营和管理中做到最好的就是优秀共产党员。因此，集团党委在每年的评选优秀共产党员的过程中，紧紧抓住这条标准，把党员的先进性体现在具体工作中。在红豆集团，各个条线业绩第一名的基本上都是优秀共产党员；做到条线冠军的，如果不是党员，集团就培养吸收他们入党，逐步形成以党员为核心的经营管理团队和以党员为骨干的技术人才队伍。同时，红豆在生产经营各部门设立了110个党员示范岗，充分发挥党员的先锋模范作用，增强党员的荣誉感和责任感，激励党员把工作做得更好更优。这种评优统一机制，保证了党建工作与企业生产的一致性、一体化，避免了党建工作与企业生产的"两张皮"、"双标准"现象，真正实现党建工作与企业发展的同频共振。

在民营企业党建工作中推行ISO9000国际质量管理标准，是观念创新、机制创新和手段创新，也是加强党的先进性建设的新举措。从2010年开始，红豆集团党委将ISO9001-2008质量管理体系导入党建工作，以实现企业党建工作的科学、规范、持续、有效。2011年6月，红豆集团党建工作顺利通过ISO9001质量管理体系认证，并编辑出版了《红豆集团党建工作标准》，成为民企党建工作的又一创新成果。党建管理标准的建立，为民营企业党建从有形覆盖到有效覆盖探了新路。2011年7月7日，集团党委书记、总裁周海江参加温家宝总理主持召开的座谈会，会后将《红豆集团党建工作标准》一书送给总理并受到总理的肯定。

五　首家通过党建质量管理体系认证的民企

把质量管理体系引入党建工作，使之规范化、常态化，这是红豆集团党建工作的一大创新。党建质量管理体系于2010年12月在红豆集团正式运行，通过落实运行指标、加强培训宣传、实行年度工作计划制度并严格考核，扎实推进。在广泛征求广大党员干部和职工意见建议的基础上，红豆集团确定了"把党的政治优势转化为红豆的发展优势"的党建质量方针和"建成落实科学发展观的坚强政治核心，打造红豆产业行业标杆"的质量目标；明确了集团党建的工作对象和工作过程；按标准要求使体系的管理职能、职责、目标和权限进一步明确；策划编写了党建质量手册、19个程序文件等。

通过实践，红豆集团党建质量管理体系形成了三个特点，一是通过建立一系列科学的、规范的程序来控制党建工作的所有过程，从而使企业党建工作过程更加规范、先进、科学和适宜；二是通过P（计划）D（实施）C（检查）A（改进）循环方法，使每项工作都能持续改进，以建立党建工作长效机制，实现党组织从先进到更先进的不断地良性循环发展；三是在民企推行党建质量管理体系培养了一批党的复合型干部，使党的干部既懂党务管理又懂生产经营管理。

2011年5月20日，经过方圆认证集团郑重审核，红豆集团正式成为全国第一家通过ISO9001-2008党建质量管理体系认证的民营企业。同年6月15日，方圆标志认证集团有限公司董事长张伟，向红豆集团党委书记周海江颁发党建质量管理体系认证证书。

ISO9001党建质量管理体系，是采用国际公认的ISO9001标准的理念和方法建立起来的企业党建工作的指挥和控制管理体系，它是一种观念创新、机制创新和手段创新。

红豆集团通过党建质量认证体系

把ISO90001管理理念引入党建工作中，创建党建质量管理体系，是对党建工作的创新。通过质量管理体系这个载体，可以使党建机制相互关联的各构成要素间的作用得到协调，按照体系的要求运行并得到持续改进和发挥出它的总体功能，确保党建工作整体持续有效运行。把ISO90001管理理念引入党建工作中，创建党建质量管理体系，并使党建机制在其体系中有效运行和持续改进，形成党建工作常抓不懈、常抓常新、规范运作的长效运行机制，不断推进党建工作健康发展，这是贯彻中国特色社会主义理论体系的具体体现。企业党建标准化建设，是一个由个性到共性的转变过程。将ISO90001质量管理标准引入党的建设，把党建工作纳入标准化质量管理体系，其目的就是破解民营企业党建工作与生产经营"一手软一手硬""两张皮"问题和党建工作粗放式管理问题。党建质量管理体系的应用，使企业党建工作统筹在先进的国际化质量管理标准体系框架之下，为党建工作的有效控制和服务质量的快速提升以及服务缺陷的快速整改提供了更标准的方法和流程，使党建工作与企业管理、生产建设有机融合，同时把党建工作纳入标准化、科学化、体系化管理的轨道，建立起一种长效机制。

党建质量管理体系引入外审机制，即由"第三方"——社会权威中介机构进行业绩评价和认证，体现了公正、客观、开放的原则。创建党建质量管理体系，使党建工作与生产经营有机融合，把党的政治和组织优势融入企业的领导体制、组织结构和经营管理机制当中，使党建工作与企业的改革发展和经济工作密切联系，相互交融、相互渗透、相互促进，更好地发挥对经济发展的保障、监督作用。

六 首创党建工作标准的民企

党建工作有没有标准？要不要标准？这对许多民营企业来说比较新鲜。当不少人还在争议这些话题时，红豆集团先人一步，创造性地推出了全国第一部民企党建标准——《红豆集团党建工作标准》，为提高民企党建科学化、规范化提供了参照。

党建标准基本内涵

红豆集团在党建创新实践过程中，把党建理念、规章制度、方式方法、工作流程及载体资源等进行整合论证，在导入并通过ISO9001-2008党建质量管理体系认证的基础上，建立了一系列科学、规范的程序来执行党建工作的所有过程，最终编辑出版了《红豆集团党建工作标准》一书。该书归纳了党建工作质量方针及目标、党建工作依据文件、党建工作程序文件、党建工作管理职责、党建常规工作流程图、红豆党建特色项目工作流程图及相关资料、党建工作主要记录及有关填写规范、党建工作资源管理、党建工作检查及考核评价和党建工作表单等10项主题，从而明确了党建目标任务、规范了程序设置、优化了组织结构，扩大了组织覆盖，丰富了活动内容，创新了活动方式，使党建工作有目标、操作有依据、活动有载体、质量有考察。

党建标准的内容和方法

为保证党建标准的贯彻实施，红豆集团党委通过"确立一核心、搭建三平台、实施六机制"，确保党建工作有载体、有抓手、有实效。

第一，确立一核心。红豆集团充分发挥党委的政治核心作用，紧紧围绕"铸就红色品格、打造绿色企业、建设幸福红豆"的主题，真心实意抓党建，全心全意谋发展，一心一意促和谐，推动红豆在科学发展的道路上不断前进，逐步形成了"现代企业制度＋企业党建＋社会责任"的发展模式。

第二，搭建三平台。红豆集团党委积极搭建党建平台，推动党建工作顺利开展实施。

一是党建组织平台。为有效加强党的建设，红豆集团党委建立健全了党的组织机构，不但成立了党委，还建立了组织部、宣传部、纪委等机构；不但健全了上层党组织，还完善了生产一线的党组织；不但有一个善抓大局的党委，还有一批热心党务工作的党务干部；不但保证了国内的党组织建设，还把党组织发展到了国外。通过这一系列完善的组织建设，红豆搭建了完备的党建组织平台，有效地保证了党的政策的贯彻实施，有效地推动了基层党组织建设，有效地发挥了党组织凝聚力的作用，有效地促进了企业科学发展、和谐发展。

二是党建数字化平台。红豆集团在上级组织部门的指导和帮助下，依托现代互联网技术，搭建了红豆集团党建网。该平台主要由党建标准、服务咨询、组织在线、党务管理、党员教育和党内统计六部分组成。这六大板块借助文字、图片、视频、动画等多种表现形式，全面反映红豆党建在新闻宣传、信息发布、群众意见收集、在线疑难反馈、即时互动交流等方面的建设情况，让全体党员可以一边从整体上了解集团党建动态和党建水平，一边自主学习进修，不断增强党性，提高觉悟。党建数字化平台将党建日常工作通过网络化、数字化的方式进行规范管理、发布传播、教育引导，推进党建工作向全天候、多层次、开放性、互动性、便捷性、定量化方向发展，实现党建工作的"零距离授课，全天候学习，互动式交流，最大化共享，开放式服务，精细化管理"。

三是党建宣教平台。红豆党建宣教平台主要包括党校、红豆报、红豆党建网、手机信息平台、企业电视台等。通过这些平台的综合使用，及时向全体党员传达中央、省、市有关党建方面的政策信息，动员全体党员积极参与；定期开展党员培训教育活动，不断加强党员党性修养，提高党员思想觉悟；定期采访、报道先进党组织、先进党员的事迹和经验，树立标杆和模范；定期播放廉政教育等专题片，警醒党员常思贪欲之害，确保廉洁自律，提高自身修养。

第三，实施六机制。主要包括：畅通沟通机制、公推直选机制、竞聘公平机制、统筹共建机制、评优统一机制、支部建到一线机制。

党建标准提升管理水平

红豆党建工作标准化强有力地实施，将民营企业管理模式的创新提高到了一个新的水平。

一是破解了企业党建难题。党建标准化的推行，有效解决了企业经营与党建脱节的问题，保证了企业发展方向，促进了党组织健康发展，实现了职能合理分工，推动了经营与党建"两手抓""双促进"，丰富了企业文化，提升了党建内涵，提高了企业知名度，实现了企业党建与生产经营的完美融合。

二是推动了企业科学发展。党建标准的实施，带动了统筹共建的发展，既提高了外协单位的加工质量，又促进了企业在质量检验、进出口贸易、产品销售方面的快速发展。

三是探索了民企党建新路。民企党建发展虽快，但也存在许多不足。党建工作标准的推出，为民企党建提供了最基础、最实用的操作规范，为把企业发展与党建有机融合提供了参考。红豆集团先后向中组部、乌鲁木齐市委组织部、无锡市委组织部、苏宁集团等几十家单位提供《红豆集团党建工作标准》，共计5000多册。使民企党务干部看得懂、易上手、能操作、干得好，推动了基层党建工作有效开展，促进了民企党建工作制度化、规范化、程序化，为提高民企党建科学化水平提供了借鉴。

红豆集团是中国民营企业转型升级成功的一个标杆，红豆集团党建是民营企业党建走向规范化、科学化的典范，具有民营企业基层党建经验的示范价值。事实上，《红豆集团党建标准》一书，成为中国民营企业党建工作的一本标准"工具书"，已在许多企业推广运用。

党建标准产生广泛影响

《红豆集团党建工作标准》的推出，在全国产生了广泛影响。《人民日报》、《求是》杂志和新华社等媒体纷纷予以报道，许多专家学者对此给予高度评价。

全国党建研究会秘书长、中央组织部党建研究所所长高永中说："红豆的经验具有特殊价值。一是定位准确。一个核心三个优势，员工的利益、企业的利益、国家的利益，这个定位非常准确。二是管理有序。红豆把质量认证这些现代管理引入企业党建，进入了科学化、规范化的阶段，这在民企党建中是领先的。红豆集团的经验值得在有条件的地方大力推广，应该发扬。"

中共中央组织部《党建研究》杂志社总编辑张守华说："党的工作在民营企业'有形覆盖'比较容易，'有效覆盖'比较难，或者说党的工作建设组织比较容易，但是发挥作用比较难，但红豆做到了，从刚开始的具体做法到形成民营企业党建标准，职责明确，制度配套，操作性强，效果明显。"

中央政策研究室党建局副局长唐方裕说："红豆的探索、红豆的实践，对于形成民营企业领域党的建设工作的一些基本规范，对于促进更大范围的民营企业党建工作的健康发展，应该说具有一些典型意义。"

国家行政学院科研部主任、教授、著名党建专家许耀桐说："细节决定成败。红豆党建管理标准流程图就是一个细节展示。它把企业管理很好的流程运用到党建上，具有操作性。"

中共中央党校党建部副主任戴焰军："要给党建工作定一个量化的标准，本来就是一个很难的事。红豆党建具有系统性、操作性，对其他类似的单位或者对其他的企业，有很重要的借鉴和参考价值。"[①]

中央党校原副校长刘海藩在为《红豆集团党建工作标准》作序时指出，红豆集团公司党委编写的《红豆集团党建工作标准》一书，对在民营企业中健全和落实党建工作责任制，使民营企业党建工作标准化、科学化可持续发展具有很高的参考价值。《红豆集团党建工作标准》是民营企业党建工作的一个新的研究成果、一个新的成功实践，对探求民营企业党建发展规律，加强相互交流协作，不断把民营企业党建推向深入具有深远意义。

---

① 红轩：《跨越时代：红豆党建的政治经济学探索》，2011年7月28日《中华工商时报》。

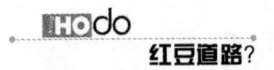

七　红豆党建引发的启示

作为一家民企，红豆集团在党建方面的探索和创新难能可贵、成效卓著。红豆集团党建引发我们诸多思考和启示。

党的政治优势是企业发展的保障

中国共产党"始终代表中国先进社会生产力的发展要求；始终代表中国先进文化的前进方向；始终代表中国最广大人民的根本利益"。从红豆集团多年来"把党的政治优势转化为企业发展优势"的企业实践中，能够再一次感受到"三个代表"判断的正确性。

红豆集团每一个重要的发展节点，都离不开党的方针政策的正确指引；在红豆集团，中国特色社会主义理论已经转为中国特色的现代企业制度；在红豆集团，科学发展观已成为企业发展的行动指南；在红豆集团，创先争优、展示先进性已成为广大党员的自觉行动；在红豆集团，坚定信仰、提高纯洁性已成为领导干部的自律要求。在红豆集团，党的理论优势、政治优势、组织优势、制度优势和密切联系群众的优势，正在努力分别转化为企业发展的决策优势、人才优势、和谐优势、制度优势、素质优势。

红豆集团的党建，从企业的微观层面，验证了我们党的一系列方针政策的正确性，验证了中国特色社会主义理论的正确性，验证了"三个代表"和"科学发展观"的正确性，验证了党组织在企业发展中不可缺少的地位和作用。

在引领企业发展过程中，党的核心价值观是决定性、持续性因素。党的核心价值观是什么？"全心全意为人民服务"是中国共产党的根本宗旨，从建党至今，91年来中国共产党的这一宗旨始终没变。2008年，胡锦涛总书记在抗震救灾先进基层党组织和优秀共产党员代表座谈会上的讲话中，首次提出了党的核心价值。他说："必须坚持立党为公、执政为民，始终把实现好、维护好、发展好最广大人民的根本利益作为党的建设的核心价值。"

党的核心价值观是建设先进企业文化的源泉。企业文化建设必然以社会主义思想原则、道德规范、行为准则和集体主义价值观为指导，体现社会主义精神文明建设的要求。建设有特色的企业文化，与企业党建方向是完全一致的，而加强党建又能保证企业文化建设的正确方向，为企业发展提供思想动力。红豆集团提出"共同富裕、产业报国"的企业使命，打造"红色品格"和"绿色品格"的企业文化，以弘扬传统文化为核心的七夕节，是红豆的"情"文化的标志。对外，红豆情是向消费者表达美好感情，对美好生活的向往，对弱势群体的帮扶，对社会的回馈；对内是关爱员工使之升华出"诚信、创新、奉献、卓越"的红豆精神。这种积极向上的企业文化引导红豆集团的每一位员工，使之成为企业发展取之不尽、用之不绝的动力源泉。周海江说："我们把诚信、创新、奉献、卓越作为企业宗旨，也是党的核心价值观的一种体现。党建为什么能引领先进企业文化？关键是它的核心价值观。如果说思想工作是术，价值观就是道。"

民企党建巩固执政之基

经过改革开放30多年来的发展，今天的非公企业在我国经济成分中的比重越来越重，对巩固党的执政基础作用越来越大。像红豆集团这样的大型企业集团，如果不开展扎实有效的党建工作，小而言之，千余名党员就不能及时参加党组织生活、发挥好先锋模范作用，数万名员工就会缺少主心骨、领头羊；大而言之，这家企业就难以保证健康稳定发展、充分履行社会责任；推而广之，差不多占据我国经济半

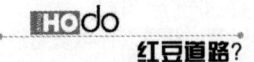

壁江山的整个非公企业的发展状况将不堪设想，党的执政基础也将受到重大影响。在2012年3月召开的全国非公有制企业党的建设工作会议上，中共中央政治局常委、中央书记处书记、国家副主席习近平强调指出，非公有制企业是发展社会主义市场经济的重要力量，非公有制企业的数量和作用决定了非公有制企业党建工作在整个党建工作中越来越重要，必须以更大的工作力度扎扎实实抓好。

搞好民营企业党建工作，既是民企自身发展需要，也是党的事业发展、巩固执政基础的需要。改革开放以来，我国所有制结构发生重大变化，非公经济得到长足发展。国家工商行政管理总局最新统计数据显示，目前，全国非公企业超过1000万户、个体工商户近4000万户，从业人员近2亿人，产值占国内生产总值的60%以上，并创造了90%的新增就业岗位。截至2012年4月底，全国非公企业共新组建党群组织124万个。其中，党组织13.5万个，覆盖企业59.8万户；工会组织98万个；团组织12.7万个。1000万户对13.5万个党组织，从这组数据对比可以看出非公企业党建工作任重道远。非公经济在快速发展的同时，给党的建设提出新课题，带来了新的挑战。大量非公企业一度没有党员和党组织，一些党员在非公企业找不到党组织。非公有制企业的数量和作用决定了非公有制企业党建工作在整个党建工作中越来越重要。

民企党建是党建工作的重要组成部分，做好民企党建，有利于巩固党的执政基础，扩大党的群众基础，对推动企业发展，促进社会和谐有重大意义。2002年召开的中共十六大首次把非公企业党组织的职责任务写入了党章，为非公企业中党组织开展活动、发挥作用提供了依据。2012年5月，中共中央办公厅又专门印发了《关于加强和改进非公有制企业党的建设工作的意见（试行）》，要求以改革创新精神加强非公企业党的建设，扩大组织覆盖和工作覆盖。

2012年，习近平同志在非公企业党建工作会上指出："加强和改进非公有制企业党建工作，抓好'两个覆盖'、发挥好党组织'两个作用'、加强'两支队伍'建设很重要。抓好'两个覆盖'，就是要抓好党组织覆盖和党的工作覆盖，加大党员发展力度，做好流动党员管理服务和引进党员职工工作，不具备建立党组织条件的要采取多种方式积极开展党的工作，增强党的影响力。发挥好党组织'两个作用'，就是党组织要在职工群众中发挥政治核心作用，在企业发展中发挥政治引领作用，把贯彻党的路线方针政策、维护职工群众合法权益、引领建设先进企业文化、创先争优推动企业发展贯穿党组织活动始终。加强'两支队伍'建设，就是要加强党组织书记和党建工作指导员队伍建设，为开展非公有制企业党建工作提供组织保障。"[1]

从企业层面来看，俗话说，"富不过三代"。中国民营企业发展的一个显著特征是寿命短。一般民企真正发展的黄金时期也就是3～5年时间，之后要么倒闭，要么长期停滞徘徊。据统计，中国民营企业平均寿命仅5年。民营企业为什么寿命短、长不大？个中原因当然十分复杂，有主观原因，也有客观原因。一般来说，民企垮了，与企业资金、产品、管理以及市场有很大的关系，除了这些经济因素之外，大多数民企垮了都有一个共同的原因，那就是人的因素，通常是人心散了：要么企业内部经营管理者钩心斗角、互相拆台形成内耗；要么员工工作不力、无人尽职守责，企业组织涣散。这样的民营企业不是耗死就是暴亡。

靠什么解决民营企业发展过程中存在的人的问题呢？现在看来，光靠金钱物质利益不能解决民营企业的人心问题，靠家族、血缘、亲缘、裙带关系也不能解决民营企业的人心问题。红豆集团党建工作的创新和实践表明，只有靠党建。

---

[1] 《全国非公有制企业党建工作会议在京召开，习近平会见会议代表并讲话》，2012年3月22日《人民日报》。

因此,党建对于民营企业不是可有可无的,而是引领民营企业健康发展不可或缺的政治核心。党建工作可以帮助民营企业解决向心力、凝聚力,推动企业快速发展;党建工作可以协调民营企业出资人、管理者和职工的利益关系促进企业和谐发展;党建工作可以使民营企业承担社会责任促使企业健康发展。

红豆党建工作创新和实践说明,党建在民营企业不是花拳绣腿,而是实打实地促进企业发展。

正确定位才能有所作为

企业是经济体,不是政治体,但不等于不要政治。只要定位正确,政治就能够很好地促进企业的经济发展。红豆集团党委认为,党组织在企业的正确定位就是:发挥在职工中的政治核心作用,在企业中的政治引领作用。长期以来,一些非公企业对党建工作存在"可有可无""政治任务""各管各、两张皮""怕影响生产"的错误认识。也有的企业,存在"以党代企,以党建干涉企业正常经营行为",或者"以企代党,用经营行为代替党建工作"的倾向。党建工作在一些非公企业摆不上应有位置,得不到应有重视。红豆集团的党建经验,从事实上回答了民营企业到底要不要党建,究竟怎样搞好党建。事实上,党建工作是非公企业解决先天不足的有力武器,是非公企业健康稳定发展的有力保障。党建工作是非公企业发展的内在需要,绝非可有可无。

民企党建到底怎么搞?这是困扰许多民企党建工作者的一大难题。红豆集团的党建经验表明,民企党建要融入企业,着眼企业实际,解决企业难题,促进企业发展,不能为党建而党建,不能流于形式。红豆集团的成功就在于,他们的"党建工作法"始终抓住一个关键:就是不断把党的政治优势转化为企业发展的机遇优势、人才优势、和谐优势、制度优势和素质优势。这是实实在在的,是企业能够得益的,是员工能够看得见、感受得到的。所以，这样的党建就不是形式主义，不是表面文章，是能够与企业发展融为一体的，是企业欢迎的，是员工高兴的。因此，这样的党建工作，是有生命力的，是能够持续发展的。

民企党建必须以人为本

党建工作的核心是做人的工作。中共中央组织部《党建研究》杂志社总编辑张守华在纪念建党90周年"党报事业与党建"论坛暨红豆集团建立"民营企业党建工作标准"座谈会上说：红豆集团科学发展，以人为本，特别是关心职工群众工作、生活、情感这方面的经验有典型意义。红豆提出的"职工生活有保障，事业有希望，情绪有释放"，这个管理理念非常好，难能可贵的是，他们不仅这样说，而且做得很好。

以人为本，"一切依靠群众，一切为了群众"，"从群众中来，到群众中去"，这些理念是共产党人的基本价值观。如何做到"以人为本"，做好人的工作？红豆集团党建工作的创新与实践表明，民企党建工作成败与否关键在党组织书记。

"火车跑得快，全靠车头带"，民营企业党建要有作为，关键是要选好党委书记这个带头人。只有选优配强非公企业党组织书记，才能抓好非公企业党建工作指导员队伍建设，培养壮大党建工作骨干力量。加强教育培训，强化保障与激励，提高非公企业党组织书记的能力素质和做好党的工作的积极性。

在红豆集团，党委书记以身作则、率先垂范，严于律己、宽以待人。凡是要求别人做到的，他自己首先做到。"企业发展，人才为本"，这不仅是红豆文化的核心理念，也是企业党建工作的出发点和立足点。红豆集团党委积极借鉴国有企业党管干部的经验，把党建工作与企业文化建设结合起来，把队伍建设贯穿于企业文化建设的始

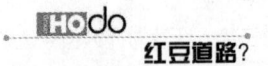

终，大胆创新民营企业党管人才的方法，形成了富有民企特色的人才优势。

在红豆，从车间主任到总裁，每一个岗位都靠竞争上岗，靠制度选人。周海江本人就是通过海选当上红豆集团总裁，又通过"公推直选"当选为红豆集团党委书记的。

"以人为本"就是要在精神上满足职工的需求，在物质上满足职工的利益需求。用红豆集团总裁周海江的话来说就是，"让企业员工生活上有保障，事业上有希望，情绪上有释放"。凝聚人、关心人、爱护人一直是党委书记周海江优先考虑的事。在"班长"周海江的带领下，多年来，红豆党建发挥党组织在职工群众中的政治核心作用，在职工中开展交心谈心、结对帮扶，为员工创造良好的工作生活环境，增强员工对企业的归属感和认同感，增强员工团队的凝聚力。发挥党的战斗堡垒作用，紧紧围绕企业生产经营管理开展党的活动，积极宣传贯彻党的路线方针政策，引导企业遵守国家法律法规，诚信经营、规范管理，自觉履行社会责任。切实维护职工群众合法权益，积极协调各方利益关系，构建和谐劳动关系，促进企业和社会稳定。围绕企业发展目标组织带领党员和职工群众创先争优，促进企业提高产品质量、提高技术创新和经营管理水平。把党建工作与企业文化建设互通共融，引领企业建设先进文化，培育积极向上的企业精神。

作为民营企业党建工作的先进典型，红豆集团展现了"党建强、发展强、社会形象好"的时代标准。红豆集团把党的政治优势转化为企业发展优势，以人为本，打造和谐企业；社会责任，打造可持续发展企业；转型升级，打造跨国百年企业，这就是红豆党建给民营企业的启示。

附录一

关于学习推广红豆集团党建工作经验及开展向周海江同志学习的决定

红豆集团是我国纺织行业大型民营企业，现有员工2.2万余名，2011年实现销售收入351亿元。红豆集团于1997年6月成立了无锡市第一家民营企业党委，现有党员1217名，103个党（总）支部，现任党委书记为周海江同志。多年来，红豆集团坚持把党的政治优势转化为企业的发展优势，总结出了"铸就红色品格，打造绿色企业，建设幸福红豆"的发展经验，走出了"现代企业制度＋党建＋社会责任"的成功发展模式，多年来保持了30%以上的快速增长。红豆集团党委也先后获得了江苏省和建党90周年全国先进基层党组织、全国非公企业"双强百佳"党组织荣誉称号，其党建工作经验受到了中组部高度肯定。

红豆集团党委和周海江同志勇于探索、不断创新，回答了在社会主义市场经济条件下，如何在民营企业开展党建工作并发挥作用的党建新课题，对全国纺织民营企业党建工作具有普遍的借鉴和示范意义。为进一步推动纺织民营企业的党建工作，中国纺织工业联合会决定向全国纺织企业推广红豆集团党建工作经验并开展向周海江同志学习的活动。

红豆集团党建工作经验主要表现在：

一是坚持党组织的政治核心和政治引领作用，为企业发展注入党建灵魂。红豆集团党委成立之初，就全面推行各级党组织和经营管理层"交叉任职"，建立起了党组织与经营管理层双向互动机制，形成了党委会、董事会、监事会协调决策管理格局，确保了党组织在企业发展中的政治引领作用。红豆集团大力推行"党员当家最放心"的管理文化，党员在企业管理团队和科研生产经营队伍中处处体现着先进性。

二是坚持党建工作与企业生产经营管理融合共进。红豆集团善于把党员职工紧紧地团结在党组织周围，围绕企业发展的重点和难点问题，开展党建主题活动，发挥党组织的战斗堡垒作用和党员在企业重点岗位、重要环节、重大任务和遍及企业各个岗位的"党员示范岗"中的先锋模范作用，影响和带领广大职工把企业生产经营管理的各项工作落到实处。

三是坚持把党的政治优势转化为企业的发展优势，保证企业的科学发展。在抢抓机遇上，红豆集团把引领企业决策层及时吃透和准确贯彻党的方针政策作为企业发展的最大机遇，并在一次次抓住机遇中实现了企业的跨越发展；在培养人才上，持续实施把党员培养成企业骨干，把企业骨干培育成党员，推动党员骨干成为企业核心人才的"双培一推"工程，壮大了企业人才队伍；在构建和谐上，持用社会主义核心价值观凝聚人心，加强思想政治工作，保持了企业的和谐稳定，从而把党的政治优势转化为企业发展的机遇优势、人才优势和和谐优势，有效地解决了红豆集团在发展过程中的三大难题。

四是把党支部建到一线，实现党组织的全覆盖。党员在哪里，党组织就建在哪里，党的工作就做到哪里，红豆集团党委坚持把党组织建到最小经营单位，并在红豆柬埔寨工业园建立了中国民营企业第一个境外党支部，实现了党组织从集团总部到一线的全覆盖。红豆集团开国内民营企业之先河，与有关大型国企和政府机关及一百多家外协企业党组织开展"深化统筹基建、结对争先创优"活动,探索了一条党建工作统筹共建和向外延伸覆盖的新路。

五是创建了红豆集团党建工作标准,探索了一条把党的政治优势转化为企业发展优势的科学路径。标准创造性地将现代企业质量管理体系全面导入非公企业党建,将一系列在实践中行之有效的党建理念、体制机制、方式方法、工作流程及载体资源进行整合,通过规范化、制度化的形式固定下来,并通过P(计划)、D(实施)、C(检查)、A(改进)循环方法,使每项工作都能有章可循,持续改进,有效地落实到企业党建工作的方方面面,把企业党建工作从"有形覆盖"提升到"有效覆盖"的新境界。

六是把让广大员工更好地分享企业的发展成果作为党建工作的落脚点,让职工"生活有保障、事业有希望、情绪有释放",建设幸福红豆。

红豆党建工作经验的形成,在很大程度上源于红豆集团公司党委书记、总裁周海江对中国特色现代企业制度的不懈探索和对党的事业的忠诚。周海江大学时期就加入了中国共产党,1987年辞去大学教职到乡企创业。20多年来,他坚持以抓党建推动企业发展,把党的政治优势转化成企业的发展优势,把一家普通的乡镇企业发展成为年销售收入几百亿元的大型民营企业集团,光荣当选为党的十七大和十八大代表。周海江同志抓党建、促发展的模范事迹,为全国纺织行业的党务工作者树立了学习榜样。

要学习周海江同志积极探索中国特色现代企业制度的企业家精神。他坚持在企业层面积极探索和实践,逐步形成了"现代企业制度+党建+社会责任"的红豆发展模式,实现了企业的快速和可持续发展。

要学习周海江同志坚定的党性原则和高度的党建意识。他始终强调,"我首先是一名党员,然后才是一名企业家"。他坚持把党建作为中国特色现代企业制度铸魂的基础工程来抓,作为企业健康发展的强大精神动力和根本保证来抓，不断增强党组织的凝聚力、战斗力，推动了企业的科学发展。

要学习周海江同志不断创新的时代精神。针对民营企业党建工作的难点和企业发展的实际，周海江同志积极探索创新，总结出了"一核心、三优势、六举措"的红豆党建特色；"一融合双培养三引领"的红豆党建工作法。特别是作为创新成果的《红豆集团党建工作标准》，受到了中央、省、市领导和党建专家学者的充分肯定。

要学习周海江同志高度的社会责任感。周海江提出，企业作为"社会公民"，在享有社会资源的同时，理应承担社会责任，以己之力回报社会，回报党和国家，这种责任和回报就是感恩。他对履行红豆集团的社会责任提出了社会定位、发展定位和内部定位。

要学习周海江同志坚持以人为本，建设企业温情大家庭的文化自觉和人文情怀。他坚持把党建工作与企业文化建设结合起来，将情作为企业文化的核心，使全体党员成为情文化的人格载体，把队伍建设贯穿于企业文化建设始终，形成了企业关爱员工，员工热爱企业的良好企业氛围。

当前，我国纺织行业正在全面实施"十二五"规划和《建设纺织强国纲要（2011～2020年）》。学习和推广红豆集团党建工作经验，开展向周海江同志学习的活动，对大力推进纺织企业党建工作，具有重大的现实意义。各地纺织企业党组织要结合企业实际，在学习借鉴中总结和完善自身的工作特色，在学习借鉴中理清党建工作思路，按照中共中央办公厅《关于加强和改进非公有制企业党的建设工作的意见（试行）》的要求，不断提升党建工作水平，以抓党建、促发展的优异成绩迎接党的十八大的胜利召开。

中国纺织工业联合会
二〇一二年八月二日

附录二

红豆集团大事记

1957年，红豆集团前身港下针织厂成立。

1992年，江苏省首家乡镇企业集团——红豆针纺集团成立。

1993年，建立起"母子公司制"组织体制，实行股份制。

1995年，兼并上海申达摩托车厂，开始跨行业发展。

1996年，百万年薪招聘集团总经理。

1997年4月，"红豆"商标被国家工商局认定为中国驰名商标。

1997年4月，红豆集团被国务院列入全国120家深化改革试点企业。

1997年7月，红豆五大主导产品通过ISO9002质量体系认证。

2001年1月，"红豆股份"在上海证券交易所上市，股票代码：600400。

2001年3月，红豆衬衫被中国名牌推进委员会评为"中国名牌"产品。

2001年9月，举办首届"七夕·红豆情人节"系列活动。

2002年5月，红豆纽约公司在美国BROADWAY1411大厦正式成立。

2003年9月，红豆西服被中国名牌推进委员会评为"中国名牌"产品。

2004年5月，被国家知识产权局评为"第二批全国企事业专利试点企业工作试点单位"。

2004年5月，红豆集团荣获中国服装百强"亚军"，周海江当选中国服装协会副会长。

2004年9月，周海江当选为红豆集团总裁。

2005年1月，红豆集团作为江苏省22家"公推直选"试点单位中唯一的一家民营企业，由全体党员"直选"出了企业党委班子。

2005年4月，红豆品牌入选"商务部重点培育和发展的出口品牌"名单。

2005年9月，红豆夹克被中国名牌推进委员会评为"中国名牌"产品。

2006年3月，"红豆"荣获中国服装品牌价值大奖。

2006年5月，"红豆"荣获商务部"年度最具市场竞争力品牌"称号。

2006年10月，红豆被评为"2006年中国纺织十大文化品牌"企业之首。

2006年11月，周耀庭当选全国红豆杉保育委员会主席。

2007年3月，红豆品牌荣获中国服装业界最高荣誉——中国服装品牌"成就大奖"。

2007年4月，红豆集团收到国务院总理温家宝的亲笔批示——"希望红豆集团越办越好"。

2007年4月，红豆集团成为国内首家通过CSC9000T社会责任管理体系认证的企业。

2008年1月，国务院总理温家宝主持召开座谈会，听取10家企业代表对《政府工作报告（征求意见稿）》的意见，红豆集团党委书记、总裁周海江作为民营企业代表应邀参加。

2008年1月，"领袖气质-2007CCTV年度雇主调查"结果发布，红豆荣获年度最具分享精神雇主特别奖。

2008年2月，由红豆集团控股的柬埔寨西哈努克港经济特区举行隆重奠基仪式。柬埔寨首相洪森率90多名部长级高官参加了仪式。

2008年5月，汶川发生特大地震，红豆集团在第一时间向灾区捐款捐物，前后共达600多万元。

2008年6月，红豆成立中国首个家纺色彩研发基地。

2008年9月，国家林业局批准红豆杉高科技生态产业园为红豆杉科技示范园。

2008年9月，红豆集团红豆杉走进中南海。

2008年11月，红豆集团财务公司成立。

2009年1月，红豆集团党委书记、总裁周海江作为民营企业家代表，参加温家宝总理召开的企业家座谈会，并在会上发言。

2009年2月，红豆集团被CCTV年度"三农"人物推介活动组委会授予"情系三农新农村建设杰出贡献奖"。

2009年4月，红豆集团阿福农村小额贷款有限公司成立。

2009年5月，红豆集团被授予江苏省博士后科研工作站。

2009年7月，红豆集团党委书记、总裁周海江被推选为"中国公益事业形象大使"。

2009年9月，红豆集团被评为2009年度"中国民营500强"企业。

2009年10月，红豆成为全国第三批学习实践活动的典型。

2009年10月，红豆集团被授予"全国发展县域经济突出贡献乡镇企业"称号。

2009年10月，红豆集团被授予"全国纺织劳动关系和谐企业"称号。

2009年11月，红豆集团被授予"产业转移先进单位"称号。

2009年12月，红豆西服通过国家质检总局出口免验现场审查。

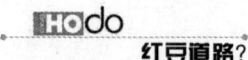

2009年12月，红豆集团被评为"全省见义勇为突出贡献单位"。

2010年2月，国务院总理温家宝在中南海主持召开座谈会，征求对即将提请十一届全国人大三次会议审议的《政府工作报告》的意见，红豆集团总裁周海江应邀参加。

2010年5月，红豆集团红豆杉亮相上海世博会。

2011年1月，周海江荣获"中国十大民生人物"。

2011年1月，周海江荣获"2010中国经济最具影响力十大年度人物"。

2011年1月，红豆集团荣获"最佳践行企业奖"。

2011年3月，周耀庭、周海江同获"中国最受尊敬民营企业家"。

2011年3月，红豆获得"全国巾帼文明岗"称号。

2011年4月，首届江苏品牌紫金奖颁奖，红豆摘得两项最高殊荣。

2011年4月，无锡红豆农业生态旅游文化园被认定为四星级乡村旅游区。

2011年5月，周海江荣获无锡市"十大红十字公益人物"奖项。在大会现场，周海江还向无锡红十字会捐款300万元，成立"红豆杉抗肿瘤基金"，用于社会肿瘤患者大病救助。

2011年5月，周海江荣获"2011年度创业领袖"。

2011年6月，红豆党建标准通过方圆认证集团认证。红豆集团成为全国首家通过ISO9001-2008质量管理体系认证的民营企业党组织。

2011年6月，周海江荣获"2011中国民营企业十大领袖人物"和"金舵手"奖。

2011年6月，红豆集团党委和党委书记周海江分别荣获"建党90周年全国企业党建工作先进单位"和"建党90周年全国优秀党委书记"。

2011年6月23日，"红豆集团民营企业党建工作标准"研讨会在京召开，与会领导和专家、学者对红豆集团的创新给予充分肯定。

2011年7月1日，红豆集团党委荣获"全国先进基层党组织"光荣称号，是此次受表彰的江苏先进基层党组织中唯一的民企党组织。

2011年7月17日，红豆荣获"2010~2011年度全国企业文化优秀案例"奖。

2011年8月1日，红豆品牌荣获"2011~2013年度江苏省重点培养和发展的国际知名品牌"。

2011年8月，周海江被授予"品牌贡献奖·2010~2011年度品牌贡献人物"。

2011年8月，红豆集团荣获"品牌贡献奖·2010~2011年度贡献品牌大奖"。

2011年9月15日，红豆集团党委荣获"双强百佳党组织"称号。

2011年9月23日，周海江当选江苏省道德模范。

2011年9月23日，红豆集团荣获"全国生态文化示范企业"。

2011年9月25日，周海江被评为2010最具影响力企业领袖。

2011年10月12日，首届江苏全省慈善大会在南京隆重召开，红豆集团获"最具爱心慈善捐赠企业"。

2011年10月19日，红豆荣膺"2011CCTV中国年度品牌"。

2011年10月26日，红豆集团荣获第四届无锡"市长质量奖"。

2011年11月4日，周海江荣获2011中国安永企业家奖。

2011年11月15日，红豆大学正式成立。

2011年11月18日，红豆获"年度最佳商业模式十强"。

2011年11月，江苏红豆杉生物科技有限公司荣获"2011中国最具发展潜力企业"，成为江苏省唯一获此殊荣的企业。

2011年12月，周海江荣膺"2011年度华人经济领袖"。

2011年12月，红豆集团荣获"最受尊敬成长企业"。

2011年12月，周耀庭荣获"2011中国CEO年度人物"。

2012年3月17日，红豆集团和无锡纺织材料交易所共同发起创建的"中国材料纺织交易中心"正式上线。

2012年5月4日，在纪念中国共产主义青年团成立90周年大会上，周海江受到党和国家领导人的亲切接见。

2012年3月，周海江荣膺"中国时尚行业推动领袖大奖"。

2012年4月，江苏省非公有制企业党建工作创新推进会在红豆集团召开。

2012年4月，红豆博士后科研工作站获评"优秀工作站、优秀管理人员"。

2012年5月，周海江光荣当选中共十八大党代表。

2012年5月，无锡市非公有制企业党建工作创新推进会在红豆召开。

2012年6月，周耀庭再次当选全国红豆杉保育委员会主席。

2012年7月，红豆集团荣膺"江苏省就业先进企业"称号。

2012年7月，周海江当选江苏省工商联总商会副会长。

2012年8月，全国纺织行业民企党建工作现场观摩交流会在红豆召开。

结 束 语

中国改革开放已走过34年的光辉历程，中国民营企业野蛮生长、蓬勃发展。然而，像红豆集团这样幸存的"元老级"的民营企业已经不多了。红豆集团虽然不是规模最大的民营企业（在2012年的中国企业500强中，红豆集团名列第261位），但是，红豆集团是改革开放以来发展得又快又好的民营企业之一，即使是在全球经济萧条之中，"红豆"也不断抽发新的枝条，顽强生长。红豆现象，令人关注；红豆道路，发人深思。

改革开放以来，民营经济的蓬勃发展，是中国改革开放最重要的成果之一。企业是社会的微观细胞，改革是以企业为核心的，改革发展是无止境的。没有民营经济发展，就没有今天的国力昌盛；没有民营经济的壮大，就没有国家的长治久安。

中国正处于一个伟大的历史变革时期，创新与转变经济发展方式是推动中华民族伟大复兴的重要驱动力。然而，无论是创新还是转变经济发展方式最终都需要依靠企业来完成，所以，寻找健康发展、令人尊敬的企业是我们时代的使命。在开创中华民族伟大复兴的征程中，一些高瞻远瞩的民营企业家肩负起振兴民族产业的历史重任，对民营企业的长远发展之道孜孜以求，积极探求民营企业安身立命的新法则，因此，在应对民营企业生存与发展普遍面临的三大挑战上，红豆集团的积极探索和创新无疑具有前瞻性和榜样的作用。

中国民营企业生存与发展的黄金法则是什么？如果教条式地看待

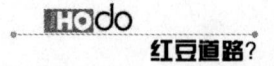

这个问题并希冀从本书的某一章节或第几页上找到问题的答案,那就错了。"世上本没有路,走的人多了,也便成了路。"我们不敢说"红豆道路"适合于各类民营企业,但是,我们应该承认,"红豆道路"给所有民营企业提供了重要启示:成为"两自"企业(自主品牌、自主创新的企业)和抓住产业链高端环节是企业成功的基础,而经济民主、企业党建和社会责任则是民营企业走向未来成功的三大法宝。

中国纺织工业协会原会长杜钰洲说:"红豆集团的发展是中国改革开放的缩影,'红豆'品牌有时代感,具有中国社会主义初级阶段的时代性,'红豆'品牌是民族本土品牌的标志。"

江苏省委常委、副省长、无锡市委书记黄莉新2012年在考察红豆集团时指出,红豆是民营企业转型升级、科学发展的典范。

中共中央党校原副校长、中国领导科学研究会会长、教授刘海藩在谈到红豆党建工作的经验时说:"面对民营企业蓬勃发展的局面,加强和改进民营企业党的建设,是推进党的建设新的伟大工程的新领域。"红豆集团的党建创新与实践,为民营企业的党建发展做出了宝贵探索。无疑,红豆集团党建具有标杆意义。

成功的企业在很多地方是相似的,而失败的企业却各有各的不幸。对于红豆集团长盛不衰的奥秘,我们只是挂一漏万地做了一点力所能及的揭示工作,算是一次抛砖引玉的尝试。也许大家对于"红豆道路"会有各种不同的理解和认识,但一条既符合中国国情又适合民营企业自身发展规律的"红豆道路"却是客观存在的,祝愿红豆集团在红豆道路上越走越好!

后　记

在党的十八大即将召开之际,中国社会科学院民营经济研究中心与社会科学文献出版社共同策划推出"中国企业榜样丛书",《红豆道路?》作为系列图书中的第一本率先问世,身为本书的作者,这既是荣耀,也让我们颇有压力。

在本书调研和写作过程中,红豆集团给予了我们极大的帮助。集团党委书记、总裁周海江在百忙之中多次接受我们采访,向我们讲述红豆集团创业、创新及其艰难发展的历程,以及企业实现转型过程中遇到的挑战和机遇。特别是他对"两自"企业(自主品牌和自主创新的企业)的理解、对红豆文化及其理念的分析,以及对民营经济发展和民企党建高屋建瓴的阐释,更是给我们留下深刻印象,并最终成为我们构思全书逻辑结构和阐释框架的雏形。在采访、座谈以及资料提供等方面,红豆集团战略发展部、品牌文化部的全体同事为我们做了精心而周到的安排。集团战略发展部部长胡永平、品牌文化部部长王竹倩、红豆大学校长钱文华、品牌文化部宣传科科长卓之敏及其全体同事,对我们的调研给予了大力支持,集团党委书记助理鞠宏清还为我们撰写"红豆为什么重党建"一篇的内容提供了大量资料,并撰写了初稿。在对红豆集团调研的座谈会上,原无锡县乡镇企业局局长沈云福从红豆发展历程见证者的角度,对本书的写作提供了丰富的素材。本书的撰写参阅了有关红豆集团的大量报道和研究成果,这些报道和研究所提供的多重视角和不同观点为我们更全面地了解和研究红豆集团提供了便利。

2012年8月5日下午，在红豆国际广场51层红豆阁会所举行了本书初稿的研讨会。中国社会科学院研究生院院长兼中国社会科学院民营经济研究中心主任刘迎秋主持了这次研讨会。中国社会科学院民营经济研究中心总干事刘红路博士、中国社会科学院经济研究所研究员剧锦文、中国社会科学院研究生院副院长文学国教授、社会科学文献出版社总编室主任恽薇博士和红豆集团党委书记、总裁周海江、集团品牌文化部部长王竹倩、人力资源部部长钱静、集团党委书记助理鞠宏清、战略发展部部长胡永平、红豆大学执行校长钱文华、品牌文化部宣传科科长卓之敏、宣传科谢昌举以及总裁办秘书肖建新等参加了这次研讨会。与会代表分别从不同的角度对本书初稿提出了重要修改意见，使得本书的研究与写作方向更加明确、逻辑结构安排更加合理、主线更加突出、思路更加清晰。本书责任编辑王婧怡女士及许秀江老师为编辑出版好本书付出了大量辛勤劳动。中国社科文献出版社为本书顺利出版更是给予了大力支持和周密安排。在此，我们要向以上提及所有为调查研究和撰写这部书稿提供过支持与帮助的人们一并表示衷心感谢！

本书第一篇由贾根良撰写，第二篇由徐建民撰写，第三篇由贾根良、徐建民、鞠宏清集体撰写，全书由贾根良统稿。

作为享誉国内外的知名民营企业——红豆集团55年的发展历程值得学界深入研究。我们尽可能在这本20万字左右的书稿中完整、准确地揭示红豆集团生存与发展的历程，并试图总结出中国民营企业生存与发展的黄金法则，但囿于时间和作者水平，书中难免存在各种错误和不足之处，敬希读者见谅。

作者

2012年9月10日

图书在版编目(CIP)数据

红豆道路？/贾根良，徐建民著.—北京：社会科学文献出版社，2012.10
（中国企业榜样丛书）
ISBN 978-7-5097-3803-0

Ⅰ.①红… Ⅱ.①贾…②徐… Ⅲ.①企业集团-企业管理-研究-无锡市 Ⅳ.①F279.275.33

中国版本图书馆CIP数据核字（2012）第223531号

·中国企业榜样丛书·

红豆道路？

著　者／贾根良　徐建民

出 版 人／谢寿光
出 版 者／社会科学文献出版社
地　　址／北京市西城区北三环中路甲29号院3号楼华龙大厦
邮政编码／100029

责任部门／财经与管理图书事业部（010）59367226　　责任编辑／王婧怡　许秀江
电子信箱／caijingbu@ssap.cn　　责任校对／师旭光
项目统筹／恽薇　　责任印制／岳阳
经　　销／社会科学文献出版社市场营销中心（010）59367081　59367089
读者服务／读者服务中心（010）59367028

印　装／北京鹏润伟业印刷有限公司
开　本／787mm×1092mm　1/16　　印　张／18.25
版　次／2012年10月第1版　　字　数／240千字
印　次／2012年10月第1次印刷
书　号／ISBN 978-7-5097-3803-0
定　价／39.00元

本书如有破损、缺页、装订错误，请与本社读者服务中心联系更换
▲ 版权所有　翻印必究